Das richtige Testament für Ehepaare

Das Berliner Testament und seine Alternativen

Dr. Otto N. Bretzinger

WOLTERS KLUWER | STEUERTIPPS

Postfach 10 01 61 · 68001 Mannheim
Telefon 0621/8626262
Telefax 0621/8626263
www.akademische.de

2. Auflage

Stand: Juni 2024

Zum Zwecke der besseren Lesbarkeit verwenden wir allgemein die grammatisch männliche Form. Selbstverständlich meinen wir aber bei Personenbezeichnungen immer alle Menschen unabhängig von ihrer jeweiligen geschlechtlichen Identität.

Redaktion: Dr. Torsten Hahn, Benedikt Naglik

Geschäftsführer: Christoph Schmidt, Stefan Wahle

Layout und Umschlaggestaltung: futurweiss kommunikationen, Wiesbaden

Bildquelle: ©JenkoAtaman – stock.adobe.com

Printed in Poland

ISBN 978-3-96533-375-8

Vorwort

Regelmäßig haben Eheleute ein Interesse daran, ein Testament zu verfassen, weil sie mit der vom Gesetz vorgesehenen Erbfolge nicht einverstanden sind. Es soll nämlich nach dem Tod eines Partners in erster Linie der längerlebende Ehegatte wirtschaftlich versorgt werden. Und im Rahmen der gesetzlichen Erbfolge ist das nur bedingt der Fall. Bei Eheleuten ohne Kinder erbt kraft Gesetzes der längerlebende Ehegatte neben den Eltern bzw. Geschwistern des Erblassers. Und bei Eheleuten mit Kindern entsteht kraft Gesetzes eine Erbengemeinschaft zwischen dem längerlebenden Elternteil und den Kindern. Entspricht diese gesetzliche Erbfolge nicht dem Wunsch der Eheleute, müssen Sie davon abweichende testamentarische Regelungen treffen.

Richtig vererben ist aber gar nicht so einfach. Es gibt nämlich kein Testament »von der Stange«. Jeder Fall liegt anderes. So müssen in vielen Fällen Besonderheiten berücksichtigt werden, sei es, dass neben der Erbeinsetzung weitere Zuwendungen erfolgen oder den Erben Verpflichtungen auferlegt werden sollen, der eingesetzte Erbe verschuldet oder pflegebedürftig ist oder komplizierte Familienverhältnisse wie beispielsweise in einer Patchwork-Familie bestehen. Und vielen Eheleuten ist nicht bewusst, dass das beliebte »Berliner Testament« mit vielen Risiken verbunden ist, und das nicht nur, weil die Kinder beim ersten Erbfall enterbt und Pflichtteilsansprüche gegen den längerlebenden Elternteil geltend machen können. Jeder Fall liegt anders. Grundlage für Ihre Entscheidungen sollten deshalb immer Ihre persönlichen Lebensumstände und Ihre persönlichen Wünsche sein.

Dieser Ratgeber will Sie und Ihren Ehepartner mit den wichtigsten erbrechtlichen Regeln und Grundsätzen vertraut machen und Sie so in die Lage versetzen, die notwendigen Entscheidungen zu treffen. Sie erhalten zunächst einen Überblick über die vorweggenommene und die gesetzliche Erbfolge, die Ihnen als Alternativen für die Vermögensübertragung zur Verfügung stehen. Danach werden die Grenzen der testamentarischen Gestaltungsfreiheit und die steuerlichen Folgen der Vermögensübertragung aufgezeigt. Sie erfahren dann, welchen formellen Anforderungen Ihr Testament entsprechen muss und welche erbrechtlichen Instrumente Ihnen zur Verfügung stehen, um Ihren »Letzten Willen« zu verwirklichen. Anhand konkreter Beispiele wird die häufig komplizierte Rechtslage verdeutlicht. Es werden Fallstricke und Risiken aufgezeigt, die Sie vor rechtlichen und finanziellen Nachteilen schützen sollen. Anhand konkreter Beispiele wird die jeweilige Problematik so verdeutlicht, dass Sie Ihre individuelle Situation erkennen und auf der Grundlage der aufgezeigten Lösungswege die richtige Nachlassplanung vornehmen können. Für typische Familien- und Vermögensverhältnisse werden gängige Lösungen aufgezeigt, bewertet und Gestaltungsmodelle in Form von umfassenden Testamentsmustern vorgestellt.

Natürlich kann und will dieser Ratgeber eine umfassende erbrechtliche Beratung durch einen Anwalt oder Notar nicht ersetzen. Insbesondere wenn es um ganz individuelle Gestaltungen oder ein größeres Vermögen geht oder es sich um einen komplizierten Nachlass handelt, sollten Sie sich unbedingt fachkundigen Rat einholen.

Dr. iur. Otto N. Bretzinger

! Am Ende des Ratgebers finden Sie den Link zum Download aller Mustertestamente.

Inhalt

1 Was Sie vor der Testamentserrichtung bedenken sollten

Bevor Sie sich mit dem Inhalt Ihres Testaments befassen, sollten Sie sich vorab noch mit einigen wichtigen grundsätzlichen Fragen beschäftigen. So kann es nicht schaden, wenn Sie zunächst ein aktuelles Verzeichnis über Ihr Vermögen errichten, das zur Verteilung unter den Erben zur Verfügung steht. Unter Umständen werden Sie sich auch mit der Frage beschäftigen müssen, ob Sie bereits zu Lebzeiten im Wege der vorweggenommenen Erbfolge Vermögen an Ihre Kinder übertragen sollen. Wichtig ist es auch, dass Sie wissen, wie die Erbfolge geregelt ist, wenn Sie kein Testament verfassen würden. In diesem Zusammenhang erfahren Sie dann, in welchem Maß Sie von der gesetzlichen Erbfolge abweichen wollen.

Zwar steht es grundsätzlich in Ihrem Belieben, wie Sie Ihr Vermögen nach dem Tod verteilen wollen, gleichwohl unterliegt auch diese sogenannte Testierfreiheit gewissen Schranken. So müssen Sie insbesondere Pflichtteilsansprüche berücksichtigen und unter Umständen sind Sie auch an frühere erbrechtliche Verfügungen gebunden. Nicht zuletzt sollten Sie auch die erbschaftsteuerlichen Rahmenbedingungen kennen.

1.1 Vermögensverzeichnis erstellen: Einfach den Umfang der Erbschaft ermitteln

Bevor Sie sich inhaltlich mit Ihrem Testament befassen, sollten Sie unbedingt Ihr gegenwärtiges und voraussichtliches künftiges Vermögen ermitteln. Manche Vermögensgegenstände sind nämlich nicht vererblich und andere, wie beispielsweise Lebensversicherungen, fallen nicht in den Nachlass, sondern gehen als sogenannte Schenkung auf den Todesfall auf den Erwerber über. Soweit Erbschaftsteuer anfällt, kann diese je nach Nachlassgegenstand unterschiedlich ausfallen.

Sinnvoll ist es, Ihre Vermögenssituation schriftlich festzuhalten. Das funktioniert am besten mit einem Vermögensverzeichnis, in dem Sie Ihre aktuellen Vermögenswerte und Verbindlichkeiten aufführen. Ihr Vermögensverzeichnis muss auch alle derzeitigen und eventuell künftigen Verbindlichkeiten enthalten. Berücksichtigen Sie, ob und in welchem Rahmen Sie diese Schulden in den nächsten Jahren noch abbauen werden und ob Sie unter Umständen Vermögen, etwa eine Immobilie, im Wege der vorweggenommenen Erbfolge übertragen wollen.

Aufstellung der Vermögenswerte und Schulden

Stand:	**Ehemann (Euro)**	**Ehefrau (Euro)**
Vermögen		
Bargeld		
Guthaben auf Girokonten, Sparkonten, Sparverträgen und sonstigen Spareinlagen		
Wertpapiere		
Forderungen aus Lebensversicherungen		
Forderungen aus Bausparverträgen		
Forderungen aus Darlehen		
Ansprüche aus Erbschaften		
Beteiligungen an Kapital- oder Personengesellschaften		
Grundvermögen (Grundstücke, Eigentumswohnungen, Erbbaurechte)		
Anteile an geschlossenen Immobilienfonds		
Kraftfahrzeuge		
Eine bescheidene Lebensführung übersteigende Hausratsgegenstände (z.B. Möbel, Fernsehgeräte, wertvolle Gebrauchsgegenstände)		
Rechte oder Ansprüche aus Urheber- oder Patentrechten		
Betriebsvermögen		
Sonstiges Vermögen		
Vermögen insgesamt		

Schulden		
Verbindlichkeiten gegenüber Banken		
Verbindlichkeiten aus Bausparverträgen		
Sonstige Verbindlichkeiten gegenüber Dritten		
Schulden insgesamt		

Beachten Sie, dass sich der Wert Ihres Gesamtvermögens und der Wert einzelner Vermögensgegenstände noch ändern können. Autos verlieren an Wert, Aktien und Anleihen können an Wert gewinnen oder verlieren. Halten Sie Ihr Vermögensverzeichnis deswegen aktuell.

Vermerken Sie in Ihrer Vermögensübersicht, ob und wann Sie bereits Ihren Kindern oder anderen Personen Vermögen übertragen haben. Sogenannte lebzeitige Zuwendungen können erbrechtlich von Bedeutung sein, so beispielsweise im Rahmen von Pflichtteilsergänzungsansprüchen.

! Wenn Sie schon dabei sind, Ihr Vermögen und Ihre Verbindlichkeiten aufzulisten, ist es sinnvoll, gleichzeitig zu notieren, welche Unterlagen es dazu jeweils gibt und wo Sie diese verwahrt haben.

1.2 Was kann vererbt werden und was nicht?

Stirbt eine Person, treten die Erben unmittelbar kraft Gesetzes in die Rechtsstellung des Verstorbenen (des sog. Erblassers), also in dessen Rechte und Pflichten, ein. Juristen bezeichnen das als Gesamtrechtsnachfolge. Das Vermögen einer Person geht mit allen Rechten und Pflichten unmittelbar auf eine andere Person über, die dann in die Stellung des Rechtsvorgängers, also in dessen »rechtliche Fußstapfen« tritt. Es bedarf also keiner Vermögensübertragung durch ein Rechtsgeschäft (z.B. einer Schenkung) auf den Rechtsnachfolger.

» Der Erbe erwirbt automatisch das Eigentum an einer Immobilie des Erblassers, er wird Schuldner der Verbindlichkeiten (z.B. Steuerschulden) des Erblassers und Gläubiger von dessen Forderungen (z.B. aus einem Darlehensvertrag).

Das Vermögen des Verstorbenen geht immer als Ganzes auf einen oder mehrere Erben über (§ 1922 Satz 1 BGB). Mit der Annahme der Erbschaft verschmilzt diese mit dem bereits vorhandenen Vermögen des Erben zu einer Einheit.

Auf den oder die Erben geht automatisch das Eigentum und der Besitz an beweglichen Sachen (z.B. Auto, Möbel, Geld) und Grundstücken über. Vererblich sind die Ansprüche und Verbindlichkeiten aus schuldrechtlichen Verträgen (z.B. Mietverträge, Kaufverträge). Dasselbe gilt für Schadensersatzansprüche, gleichgültig, ob diese sich aus einem Vertrag oder unmittelbar aus dem Gesetz ergeben. Auf den Erben gehen auch die Ansprüche und Verbindlichkeiten aus Bankverträgen (z.B. Darlehensverträge, Girokonto) über. Vererblich sind auch Bausparverträge, ferner Urheber- und Patentrechte. Entsprechendes gilt für Ansprüche aus Versicherungsverträgen.

Achtung: Bei Kapitallebensversicherungen auf den Todesfall fällt der Anspruch auf die Versicherungssumme jedoch nur dann in den Nachlass, wenn sie nach dem Versicherungsvertrag kein Bezugsberechtigter beanspruchen kann (vgl. dazu 1.4.2).

Für Geschäftsanteile an Gesellschaften gilt Folgendes:

- Bei einer GmbH sind die Geschäftsanteile kraft Gesetzes vererblich.
- Mitgliedschaftsrechte an einer Aktiengesellschaft sind grundsätzlich vererblich. Allerdings kann durch die Satzung im Falle des Todes eines Aktionärs eine Zwangseinziehung vorgesehen werden.

- Die Mitgliedschaft in einer eingetragenen Genossenschaft ist grundsätzlich vererblich. Sie endet jedoch immer mit dem Schluss des Geschäftsjahrs, in dem der Erbfall eingetreten ist. Durch Satzung kann allerdings die Fortsetzung der Mitgliedschaft durch die Erben eines Genossen zugelassen werden.
- Bei einer offenen Handelsgesellschaft und einer Kommanditgesellschaft werden die Erben eines persönlich haftenden Gesellschafters nicht Gesellschafter, da er mit seinem Tod aus der Gesellschaft ausscheidet, sofern der Gesellschaftsvertrag nichts Abweichendes bestimmt.
- Ein Kommanditanteil an einer Kommanditgesellschaft kann grundsätzlich vererbt werden.
- Stirbt ein Gesellschafter der Gesellschaft bürgerlichen Rechts, löst sich die Gesellschaft auf und die Erben werden Mitglied der Liquidationsgesellschaft. Durch den Gesellschaftsvertrag können andere Regelungen getroffenen werden. So kann beispielsweise im Rahmen einer Eintrittsklausel den Erben das Recht eingeräumt werden, Gesellschafter zu werden.

Nicht vererbbar sind höchstpersönliche Rechte des Erblassers (z.B. der sog. Nießbrauch an einer Wohnung), weil diese dem Erblasser nur persönlich zustehen. Auch bestimmte Familienrechte (z.B. der Versorgungsausgleich) sind unvererblich. Entsprechendes gilt in der Regel auch für die Mitgliedschaft in einem rechtsfähigen Verein, weil die Mitgliedschaft regelmäßig an die Person gebunden ist; die Satzung kann davon aber Ausnahmen zulassen (§§ 38, 40 BGB).

Vererbt werden auch die Verbindlichkeiten des Erblassers, beispielsweise Verbindlichkeiten aus Verträgen oder Verpflichtungen aus einer Bürgschaft. Hat der Erblasser zu Lebzeiten Steuern hinterzogen, muss der Erbe die hinterzogene Steuer an das Finanzamt nachentrichten.

1.3 Vorweggenommene Erbfolge zu Lebzeiten als Alternative zur Erbfolge

Es gibt viele gute Gründe dafür, dass Sie sich bereits zu Lebzeiten von Vermögensteilen trennen und diese auf andere Personen, insbesondere Ihre gesetzlichen Erben, im Wege der vorweggenommenen Erbfolge übertragen. Für die Übertragung von Vermögenswerten zu Lebzeiten spricht insbesondere, dass Sie Vermögen auf die Nachfolgegenerationen zu einem Zeitpunkt übertragen, zu dem diese es benötigt (z.B. für den Hausbau oder die Familiengründung). Ferner entlasten Sie sich von der Verwaltung des Vermögens. Wenn Sie Ihr Vermögen rechtzeitig übertragen, können Sie die Pflichtteilsbelastung Ihrer Erben reduzieren und bei größerem Vermögen können Sie Ihre Erben finanziell entlasten, indem Sie die persönlichen Steuerfreibeträge optimal ausnutzen.

Gegen die Vermögensübergabe zu Lebzeiten spricht insbesondere, dass Sie Ihr Vermögen und das Verfügungsrecht darüber verlieren, und zwar auch dann, wenn Sie sich die Nutzung vorbehalten oder sich im Gegenzug Versorgungsansprüche zusichern lassen. Mit der vorzeitigen Vermögensübertragung sinkt zwangsläufig Ihr Einfluss, die Entwicklung von Lebensumständen Ihrer Familienmitglieder zu steuern. Schließlich ist zu berücksichtigen, dass die Übertragung von Vermögenswerten zu Lebzeiten zum Teil höhere Kosten verursacht als eine Vermögensübertragung im Wege der Erbfolge.

! Ob Sie sich bereits zu Lebzeiten von Vermögensteilen trennen, ist allein Ihre persönliche Entscheidung. Maßgebend hierfür sollte immer Ihre individuelle Lebenssituation sein. Deshalb ist es auch wichtig, dass trotz Vermögensübergabe Ihre wirtschaftliche Versorgung immer gewährleistet ist.

1.3.1 Vermögensübertragung zu Lebzeiten durch Schenkung

Eine in der Praxis bedeutende Form, Ihren künftigen Erben bereits zu Lebzeiten im Rahmen der vorweggenommenen Erbfolge Vermögen zuzuwenden, ist die Schenkung.

! Eheleute können sich auch gegenseitig Vermögenswerte übertragen, um die eheliche Lebensgemeinschaft zu verwirklichen, auszugestalten, zu erhalten und zu sichern. Solche sogenannten ehebedingten Zuwendungen liegen beispielsweise bei der Übertragung eines Miteigentumsanteils an einer Immobilie auf den Ehegatten oder bei der Zahlung von Beiträgen für die Altersvorsorge des Ehegatten vor. Im Verhältnis zu den Kindern gelten solche Zuwendungen an einen Ehegatten als Schenkung mit der Folge, dass Pflichtteilsergänzungsansprüche bestehen. Zuwendungen an den Ehegatten zur Verwirklichung der ehelichen Lebensgemeinschaft sind schenkungsteuerpflichtig. Steuerfrei ist in diesem Zusammenhang jedoch die Übertragung selbst genutzten Wohneigentums an den Ehepartner, und zwar unabhängig vom Wert der Immobilie. Aus erbschaftsteuerlicher Sicht kann es also sinnvoll sein, das Familienwohnheim schon zu Lebzeiten im Wege der vorweggenommenen Erbfolge auf den Ehegatten zu übertragen.

Handschenkung und Schenkungsversprechen

Die Schenkung ist ein Vertrag zwischen dem Schenker und dem Beschenkten; beide Vertragspartner sind sich einig, dass ein Gegenstand oder ein Recht unentgeltlich übertragen wird (§ 516 Abs. 1 BGB).

Bei einer Schenkung, die sofort vollzogen wird (sog. Handschenkung), bei der also das Eigentum am geschenkten Gegenstand sofort auf den Beschenkten übergeht, müssen Sie keine besondere Form beachten. Die Schenkung ist mit der Übergabe des Geschenks wirksam.

» Die Eltern überweisen ihrem Enkelkind monatlich 200,– € zur finanziellen Unterstützung des Studiums.

Ein Schenkungsversprechen bedarf dagegen zu seiner Wirksamkeit der notariellen Beurkundung (§ 518 BGB). Andernfalls ist es unwirksam. Wird aber das Geschenk gleichwohl an den Beschenkten übergeben, ist die Schenkung auch ohne notarielle Beurkundung wirksam.

» Sie versprechen Ihrer Tochter ein Auto, wenn sie erfolgreich ihr Studium abschließt. Ohne notarielle Beurkundung dieses Schenkungsversprechens hat Ihre Tochter keinen Anspruch auf das Geschenk. Wenn Sie allerdings Ihrer Tochter nach dem Abschluss des Studiums das Auto übereignen, ist das Schenkungsversprechen wirksam, der Formmangel also geheilt.

Achtung: Bei Grundstücksschenkungen muss immer auch der Übergabevertrag notariell beurkundet werden (§ 311b BGB). Ferner ist zur Wirksamkeit des Eigentumswechsels die Eintragung des Beschenkten im Grundbuch erforderlich.

Besondere Formen der Schenkung

Neben der Handschenkung und dem Schenkungsversprechen gibt es weitere Formen der Schenkung, für die besondere gesetzliche Regelungen zu beachten sind.

Schenkung unter Auflage

Eine Sonderform der Schenkung ist eine solche unter Auflagen. In diesem Fall schenken Sie dem Beschenkten einen Gegenstand, der Beschenkte seinerseits ist allerdings verpflichtet, die von Ihnen geforderte Auflage zu vollziehen (§ 525 Abs. 1 BGB).

» Sie schenken Ihrem Kind Ihre Wertpapiere und vereinbaren als Gegenleistung, dass das Kind Sie pflegt.

Seine Verpflichtung aus der Auflage braucht der Beschenkte erst dann zu erfüllen, wenn Sie die Schenkung vollzogen haben. Erfüllt er danach seine Verpflichtungen nicht, können Sie die Herausgabe des Geschenks verlangen (§ 527 Abs. 1 BGB).

Gemischte Schenkung

Problematisch sind sogenannte gemischte Schenkungen. Dabei vereinbaren Sie bei der Schenkung, dass der Beschenkte bestimmte Gegenleistungen zu erbringen hat, die geringer sind als der Wert der Zuwendung.

» Sie übertragen Ihr Hausgrundstück an Ihr Kind gegen Zahlung von 200.000,– €, während der Verkehrswert der Immobilie 500.000,– € beträgt.

Bei einer gemischten Schenkung gibt es immer einen entgeltlichen (Gegenleistung des Beschenkten) und einen unentgeltlichen Teil (Schenkung). Deshalb können Sie den Schenkungsgegenstand wegen groben Undanks des Beschenkten (vgl. dazu unten) nur zurückfordern, wenn der unentgeltliche Teil des Vertrags überwiegt (wie im obigen Beispiel: Der entgeltliche Teil des Vertrags umfasst 200.000,– €, der unentgeltliche Teil 300.000,– €). Bei Verarmung des Schenkers besteht lediglich ein Geldanspruch, der Schenkungsgegenstand kann also nicht zurückgefordert werden.

! Schenkungszusagen in einem gemischten Vertrag bedürfen zu ihrer Wirksamkeit immer der notariellen Beurkundung (§ 518 BGB). Lassen Sie sich deshalb über die besonderen Rechtsfolgen bei gemischten Schenkungen unbedingt vom Notar belehren.

Pflicht- und Anstandsschenkung

Besondere gesetzliche Regelungen gelten auch für sogenannte Pflicht- und Anstandsschenkungen. Darunter sind Schenkungen zu verstehen, durch die einer sittlichen Pflicht oder einer auf den Anstand zu nehmenden Rücksicht entsprochen wird (§ 534 BGB). Dazu gehören beispielsweise Geburtstags- und Weihnachtsgeschenke, Unterhaltsleistungen an bedürftige Geschwister, nicht aber Geldzahlungen für die Pflege durch nahe Angehörige oder ungewöhnliche Schenkungsgegenstände wie zum Beispiel die Schenkung einer Immobilie.

Achtung: Pflicht- und Anstandsschenkungen können Sie nicht zurückfordern oder widerrufen.

Kettenschenkung

Schenkungen sind grundsätzlich steuerpflichtig (vgl. dazu 1.6.5). In der Praxis wird deshalb eine steuergünstige Übertragung von Vermögenswerten häufig über sogenannte Kettenschenkungen versucht. Aufgrund der unterschiedlichen Höhe der Steuerfreibeträge und der unterschiedlichen Steuerklassen kann es sinnvoll sein, eine Schenkung mehrfach steuerlich auszunutzen. Eine Kettenschenkung kann vorliegen, wenn die unmittelbare Schenkung vom Schenker an den Beschenkten steuerlich ungünstiger ist als die Einschaltung einer Zwischenperson.

» Sie wollen Ihrer Enkeltochter Maike 400.000,– € schenken. Bei einem Freibetrag von 200.000,– € und einem Steuersatz von 11 % wäre Schenkungsteuer von 22.000,– € fällig. Stattdessen schenken Sie Maike nur 200.000,– €. 200.000,– € schenken Sie Ihrem Sohn Bernhard zur Weitergabe an seine Tochter Maike. In diesem Fall ist keine Schenkungsteuer fällig, weil die Schenkungen innerhalb der jeweiligen Freibeträge liegen. Hier könnte aber eine verbotene Kettenschenkung und damit ein Gestaltungsmissbrauch vorliegen. Die übliche, weil einfachere Gestaltung wäre nämlich die gewesen, dass Sie Maike die 400.000,– € direkt und ohne Umweg geschenkt hätten.

Wenn Sie steuerliche Vorteile in diesem Sinne nutzen wollen, müssen Sie verhindern, dass die beiden Schenkungen vom Finanzamt als steuerlicher Gestaltungsmissbrauch betrachtet werden. Das Finanzamt darf nicht den Eindruck gewinnen, dass es sich lediglich um eine andere Gestaltung eines geplanten einheitlichen Übertragungsvorgangs, beispielsweise vom Schenker auf das Enkelkind handelt. Deshalb sollten Sie Folgendes beachten:

- Die Schenkung muss vorbehaltlos erfolgen. Sie dürfen also nicht bei der ersten Schenkung dem Beschenkten aufgeben, den Schenkungsbetrag an eine andere Person weiterzuleiten.
- Vermeiden Sie die Übertragung identischer Beträge. Es sollte also beim zweiten Schenkungsvorgang nicht der gleiche Betrag wie bei der ersten Schenkung weitergeschenkt werden.
- Vermeiden Sie einen engen zeitlichen Zusammenhang zwischen den einzelnen Schenkungen. Lassen Sie also zwischen den einzelnen Schenkungsvorgängen einige Zeit verstreichen.

Rückgängigmachung der Schenkung

Mit der Schenkung geht der geschenkte Vermögensgegenstand in das Vermögen des Beschenkten über. Eine Rückforderung der Schenkung ist nur in seltenen Ausnahmefällen möglich. Deshalb ist es sinnvoll, dass Sie sich im Schenkungsvertrag vertragliche Rückforderungsansprüche vorbehalten.

Rückforderung wegen Verarmung des Schenkers

Soweit Sie als Schenker nach der Schenkung nicht mehr in der Lage sind, Ihren angemessenen Unterhalt zu bestreiten oder Ihren Verwandten, Ihrem Ehegatten oder Lebenspartner oder Ihrem früheren

Ehegatten oder Lebenspartner gegenüber Ihre Unterhaltspflicht zu erfüllen, können Sie die Schenkung zurückfordern. Der Beschenkte kann dann die Rückgabe des Geschenks nur durch Zahlung des für den Unterhalt erforderlichen Betrags abwenden (§ 528 Abs. 1 BGB).

» Die verwitwete Maria Zoller hat ihrem Sohn Bernd vor sechs Monaten ihre Eigentumswohnung überschrieben. Nach einem schweren Unfall ist Frau Zoller pflegebedürftig und wird ins Pflegeheim eingewiesen. Die Pflegekosten kann sie aus ihrem sonstigen Vermögen nicht bestreiten. Maria Zoller kann von ihrem Sohn die Rückübertragung der Eigentumswohnung verlangen. Bernd kann die Rückgabe abwenden, indem er die Pflegekosten für seine Mutter übernimmt. Gegebenenfalls kann der Anspruch von Frau Zoller gegen ihren Sohn auch durch das Sozialamt geltend gemacht werden.

Widerruf der Schenkung wegen groben Undanks

Sie können Ihre Schenkung widerrufen, wenn sich der Beschenkte durch eine schwere Verfehlung gegen Sie oder einen nahen Angehörigen von Ihnen groben Undanks schuldig gemacht hat (§ 530 Abs. 1 BGB).

» Grober Undank liegt beispielsweise bei einer körperlichen Misshandlung, einer grundlosen Strafanzeige oder schweren Beleidigungen vor. Auch wenn der Beschenkte grundlos einen Antrag auf Betreuung des Schenkers stellt, kann grober Undank vorliegen. Keine schwere Verfehlung des Beschenkten liegt vor, wenn der Beschenkte die Erwartungen des Schenkers nicht erfüllt und Kinder zu ihren Eltern keinen regelmäßigen Kontakt pflegen.

Vorbehalt von Rückforderungsansprüchen

Wie Sie sehen, können Sie nur in seltenen Fällen eine Schenkung zurückfordern. Deshalb kann es sinnvoll sein, wenn Sie sich im Schenkungsvertrag ein vertragliches Rückforderungsrecht vorbehalten.

Typische Fälle, für die sich der Schenker ein vertragliches Rückforderungsrecht vorbehalten kann, sind insbesondere, dass

- der Gegenstand der Schenkung vom Beschenkten ganz oder teilweise ohne Zustimmung des Schenkers veräußert oder belastet wird,
- der Beschenkte vor dem Schenker stirbt,
- der (kinderlose) Beschenkte vor seinen Geschwistern stirbt,
- die Ehe zwischen dem Schenker und dem Beschenkten geschieden wird,
- das Insolvenzverfahren über das Vermögen des Beschenkten eröffnet wird.

Formulierungsbeispiel

Vertragliches Rückforderungsrecht

Der Schenker ist berechtigt, die Rückforderung von _____ *[konkrete Bezeichnung des Gegenstands der Zuwendung]* zu verlangen, wenn

a) der Gegenstand der Schenkung von dem Beschenkten ganz oder teilweise ohne die vorherige Zustimmung des Schenkers veräußert oder belastet wird,

b) Zwangsmaßnahmen in das übertragene Vermögen betrieben werden,

c) über das Vermögen des Beschenkten das Insolvenzverfahren eröffnet wird,

d) der Beschenkte vor dem Schenker verstirbt,

e) die Ehe zwischen dem Schenker und dem Beschenkten geschieden wird.

Das Rücktrittsrecht kann nur innerhalb von drei Monaten von dem Zeitpunkt an ausgeübt werden, von welchem der Schenker von den Tatsachen Kenntnis erhält, die ihn berechtigen, sein Rücktrittsrecht auszuüben.

Das Verlangen auf Rückübertragung kann nur schriftlich ausgeübt werden.

Das Rücktrittsrecht erlischt mit dem Tod des Schenkers.

Auswirkungen von Schenkungen auf das Pflichtteilsrecht

Bei Ihrer Nachlassplanung müssen Sie unbedingt Pflichtteilsansprüche Ihrer nächsten Angehörigen berücksichtigen. Kraft Gesetzes steht nämlich Ihrem Ehegatten, Ihren Kindern und Ihren Eltern der sogenannte Pflichtteil zu. Diesem Personenkreis ist also ein Mindestanteil an der Erbschaft garantiert. Der Pflichtteil beträgt die Hälfte des gesetzlichen Erbteils des Pflichtteilsberechtigten (wegen der Einzelheiten vgl. 1.6.1).

Wenn Sie Schenkungen zu Lebzeiten vornehmen, wird Ihr Nachlass mit der Folge reduziert, dass den Pflichtteilsberechtigten ein geringerer Pflichtteil zusteht. Sie könnten also durch solche Schenkungen etwa das Pflichtteilsrecht Ihrer Kinder unterlaufen und Teile Ihres Vermögens schon zu Lebzeiten an Personen verschenken, die Sie gern als Ihre Erben sehen würden. Dieser Beeinträchtigung des Pflichtteilsrechts Ihrer nächsten Angehörigen beugt das Gesetz vor, indem den Pflichtteilsberechtigten ein Anspruch auf Ergänzung ihres Pflichtteils eingeräumt wird.

Haben Sie einem Dritten eine Schenkung gemacht, so kann der Pflichtteilsberechtigte als Ergänzung seines Pflichtteils den Betrag verlangen, um den sich der Pflichtteil erhöht, wenn der verschenkte Gegenstand dem Nachlass hinzugerechnet wird (§ 2325 Abs. 1 BGB). Unter Schenkungen fallen grundsätzlich alle unentgeltlichen Zuwendungen an eine andere Person. Dazu gehören insbesondere Geldgeschenke, der Erlass von Geldforderungen und die Schenkung beweglicher Sachen (z.B. eines Autos) und von Immobilien. Auch gemischte Schenkungen zählen dazu. Keine Schenkungen, die Pflichtteilsergänzungsansprüche auslösen, sind sogenannte Anstands- oder Pflichtschenkungen wie zum Beispiel Weihnachts- und

Geburtstagsgeschenke. Die Ergänzungspflicht besteht allerdings bei übermäßig hohen Schenkungen, die nicht den Einkommens- und Vermögensverhältnissen der Beteiligten entsprechen. Keine Pflichtteilsergänzungsansprüche begründen auch Unterhaltsleistungen, die unentgeltliche Überlassung einer Wohnung oder die Gewährung eines zinslosen Darlehens.

Achtung: Sind beim Erbfall bereits zehn Jahre seit der Schenkung vergangen, bleibt die Schenkung unberücksichtigt. In diesem Fall entfällt der Pflichtteilsergänzungsanspruch vollständig. Eine Schenkung innerhalb der Zehnjahresfrist wird dagegen in vollem Umfang berücksichtigt, wenn diese innerhalb des ersten Jahres vor dem Erbfall erfolgt ist und um jeweils ein Zehntel weniger innerhalb jedes weiteren Jahres nach dem Erbfall (§ 2325 Abs. 2 BGB).

» Hat der im März 2024 verstorbene Erblasser im April 2019 insgesamt 40.000,– € verschenkt, so wird die für die Berechnung des Pflichtteilsergänzungsanspruchs maßgebliche Schenkung wegen der zwischenzeitlich vier vollständig abgelaufenen Jahre um vier Zehntel abgeschmolzen. Die Schenkung wird also nur noch mit 24.000,– € berücksichtigt.

Je nachdem, wie die Schenkung ausgestaltet bzw. wer der Empfänger der Schenkung war, beginnt die Zehnjahresfrist zu unterschiedlichen Zeitpunkten. Bei Eheleuten ist für den Beginn der Zehnjahresfrist nicht der Zeitpunkt der Schenkung, sondern der Zeitpunkt der Scheidung maßgebend. War also der Erblasser zum Zeitpunkt des Erbfalls mit dem Beschenkten noch verheiratet, so hat die Zehnjahresfrist noch gar nicht begonnen.

Der Pflichtteilsergänzungsanspruch berechnet sich wie folgt:

- Zunächst wird der Nachlass bestimmt, ohne dass Schenkungen berücksichtigt werden (realer Nachlass). Daraus wird dann der ordentliche Pflichtteil des Berechtigten berechnet.

- Anschließend werden dem realen Nachlass alle Schenkungen zugerechnet (fiktiver Nachlass).
- Aus dem rechnerisch erhöhten, fiktiven Nachlass wird dann der Gesamtpflichtteil berechnet.
- Vom Gesamtpflichtteil ist schließlich der ordentliche Pflichtteil, der ohne den Wert der Schenkung berechnet wurde, abzuziehen. Daraus ergibt sich dann der Ergänzungspflichtteil.

» Der verwitwete Alois Melcher enterbt seinen Sohn Boris zugunsten seiner Tochter Clara. Das hinterlassene Vermögen beträgt 80.000,– €. Boris hätte als gesetzlicher Erbe die Hälfte des Nachlasses, also 40.000,– € zugestanden; sein Pflichtteil beträgt davon die Hälfte, also ein Viertel des Nachlasses (= 20.000,– €). Sieben Jahre vor seinem Tod hat Alois Melcher seinem Bruder Dieter 40.000,– € geschenkt. Dieser Betrag wird zu 30 % (10 % Abzug für jedes Jahr) bei der Ergänzung des Pflichtteils berücksichtigt. 12.000,– € sind also dem Nachlass von 80.000,– € zuzurechnen. Der reale Nachlass beträgt damit 92.000,– €, der Erbteil von Boris davon die Hälfte, also 46.000,– €. Der Gesamtpflichtteil beträgt mithin 23.000,– € (20.000,– € ordentlicher Pflichtteil + 3.000,– € Ergänzungspflichtteil).

Steuerliche Konsequenzen von Schenkungen

Schenkungen sind steuerpflichtig. Die dem Steuerpflichtigen zustehenden Steuerfreibeträge können alle zehn Jahre neu ausgeschöpft werden. Näheres dazu unter 1.6.5.

1.3.2 Vermögensübertragung zu Lebzeiten durch Übergabevertrag

Der Übergabevertrag ist der richtige rechtliche Rahmen, wenn Teile des Vermögens (häufig eine Immobilie) im Wege der vorweggenommenen Erbfolge auf eine andere Person übertragen werden sollen. Es handelt sich dabei um ein eigenständiges Rechtsgeschäft und regelmäßig nicht um einen Schenkungsvertrag, weil sich der Übernehmer zu einer Gegenleistung verpflichtet (z.B. Zahlung einer Rente). Für den Übergabevertrag gelten die gesetzlichen Regelungen des Erbrechts nicht. Der notariellen Beurkundung bedarf der Übergabevertrag, wenn eine Immobilie Vertragsgegenstand ist.

Sicherung Ihrer Interessen

Vor Abschluss des Übergabevertrags sollten Sie sich über die Rechtsfolgen bewusst sein: Sie verlieren das Eigentum am Vertragsgegenstand (z.B. an der Immobilie), der Übernehmer wird neuer Eigentümer. Sie sollten sich deshalb eingehend damit befassen, was Sie im Vertrag im Einzelnen regeln wollen. So kann es sinnvoll sein, sich unter bestimmten Umständen ein vertragliches Rückforderungsrecht vorzubehalten (vgl. dazu 1.3.1). Um Ihre mit dem Übergabevertrag verbundenen Risiken zu minimieren, sollten Sie unter anderem bedenken, ob die Vermögensübertragung von bestimmten Gegenleistungen abhängig gemacht wird, insbesondere ob

- Sie die Immobilie oder Teile davon (z.B. das Erdgeschoss) weiterhin nutzen und Sie sich ein Wohnrecht oder einen Nießbrauch vorbehalten wollen,
- Sie den Erwerber verpflichten wollen, dass er an andere Familienangehörige eine Abfindung zu leisten hat,
- der Erwerber zur Zahlung einer monatlichen Rente verpflichtet werden soll,
- die Zuwendung auf den späteren Erbteil des Erwerbers angerechnet werden oder die Zuwendung ohne jegliche Ausgleichspflicht und Verrechnung im Todesfall erfolgen soll,
- die Zuwendung davon abhängig gemacht werden soll, dass der Erwerber auf sein Erb- und Pflichtteilsrecht verzichtet.

Vereinbarung von Gegenleistungen

Sie haben die Möglichkeit, die Vermögensübertragung im Rahmen eines Übergabevertrags von einer Gegenleistung des Beschenkten abhängig zu machen. Das kann sinnvoll sein, wenn Sie auch nach einer Schenkung noch Ihren individuellen Lebensstandard absichern wollen. Regelungen können Sie auch dahingehend treffen, dass Sie den Erwerber im Gegenzug verpflichten, an die nicht bedachten Erben Ausgleichszahlungen zu leisten. Das kommt insbesondere in Betracht, wenn Sie einem gesetzlichen Erben im Wege der vorweggenommenen Erbfolge Vermögen zu Lebzeiten übertragen, die nicht bedachten anderen Erben aber wirtschaftlich gleichstellen wollen. Beachten müssen Sie auch, dass Ihre gesetzlichen Erben (insbesondere Ihre Kinder) nicht automatisch Ihr Erb- und Pflichtteilsrecht verlieren, wenn Sie ihnen zu Lebzeiten Vermögen übertragen. Häufig wird mit einer Vermögensübertragung zu Lebzeiten an die Kinder die Absicht verfolgt, sie aus dem Kreis der gesetzlichen Erben auszuschließen. In diesem Fall muss dann ein Erb- und Pflichtteilsverzicht vereinbart werden. Bei der schenkweisen Übertragung einer Immobilie kann es sinnvoll sein, dass Sie sich in diesem Zusammenhang auch von noch bestehenden Restschulden befreien wollen.

Absicherung des individuellen Lebensstandards

Wenn Sie Vermögen zu Lebzeiten im Wege der vorweggenommenen Erbfolge übertragen, geht der übertragene Gegenstand in das Vermögen des Erwerbers über. Sie verlieren das Eigentum daran und damit jede Möglichkeit, darüber zu verfügen. Achten Sie deshalb darauf, dass Sie durch die lebzeitige Vermögensübertragung Ihre eigene Lebensstellung nicht gefährden und berücksichtigen Sie dabei auch eine etwaige Pflegebedürftigkeit im Alter.

Lebzeitige Vermögensübertragung gegen Einräumung von Nutzungsvorbehalten

Sie können sich bei der Übergabe von Vermögen vorbehalten, den übereigneten Gegenstand weiterhin zu nutzen. Als Nutzungsvorbehalte kommen der Nießbrauch, das Wohnungsrecht und das Wohnrecht in Betracht.

Gegenstand eines Nießbrauchs kann insbesondere eine bewegliche oder unbewegliche Sache oder ein Recht (z.B. Patentrecht) sein. Häufig wird ein Nießbrauch bei der Übertragung einer Immobilie im Wege der vorweggenommenen Erbfolge bestellt. Wenn Sie sich bei der Übereignung Ihres Wohnhauses einen Nießbrauch vorbehalten, sind Sie weiterhin berechtigt, die Nutzung aus dem übereigneten Gegenstand zu ziehen (§ 1030 BGB). Der Gegenstand geht zwar in das Eigentum des Erwerbers über, die Erträge stehen allerdings Ihnen als Nießbraucher zu.

» Übereignen Sie Ihre Eigentumswohnung im Wege der vorweggenommenen Erbfolge an Ihre Tochter gegen Bestellung eines Nießbrauchs, können Sie die Wohnung weiterhin bewohnen. Sie können Sie aber auch vermieten. Die Mieteinnahmen stehen dann Ihnen zu.

Als Nießbraucher sind Sie verpflichtet, für die Erhaltung des Gegenstands des Nießbrauchs in seinem wirtschaftlichen Bestand zu sorgen. Ausbesserungen und Erneuerungen fallen Ihnen nur zur Last, sofern sie zur gewöhnlichen Erhaltung der Sache gehören. Außergewöhnliche Lasten hat der Eigentümer zu tragen.

! Wenn Sie von der gesetzlichen Kostenverteilung abweichen wollen, müssen Sie im Übergabevertrag entsprechende Vereinbarungen treffen.

Der Nießbrauch erlischt mit dem Tod des Nießbrauchers (§ 1061 BGB), er ist also nicht vererblich.

Im Übergabevertrag können Sie sich ein Wohnungsrecht vorbehalten. Sie können sich das Recht vorbehalten, ein Gebäude oder einen Teil eines Gebäudes unter Ausschluss des Eigentümers als Wohnung zu benutzen. Sie sind dann befugt, Ihre Familie und die zur Ihrer standesgemäßen Bedienung und Pflege erforderlichen Personen in die Wohnung aufzunehmen (§ 1093 BGB). An sonstige Dritte dürfen Sie die Wohnung nur mit ausdrücklicher Genehmigung des Eigentümers überlassen.

Achtung: Haben Sie sich im Übergabevertrag ein Wohnungsrecht vorbehalten, können Sie die Wohnung nur persönlich mit Ihrer Familie nutzen. Wenn Sie pflegebedürftig werden, können Sie zwar Pflegepersonal in die Wohnung aufnehmen, Sie dürfen die Wohnung aber nicht vermieten oder Dritten zur Nutzung überlassen, wenn Sie sich ins Pflegeheim einweisen lassen. Im Pflegefall müssen Sie also auf die Nutzung der Wohnung verzichten und es stehen Ihnen keine Einnahmen zu. Wenn Sie nach dem Übergabevertrag zur Vermietung der Wohnung berechtigt sind, können Sie diese im Pflegefall auch vermieten. Sie können sich allerdings für diesen Fall auch den Nießbrauch am Grundstück vorbehalten.

Gesetzlich sind Sie als Wohnungsberechtigter verpflichtet, die vom Wohnungsrecht erfassten Räume zu unterhalten. Sie haben also die gewöhnlichen Unterhaltungskosten (z.B. Kosten für Wasser, Müll, Heizung und der laufenden Reparaturen) zu tragen. Im Übergabevertrag können Sie andere Vereinbarungen treffen. Die öffentlichen und privaten Lasten (z.B. Grundsteuer, Versicherungen, Zinsaufwendungen) hat der Grundstückseigentümer zu tragen.

Gesetzlich ist der Eigentümer nicht verpflichtet, außergewöhnliche Ausbesserungen des Grundstücks oder Gebäudes auf seine Kosten vorzunehmen oder das Gebäude im Falle seiner Zerstörung wieder aufzubauen.

Das Wohnungsrecht erlischt nach dem Tod des Berechtigten. Es ist nicht vererblich.

Sie können sich bei der Übertragung einer Immobilie auch ein Wohnrecht vorbehalten. Während beim Wohnungsrecht der Eigentümer von der Nutzung ausgeschlossen ist, steht beim Wohnrecht dem Eigentümer ein Mitbenutzungsrecht zu.

Berücksichtigen Sie die nachfolgende Checkliste, wenn Sie sich bei der Übertragung von Wohnungseigentum im Wege der vorweggenommenen Erbfolge Nutzungsrechte vorbehalten wollen:

- Für welche Räume wollen Sie sich ein Nutzungsrecht vorbehalten?
- Wollen Sie auch gemeinschaftliche Anlagen (z.B. den Garten) nutzen?
- Welche Personen wollen Sie in die Wohnung aufnehmen?
- Wer soll die Unterhaltungskosten tragen?
- Wer soll Schönheitsreparaturen übernehmen?
- Wer soll die Betriebskosten tragen?
- Wollen Sie sich das Recht vorbehalten, die Wohnung (gegen Entgelt) zu vermieten?

Lebzeitige Vermögensübertragung gegen Rentenzahlungen

Als Gegenleistung für die im Wege der vorweggenommenen Erbfolge erfolgte Übertragung einer Immobilie können Sie mit dem Erwerber die Zahlung einer lebenslangen Rente vereinbaren. Dabei handelt es sich regelmäßig um eine sogenannte Leibrente im Sinne von § 759 BGB. Die Erteilung des Leibrentenversprechens bedarf der Schriftform (§ 761 BGB). Festzulegen sind insbesondere die Höhe der Leibrente, der Beginn der Leistungspflicht und die Fälligkeit der jeweiligen Leistung. Die Leistung ist im Voraus zu entrichten. Eine Geldrente ist für drei Monate vorauszuzahlen (§ 760 BGB).

! Wenn Sie die Rente für Ihren Lebensunterhalt benötigen, ist es sinnvoll, die Höhe der Rente an die allgemeine Preissteigerung zu koppeln und eine Wertsicherungsklausel in den Vertrag aufzunehmen. Nur dann bleibt die vereinbarte Rente wertbeständig. Um die Rentenzahlung abzusichern, sollte sich der Erwerber der sofortigen Zwangsvollstreckung unterwerfen. Zur dinglichen Absicherung sollte eine Reallast im Sinne der §§ 1105 ff. BGB bestellt werden.

Berücksichtigen Sie die nachfolgende Checkliste, wenn Sie im Wege der vorweggenommenen Erbfolge Vermögen gegen Rentenzahlungen übertragen wollen:

- Was wird von der Rentenzahlung erwartet?
- Wie hoch soll die monatliche Rente sein?
- Soll der Erwerber zur Zahlung von monatlich gleichbleibenden Renten verpflichtet werden oder soll die Höhe der Rente von der eigenen Bedürftigkeit bzw. Leistungsfähigkeit des Erwerbers abhängen?
- Soll die vom Verpflichteten zu zahlende Rente an die allgemeine Entwicklung der Lebenshaltungskosten angepasst und damit die Rente wertbeständig vereinbart werden?
- Wann sollen die Rentenzahlungen fällig sein?
- Welche Konsequenzen soll es haben, wenn der Verpflichtete die Rente nicht zahlt bzw. mit der Zahlung in Verzug gerät?

Lebzeitige Vermögensübertragung gegen Pflegeleistungen

Sie können die lebzeitige Vermögensübertragung gegen eine Pflegeverpflichtung vornehmen. Darin verpflichtet sich der Beschenkte, Sie bei Vorliegen des Pflegefalls zu Hause zu pflegen.

Achtung: Beachten Sie, dass Pflegeleistungen letztlich nicht erzwingbar sind. Der vertragliche Anspruch auf Pflege nützt Ihnen wenig, wenn der Verpflichtete keine Lust hat, Sie zu pflegen. Entweder der Beschenkte übernimmt Ihre Pflege freiwillig oder gar nicht.

In einer Pflegeverpflichtung sollten in jedem Fall der Anlass der Pflege (z.B. Alter, Krankheit), die Art und Weise ihrer Durchführung, der Ort und der Umfang der Pflege geregelt werden. Sinnvoll ist es auch, die Folgen zur regeln, wenn der Pflegeverpflichtung nicht oder unzureichend entsprochen wird. In Betracht kommen insbesondere die Vereinbarung einer Vertragsstrafe und der Anspruch auf Rückübertragung des Vermögens.

Lebzeitige Vermögensübertragung gegen Ausgleichszahlungen

Wenn Sie Ihre Erben wirtschaftlich gleich bedenken wollen, können Sie den Beschenkten im Schenkungsvertrag verpflichten, an die übrigen Erben Ausgleichszahlungen zu leisten.

» Sie verschenken an Ihre Tochter Andrea eine Eigentumswohnung mit einem Verkehrswert von 200.000,– € und verpflichten sie, an Ihren Sohn Claus eine Ausgleichszahlung in Höhe von 100.000,– € zu leisten. Die Ausgleichsleistung ist nicht als Zuwendung von Andrea an Claus anzusehen, sondern ist Teil Ihrer Leistung an Ihre Kinder. Unter schenkungsteuerlichen Gesichtspunkten ist das im Regelfall günstiger.

Lebzeitige Vermögensübertragung gegen Erb- und Pflichtteilsverzicht

Wenn Sie Ihren gesetzlichen Erben (insbesondere Ihren Kindern) bereits zu Lebzeiten Vermögenswerte übertragen, verlieren diese nicht automatisch ihr gesetzliches Erb- und Pflichtteilsrecht. Deshalb kann es notwendig sein, gesetzlichen Erben, die bereits durch eine Schenkung ihren Erbteil erhalten haben, aus dem Kreis der gesetzlichen Erben auszuschließen. Als Gegenleistung für die lebzeitige Übertragung des Vermögens kann dann ein Erb- und Pflichtteilsverzicht vereinbart werden.

Verwandte sowie der Ehegatte des Erblassers können durch Vertrag mit dem Erblasser auf ihr gesetzliches Erbrecht verzichten. Der Verzichtende ist dann von der gesetzlichen Erbfolge ausgeschlossen, wie wenn er zur Zeit des Erbfalls nicht mehr leben würde. Er hat auch kein Pflichtteilsrecht. Der Verzicht kann aber auf das Pflichtteilsrecht beschränkt werden (§ 2346 BGB); in diesem Fall gehört der Verzichtende nicht zu den gesetzlichen Erben, er kann aber seinen gesetzlichen Pflichtteil geltend machen.

Der Erb- und Pflichtteilsverzicht kann sich auch auf einen Bruchteil des Nachlasses beschränken, nicht aber auf einzelne Nachlassgegenstände.

! Der Erb- und Pflichtteilsverzicht erfolgt durch Vertrag. Der Verzichtsvertrag ist nur wirksam, wenn er notariell beurkundet wurde.

Ist der Verzichtende ein Abkömmling oder ein Seitenverwandter des Erblassers, so erstreckt sich der Verzicht, wenn nichts anderes bestimmt wird, auch auf deren Abkömmlinge. Grundsätzlich scheidet also der gesamte Stamm des Verzichtenden aus der gesetzlichen Erbfolge aus (§ 2349 BGB).

Lebzeitige Vermögensübertragung gegen die Befreiung von Verbindlichkeiten

Wenn Sie eine Immobilie übertragen, auf der noch Grundschulden lasten, können Sie mit dem Beschenkten vereinbaren, dass dieser die Grundschulden übernimmt. Wenn Sie sich von den Restschulden einer Immobilie befreien wollen, können Sie mit dem Beschenkten vereinbaren, dass dieser mit schuldbefreiender Wirkung in das Schuldverhältnis mit dem Gläubiger eintritt (§ 414 BGB). Dies bedarf der Genehmigung des Gläubigers (§ 415 Abs. 1 BGB).

! Verweigert der Gläubiger seine Genehmigung, können Sie mit dem Erwerber vereinbaren, dass dieser im Innenverhältnis im Wege der Erfüllungsübernahme die Schuld zu tragen hat (§ 415 Abs. 3 BGB).

1.4 Vertrag zugunsten Dritter auf den Todesfall als Alternative zur lebzeitigen Vermögensübertragung und zur Erbfolge

Neben der Übertragung von Vermögen zu Lebzeiten und im Wege der Erbfolge besteht auch die Möglichkeit, Vermögen durch Rechtsgeschäfte unter Lebenden zu übertragen, die zwar unter Lebenden abgeschlossen werden, aber erst mit dem Tod des Veräußerers wirksam werden. In Betracht kommen insbesondere Verträge zugunsten Dritter auf den Tod.

- Die Übertragung von Vermögen durch Rechtsgeschäfte auf den Todesfall hat mit der testamentarischen Erbfolge gemeinsam, dass Sie zu Lebzeiten noch die volle Verfügungsfreiheit über Ihr Vermögen behalten und die Zuwendungen erst mit Ihrem Tod wirksam werden. Im Gegensatz zur erbrechtlichen Vermögensübertragung fallen jedoch die im Wege der Rechtsgeschäfte auf den Todesfall übertragenen Vermögenswerte zum Zeitpunkt des Erbfalls nicht in den Nachlass. Das entsprechende Vermögen geht also nicht im Wege der Erbfolge auf die Erben über.
- Von der Schenkung unterscheiden sich solche Rechtsgeschäfte dadurch, dass Sie zu Lebzeiten nach wie vor über Ihr Vermögen verfügen können, während Sie bei einer Schenkung Ihr Vermögen verlieren.

1.4.1 Vertrag zugunsten Dritter auf den Todesfall

Mit einem Vertrag zugunsten Dritter auf den Todesfall haben Sie die Möglichkeit, Personen für den Fall Ihres Todes Vermögen zuzuwenden, ohne dass dieses Vermögen in den Nachlass fällt. Dabei vereinbaren Sie mit Ihrem Schuldner, dass dieser die Leistung an eine von

Ihnen benannte dritte Person zu erbringen hat. Der Dritte erwirbt die Zuwendung aber erst im Zeitpunkt Ihres Todes. Ihre Forderung selbst gehört in diesem Fall nicht zum Nachlass und geht deshalb nicht auf die Erben über. Für Verträge zugunsten Dritter auf den Todesfall in Betracht kommen insbesondere Lebensversicherungen und Bankguthaben.

» Sie schließen eine Lebensversicherung ab und benennen als Bezugsberechtigten für die Versicherungsleistung Ihren Ehegatten oder Sie weisen Ihre Bank an, nach Ihrem Tod ein Sparguthaben an Ihr Enkelkind auszuzahlen.

Für Rechtsgeschäfte dieser Art finden nicht die gesetzlichen Regelungen über die Errichtung eines Testaments Anwendung. Entsprechende Verfügungen können Sie auf vorgedruckten Formularen treffen oder einfach durch einen entsprechenden Brief (z.B. an die Versicherungsgesellschaft; vgl. unten).

Achtung: Im Regelfall liegt einem Vertrag zugunsten Dritter ein Schenkungsversprechen zugrunde. Dieses bedarf zu seiner Wirksamkeit der notariellen Beurkundung (§ 518 Abs. 1 BGB), andernfalls ist es unwirksam. Der Mangel der Form kann allerdings durch die Bewirkung der versprochenen Leistung geheilt werden (z.B. durch Auszahlung des Sparguthabens nach Ihrem Tod). Beachten Sie die gesetzlichen Formvorschriften nicht und erfahren Ihre Erben vor dem Vollzug der Begünstigung von der Zuwendung (z.B. vor der Auszahlung der Versicherungssumme an den Bezugsberechtigten), können sie diese jederzeit widerrufen und die Bank oder Versicherung anweisen, das Guthaben oder die Versicherungssumme an die Erben auszuzahlen.

1.4.2 Zuwendung einer Lebensversicherung

Wenn Sie in Ihrem Lebensversicherungsvertrag keinen Bezugsberechtigten benannt haben, gehört Ihre Lebensversicherung zu Ihrem Vermögen und fällt damit in den Nachlass. Als Versicherungsnehmer sind Sie nach § 159 Versicherungsvertragsgesetz berechtigt, ohne Zustimmung des Versicherers einen Dritten (z.B. Ihren Ehegatten) als Bezugsberechtigten zu bezeichnen. Sie können das Bezugsrecht jederzeit widerrufen. Haben Sie einen Bezugsberechtigten benannt, liegt ein Vertrag zugunsten Dritter auf den Todesfall vor. Im Todesfall fällt die Versicherungssumme dann nicht in den Nachlass. Der Bezugsberechtigte erwirbt mit dem Erbfall einen unmittelbaren Anspruch auf die Versicherungssumme gegen den Versicherer.

! Beachten Sie, dass eine Änderung oder der Widerruf der Bezugsberechtigung im Versicherungsvertrag ausgeschlossen werden darf. Sehen Sie also in Ihrer Versicherungspolice nach, ob eine entsprechende Regelung enthalten ist. Außerdem ist in den allgemeinen Versicherungsbedingungen geregelt, dass der Widerruf bzw. die Änderung der Bezugsberechtigung erst mit der schriftlichen Anzeige an den Versicherer wirksam werden. Diese Voraussetzung erfüllen Sie nicht, wenn Sie die Bezugsberechtigung in Ihrem Testament ändern oder widerrufen. Prüfen Sie deshalb im Zusammenhang mit der Errichtung Ihres Testaments unbedingt die in der Versicherungspolice geregelte Bezugsberechtigung.

Formulierungsbeispiel

Bezugsberechtigung

Sehr geehrte Damen und Herren,

am _____ *[Datum einsetzen]* habe ich bei Ihnen einen Lebensversicherungsvertrag Nr. _____ *[Vertragsnummer einsetzen]* abgeschlossen. Als Bezugsberechtigten benenne ich _____ *[Vor- und Familiennamen und Wohnsitz des Bezugsberechtigten einsetzen]*. Bitte bestätigen Sie mir den Eingang dieses Schreibens.

[Oder]

in dem am _____ *[Datum einsetzen]* abgeschlossenen Lebensversicherungsvertrag _____ *[Vertragsnummer einsetzen]* habe ich als Bezugsberechtigten _____ *[Vor- und Familiennamen einsetzen]* benannt. Diese Bezugsberichtigung möchte ich hiermit ändern. Bezugsberechtigte Person soll _____ *[Vor- und Familiennamen und Wohnsitz des Bezugsberechtigten einsetzen]* sein. Bitte bestätigen Sie mir die Änderung der Bezugsberechtigung.

Achtung: Wenn Sie Ihren Ehegatten namentlich als Bezugsberechtigten gegenüber dem Versicherer benannt haben, ändert daran eine Scheidung oder Wiederverheiratung nichts. Die gesetzlichen Regelungen über die Unwirksamkeit letztwilliger Verfügungen bei Auflösung der Ehe gelten in diesem Fall nicht. Die Bezugsberechtigung des geschiedenen Ehegatten besteht weiter, bis sie ausdrücklich widerrufen oder geändert wurde.

1.4.3 Zuwendung von Bankguthaben

Sie können mit Ihrer Bank oder Sparkasse vereinbaren, dass alle Rechte aus einem Bankkonto im Falle Ihres Todes an einen Dritten übergehen sollen. Unproblematisch ist eine entsprechende Vereinbarung jedenfalls dann, wenn Sie alleiniger Kontoinhaber sind.

Formulierungsbeispiel

Zuwendung von Bankguthaben

_____ *[Vor- und Familiennamen des Kontoinhabers einsetzen]* und die _____bank *[genaue Bezeichnung der Bank]* vereinbaren, dass alle Rechte aus dem Konto Nr. _____ *[Konto Nr. einsetzen]* von _____ *[Vor- und Familiennamen des Kontoinhabers einsetzen]* nach seinem Tod auf _____ *[Vor- und Familiennamen und Wohnsitz des Begünstigten einsetzen]* übergehen sollen. Diese Vereinbarung kann von _____ *[Vor- und Familiennamen des Kontoinhabers einsetzen]* zu Lebzeiten jederzeit widerrufen werden. Die Bank soll den Begünstigten erst nach dem Tod von _____ *[Vor- und Familiennamen des Kontoinhabers einsetzen]* von dieser Vereinbarung unterrichten.

! Ein entsprechender Vertrag zugunsten Dritter ist auch dann zustande gekommen, wenn Sie Ihre Bank anweisen, Ihr Guthaben nach Ihrem Tod an einen Dritten auszuzahlen.

Bei einem Gemeinschaftskonto, das zwischen Ihnen und der begünstigten Person geführt wird, muss zwischen einem Und- und einem Oder-Konto unterschieden werden. Beim Oder-Konto (das ist in der Praxis der Regelfall) ist jeder Kontoinhaber allein verfügungsberechtigt. In diesem Fall können Sie das gemeinschaftliche Guthaben ohne Weiteres an den überlebenden Kontoinhaber weitergeben. Dagegen sind bei einem Und-Konto nur beide Kontoinhaber gemeinsam verfügungsbefugt. Der längerlebende Kontoinhaber kann nur gemeinsam mit den Erben über das Konto verfügen, weil beim Tod eines Kontoinhabers dessen Kontoinhaberschaft in den Nachlass fällt.

1.5 Gesetzliche Erbfolge als Alternative zur testamentarischen Erbfolge

Grundsätzlich steht es in Ihrem Belieben, frei über Ihr Vermögen nach dem Tod zu verfügen. In diesem Fall müssen Sie allerdings ein Testament errichten und darin Ihre Erben bestimmen. Nur für den Fall, dass Sie keine solche Verfügung von Todes wegen treffen, bestimmt das Gesetz die Erbfolge. In diesem Fall geht das Gesetz davon aus, dass Sie Ihr Vermögen an Ihre nächsten Verwandten und an Ihren Ehegatten übertragen wollen.

! Sind Sie mit der vom Gesetz vorgesehenen Erbfolge einverstanden, brauchen Sie kein Testament errichten. Bei Eheleuten dürfte das allerdings regelmäßig nicht der Fall sein, weil diese in erster Linie den längerlebenden Partner versorgt wissen wollen. Die gesetzliche Erbfolge räumt dem Ehegatten dagegen nur einen Erbteil neben den Kindern oder – wenn keine Kinder vorhanden sind – neben den Eltern oder Geschwistern des verstorbenen Partners ein. Zudem hat das gesetzliche Erbrecht für den längerlebenden Ehegatten den Nachteil, dass unter den Miterben eine Erbengemeinschaft entsteht und somit über den Nachlass grundsätzlich nur gemeinschaftlich entschieden werden darf.

1.5.1 Wann tritt die gesetzliche Erbfolge ein?

Gesetzliche Erbfolge gilt insbesondere, wenn der Erblasser in einem Testament keine anderen Erben eingesetzt hat. Sie tritt daneben insbesondere aber auch ein, wenn

- die testamentarische Erbeinsetzung unwirksam ist (z.B. weil das errichtete Testament wegen Formmangels nichtig ist),
- das vom Erblasser errichtete Testament nur einen Teil seines Nachlasses erfasst,
- das Testament nicht mehr existiert, weil es widerrufen wurde,
- die testamentarische Erbeinsetzung erfolgreich angefochten wurde,
- der im Testament eingesetzte Erbe die Erbschaft ausschlägt.

1.5.2 Grundsätze des gesetzlichen Erbrechts des Ehegatten

Neben den Verwandten ist der längerlebende Ehegatte des Erblassers gesetzlicher Erbe. Die Höhe seines Erbteils ist davon abhängig, welche Verwandten neben dem Ehegatten gesetzliche Erben sind und in welchem Güterstand die Eheleute gelebt haben.

Bestehende Ehe

Der überlebende Ehegatte ist neben den Verwandten des Erblassers nur dann gesetzlicher Erbe, wenn die Ehe zum Zeitpunkt des Todes des Erblassers noch besteht. Die Ehe darf weder rechtskräftig geschieden, noch aufgehoben, noch für nichtig erklärt worden sein.

Trotz bestehender Ehe kann das gesetzliche Erbrecht des überlebenden Ehegatten ausgeschlossen sein. Das ist der Fall, wenn zur Zeit des Erbfalls die Voraussetzungen für die Scheidung der Ehe gegeben waren und der Erblasser die Scheidung beantragt oder ihr zugestimmt hatte. Stirbt also der Ehegatte während des Scheidungsverfahrens, dann verliert der überlebende Ehegatte sein gesetzliches Erbrecht, wenn der Erblasser zum Zeitpunkt des Scheidungsantrags seines Ehegatten zugestimmt hatte (§ 1933 Satz 1 BGB). Hatte nur der überlebende Ehegatte den Scheidungsantrag bei Gericht eingereicht, der Erblasser aber noch nicht zugestimmt, ist der Ehegatte nach wie vor gesetzlicher Erbe.

Achtung: Die bloße Trennung der Eheleute führt nicht zum Ausschuss des Erbrechts des Ehegatten.

Erbteil des Ehegatten neben Verwandten des Erblassers

Die Höhe des Erbteils des längerlebenden Ehegatten richtet sich zunächst danach, ob und gegebenenfalls welche Verwandte des Erblassers neben ihm erben. Ferner ist von Bedeutung, in welchem Güterstand die Eheleute während der Ehe gelebt haben. Der Güterstand bezeichnet die Vermögensverhältnisse der Eheleute untereinander. Er regelt, wem das Vermögen gehört, welches die Eheleute in die Ehe eingebracht und während der Ehe erworben haben, wer dieses verwaltet und wer für eventuelle Schulden haftet. Die praktisch wichtigsten Güterstände sind der gesetzliche Güterstand der Zugewinngemeinschaft und der vertragliche Güterstand der Gütertrennung.

1.5.3 Erbteil des Ehegatten bei Zugewinngemeinschaft

Sofern die Eheleute durch einen Ehevertrag nichts anderes vereinbart haben, leben sie im gesetzlichen Güterstand der Zugewinngemeinschaft. Die Besonderheit dieses Güterstands besteht darin, dass zwar das Vermögen der Eheleute während des Bestehens der Ehe rechtlich getrennt behandelt wird, der während der Ehe von den Ehegatten jeweils erzielte Zugewinn aber nach Beendigung des Güterstands ausgeglichen wird (Zugewinnausgleich).

Bei Beendigung der Ehe durch Tod erfolgt der Zugewinnausgleich dadurch, dass der gesetzliche Erbteil des Ehegatten pauschal um eine bestimmte Quote erhöht wird (sog. erbrechtliche Lösung). Der längerlebende Ehegatte hat aber auch die Möglichkeit, die Erbschaft auszuschlagen und dafür den konkret berechneten Zugewinnausgleich sowie den kleinen Pflichtteil zu verlangen (sog. güterrechtliche Lösung).

Wird der Güterstand durch den Tod eines Ehegatten beendet, so wird der Ausgleich des Zugewinns dadurch verwirklicht, dass sich der gesetzliche Erbteil des Ehegatten pauschal um ein Viertel der Erbschaft erhöht, und zwar unabhängig davon, ob überhaupt ein Zugewinn während der Ehe erwirtschaftet wurde und wenn ja, wer diesen erlangt hat (erbrechtliche Lösung, § 1371 Abs. 1 BGB). Danach erbt der Ehegatte wie folgt (§ 1931 Abs. 1 BGB):

- Neben Verwandten der ersten Ordnung (Kinder, Enkel, Urenkel) erbt der Ehegatte die Hälfte des Nachlasses (1/4 gesetzlicher Erbteil + 1/4 pauschaler Zugewinnausgleich).
- Neben Verwandten der zweiten Ordnung (Eltern, Geschwister, Neffen, Nichten) oder neben Großeltern erbt der Ehegatte drei Viertel des Nachlasses (1/2 gesetzlicher Erbteil + 1/4 pauschaler Zugewinnausgleich).
- Konkurriert der überlebende Ehegatte ausschließlich mit Erben der dritten Ordnung (Großeltern und deren Abkömmlingen), erhält er den gesamten Nachlass, es sei denn, einzelne Großelternteile lebten noch.

»

Beispiel:

- **Fall 1:** Richard Weber hinterlässt seine Frau Maria und seine Tochter Iris, die drei Kinder hat. Sein Sohn Clemens ist bei einem Autounfall vor Jahren verunglückt; er war verheiratet und hat zwei Kinder. Die Ehefrau Maria erhält die Hälfte des Nachlasses. Die andere Hälfte geht an die Kinder. Iris erhält ein Viertel; sie schließt ihre Kinder von der gesetzlichen Erbfolge aus. Das andere Viertel erhalten die beiden Kinder von Clemens für ihren Vater, also jeweils ein Achtel.
- **Fall 2:** Clemens Schmidt hinterlässt seine Frau Berta und seine Kinder Claudia und Dieter, ferner seine Eltern Emil und Franziska und seinen Bruder Gerhard. Berta erbt die Hälfte des Nachlasses; ihr Erbteil von einem Viertel erhöht sich um den pauschalen Ausgleich des Zugewinns um ein weiteres Viertel. Die Kinder Claudia und Dieter erben die andere Hälfte, also jeweils ein Viertel. Die Eltern und der Bruder des Erblassers sind von der gesetzlichen Erbfolge ausgeschlossen.

Anstelle des pauschalierten Zugewinnausgleichs kann der überlebende Ehegatte die Erbschaft ausschlagen und den konkret berechneten Zugewinnausgleich verlangen (güterrechtliche Lösung). Neben der Ausgleichsforderung auf den Zugewinn steht ihm in diesem Fall außerdem ein Pflichtteilsanspruch zu, der sich nach dem nicht erhöhten gesetzlichen Erbteil bemisst (sog. kleiner Pflichtteil). Dieser Pflichtteil beträgt ein Achtel des Nachlasses, wenn neben dem Ehegatten Erben der ersten Ordnung und ein Viertel des Nachlasses, wenn neben dem Ehegatten Erben der zweiten Ordnung vorhanden sind. Damit kann die Ausgleichsforderung aus der Beendigung der Zugewinngemeinschaft zusammen mit dem Pflichtteil höher sein als der dem überlebenden Ehegatten zustehende gesetzliche Erbteil mit der pauschalen Abgeltung des Zugewinns.

»

Anton und Bettina Meister hatten bei ihrer Eheschließung kein Vermögen. Einen Ehevertrag haben sie nicht abgeschlossen. Es liegt kein Testament vor; es gilt also gesetzliche Erbfolge mit Zugewinnausgleich. Zum Zeitpunkt seines Todes hinterlässt Anton 200.000,– €. Bettina hat keinen Zugewinn erzielt. Anton und Bettina haben zwei Kinder.

Nach der erbrechtlichen Lösung erhält Bettina ein Viertel als gesetzliche Erbin und ein weiteres Viertel als pauschalen Zugewinnausgleich, insgesamt als die Hälfte des Nachlasses (= 100.000,– €). Die Kinder erhalten jeweils ein Viertel des Nachlasses.

Nach der güterrechtlichen Lösung kann Bettina die Erbschaft ausschlagen und den Zugewinnausgleich aus dem tatsächlich erzielten Zugewinn verlangen. Danach hat Bettina Anspruch auf die Hälfte des erzielten Zugewinns (= 100.000,– €). Daneben kann sie ihren Pflichtteil in Höhe der Hälfte ihres gesetzlichen Erbteils von einem Viertel, also ein Achtel aus dem Nachlasswert von 200.000,– € (= 25.000,– €) verlangen. Somit erhält Bettina insgesamt 125.000,– € und stellt sich finanziell damit günstiger als beim pauschalierten Zugewinnausgleich.

Die güterrechtliche Lösung kann für den überlebenden Ehegatten dann sinnvoll sein, wenn der Erblasser während der Ehe einen erheblichen Vermögenszuwachs erzielt hat. In diesem Fall ist die erbrechtliche Lösung für den überlebenden Ehegatten ungünstig, weil der zusätzliche pauschalierte Erbteil von einem Viertel geringer ist als sein Anspruch auf Zugewinn.

! Bevor der Weg der »taktischen Ausschlagung« der Erbschaft beschritten wird, sollte in jedem Fall eine Beratung durch einen fachkundigen Anwalt erfolgen. Für die Entscheidung sind insbesondere von Bedeutung, neben welchen Verwandten der überlebende Ehegatte erbt und in welchem Verhältnis der in der Ehe gemachte Zugewinn des Erblassers zum gesamten Nachlass steht und welchen Zugewinn der überlebende Ehegatte selbst erzielt hat. Seine Entscheidung muss der überlebende Ehegatte innerhalb der Ausschlagungsfrist von sechs Wochen treffen.

1.5.4 Erbteil des Ehegatten bei Gütertrennung

Gütertrennung kann zwischen Eheleuten ausdrücklich in einem Ehevertrag vereinbart werden. Sie tritt aber automatisch auch dann ein, wenn die Eheleute den gesetzlichen Güterstand der Zugewinngemeinschaft ausgeschlossen oder aufgehoben haben, ohne einen anderen Güterstand zu vereinbaren. Das gleiche gilt, wenn der Ausgleich des Zugewinns oder der Versorgungsausgleich ausgeschlossen wurde. Bei der Gütertrennung wird das Vermögen der Ehegatten vollständig voneinander getrennt. Das betrifft nicht nur das in die Ehe jeweils eingebrachte, sondern auch das während der Ehe jeweils erworbene Vermögen. Bei der Beendigung der Ehe findet kein Zugewinnausgleich statt. Auch die pauschale Erhöhung des Erbteils des überlebenden Ehegatten um ein Viertel wie bei der Zugewinngemeinschaft gibt es bei der Gütertrennung nicht.

Beim Güterstand der Gütertrennung erbt der überlebende Ehegatte neben Verwandten der ersten Ordnung (Kinder, Enkel, Urenkel) ein Viertel, neben Verwandten der zweiten Ordnung (Eltern, Geschwister, Neffen, Nichten) oder neben Großeltern die Hälfte des Nachlasses. Sind weder Verwandte der ersten oder der zweiten Ordnung noch Großeltern vorhanden, so erbt der überlebende Ehegatte den ganzen Nachlass.

Darüber hinaus gelten folgende Besonderheiten (§ 1931 Abs. 4 BGB): Erben neben dem überlebenden Ehegatten ein oder zwei Kinder des Erblassers als gesetzliche Erben, so erben der längerlebende Ehegatte und jedes Kind zu gleichen Teilen. Neben einem Kind erbt also der Ehegatte die Hälfte, neben zwei Kindern ein Drittel. Neben drei und mehr Kindern erbt der überlebende Ehegatte immer ein Viertel, die Kinder teilen sich dann drei Viertel des Nachlasses. Lebt ein Kind nicht mehr, so treten an seine Stelle seine Abkömmlinge.

» **Beispiel:**

- **Fall 1:** Adolf Keller hinterlässt seine Frau Brigitte und zwei Kinder. Brigitte und die beiden Kinder erben jeweils ein Drittel des Nachlasses.

- **Fall 2:** Siegmund Frech hinterlässt seine Frau Barbara, drei Kinder und seine Eltern. Barbara und die drei Kinder erben jeweils ein Viertel. Die Eltern des Erblassers sind von der Erbfolge ausgeschlossen.
- **Fall 3:** Timo Schmidt hinterlässt seine Frau Claudia und zwei Brüder. Seine Eltern sind bereits verstorben. Claudia erbt die Hälfte des Nachlasses, die beiden Brüder erhalten jeweils ein Viertel.

Zugewinngemeinschaft	**Erbteil des Ehegatten**	**Erbteil der Verwandten**
Abkömmlinge (Kinder, Enkel, Urenkel)	1/2	1/2
Eltern bzw. bei deren Wegfall deren Abkömmlinge (z.B. Geschwister)	3/4	1/4

Gütertrennung	**Erbteil des Ehegatten**	**Erbteil der Verwandten**
1 Kind bzw. bei seinem Wegfall seine Abkömmlinge (z.B. Enkel)	1/2	1/2
2 Kinder bzw. bei ihrem Wegfall ihre Abkömmlinge (z.B. Enkel)	1/3	2/3
3 und mehr Kinder bzw. bei ihrem Wegfall ihre Abkömmlinge (z.B. Enkel)	1/4	3/4
Erblasser hinterlässt Eltern bzw. deren Abkömmlinge (z.B. Geschwister)	1/2	1/2

1.5.5 Anspruch des Ehegatten auf den »Voraus«

Zusätzlich zu seinem Erbteil und unabhängig vom Güterstand, in dem die Eheleute gelebt haben, steht dem längerlebenden Ehegatten als gesetzlichem Erben der Anspruch auf den sogenannten Voraus zu; das sind die zum ehelichen Haushalt gehörenden Gegenstände (z.B. Möbel, Geschirr, Küchengeräte. Waschmaschine, Radio- und Fernsehgerät) und die Hochzeitsgeschenke.

Achtung: Voraussetzung für den Anspruch auf den Voraus ist insbesondere, dass der Ehegatte gesetzlicher Erbe ist. Er darf also nicht durch ein Testament zum Erben bestimmt worden sein, auf sein Erbrecht verzichtet oder die Erbschaft ausgeschlagen haben.

In welchem Umfang dem überlebenden Ehegatten die zum Haushalt gehörenden Gegenstände zustehen, hängt davon ab, welcher Ordnung die mit dem Ehegatten zur gesetzlichen Erbfolge berufenen Personen angehören:

- Neben Verwandten der zweiten Ordnung (Eltern bzw. Geschwistern) oder neben Großeltern umfasst der dem überlebenden Ehegatten neben seinem Erbteil zustehende Voraus alle zum Haushalt gehörenden Gegenstände und die Hochzeitsgeschenke (§ 1932 Satz 1 BGB).
- Wenn der Ehegatte neben Abkömmlingen (Kinder, Enkel usw.) als gesetzlicher Erbe berufen ist, stehen ihm die Gegenstände des Voraus nur insoweit zu, als sie zur Führung eines angemessenen Haushalts von Bedeutung sind, der überlebende Ehegatte also weder genügend Gegenstände besitzt noch ihm die Beschaffung aus eigenen Mitteln zugemutet werden kann (§ 1932 Satz 2 BGB). Nicht entscheidend ist der Wert der Haushaltsgegenstände. Was zum Voraus in diesem Fall gehört, hängt also nicht zuletzt auch von den bisherigen Lebensverhältnissen der Eheleute ab.

Achtung: Der Anspruch des überlebenden Ehegatten auf den Voraus entfällt, wenn sein gesetzliches Erbrecht ausgeschlossen ist (vgl. dazu 1.5.2).

1.6 Schranken der testamentarischen Gestaltungsfreiheit

Grundsätzlich können Sie durch ein Testament Ihre Erbfolge nach Ihrem Tod nach Belieben gestalten. Sie können beispielsweise durch Testament Ihre Erben bestimmen, Ihr Vermögen unter mehreren Personen aufteilen, andere Personen als den von Ihnen eingesetzten Erben Geld oder Sachwerte zuwenden oder Verwandte oder Ihren Ehegatten von der gesetzlichen Erbfolge ausschließen. Gleichwohl besteht die Testierfreiheit nicht uneingeschränkt. Es bestehen insbesondere erbrechtliche und wirtschaftliche Schranken.

So müssen Sie insbesondere berücksichtigen, dass Ihrem Ehegatten und Ihren Kindern im Falle einer Enterbung Pflichtteilsansprüche zustehen. Außerdem können Sie unter Umständen an frühere Verfügungen von Todes wegen gebunden sein. Berücksichtigen müssen Sie auch, dass Sie bestimmten Personen kraft Gesetzes nichts zuwenden dürfen. Zu den rechtlichen Rahmenbedingungen, die Sie einhalten müssen, gehört auch, dass Sie in Ihrem Testament nur solche Verfügungen treffen können, die im Gesetz ausdrücklich als zulässig anerkannt sind. Und schließlich ist Ihr Testament nur wirksam, wenn Sie die gesetzlich vorgegebene Form beachtet und Sie es persönlich errichtet haben.

1.6.1 Berücksichtigung von Pflichtteilsansprüchen

Ihre wirtschaftliche Freiheit, über Ihren Nachlass zu disponieren, wird durch den sogenannten Pflichtteil eingeschränkt. Durch den Pflichtteilsanspruch wird Ihren nächsten Familienangehörigen und Ihrem Ehegatten ein Mindestanteil an der Erbschaft gesetzlich garantiert. Die Pflichtteilsberechtigten haben einen Anspruch auf eine Mindestbeteiligung am Nachlass in Höhe der Hälfte des Werts ihres gesetzlichen Erbteils. Sie sind allerdings nicht am Nachlass beteiligt, sondern erwerben lediglich in Höhe ihres Pflichtteils einen Geldanspruch gegen den oder die Erben.

! Bevor Sie ein Testament errichten, sollten Sie unbedingt prüfen, ob Pflichtteilsansprüche bestehen und diese in Ihrem Testament entsprechend berücksichtigen. Andernfalls gehen Sie das Risiko ein, dass Ihre testamentarischen Verfügungen später nicht nach Ihrem Willen umgesetzt werden können.

» Die Eheleute Silvia und Nico Weiler haben zwei Kinder, Christine und Heiko. Sie errichten ein Berliner Testament, in dem sie nach dem Tod des erstversterbenden den längerlebenden Partner als Alleinerben einsetzen. Nach dem Tod des längerlebenden Elternteils sollen die beiden Kinder je zur Hälfte Erben sein. Wenn der längerlebende Ehegatte nach dem Tod des Erstversterbenden Alleinerbe wird, sind die beiden Kinder beim ersten Erbfall zwangsläufig enterbt und können ihren Pflichtteil verlangen. Dies kann den längerlebenden Elternteil unter Umständen in arge finanzielle Schwierigkeiten bringen, beispielsweise wenn der Nachlass weitgehend aus einer Immobilie besteht. Durch entsprechende Vorkehrungen im gemeinschaftlichen Testament (sog. Pflichtteilsstrafklauseln) könnten die Kinder davon abgehalten werden, beim ersten Erbfall Ihren Pflichtteilsanspruch geltend zu machen (dazu näher unter 3.1.5). Auf der sicheren Seite wären die Eheleute, wenn sie mit ihren Kindern zu Lebzeiten einen Pflichtteilsverzicht für den ersten Erbfall vereinbaren würden.

Sie können das Pflichtteilsrecht Ihrer nächsten Familienangehörigen nicht einfach dadurch umgehen, dass Sie diese zwar nicht enterben, ihnen aber nur einen Erbteil hinterlassen, der unter ihrer Pflichtteilsquote liegt. In diesem Fall haben die Pflichtteilsberechtigten Anspruch auf den sogenannten Restpflichtteil. Sie haben also einen Geldanspruch gegen die Erben in Höhe der Differenz ihres Erbteils und ihrem Pflichtteil.

Achtung: Der Pflichtteilsanspruch richtet sich grundsätzlich gegen den Erben (§ 2303 Abs. 1 BGB). Der Pflichtteilsberechtigte kann sowohl gegen den einzelnen als auch gegen alle Miterben gemeinsam vorgehen. Die Erben haften als Gesamtschuldner.

Pflichtteilsberechtigte Familienangehörige

Der Kreis der pflichtteilsberechtigten Personen ist gesetzlich festgelegt. Dazu zählen nur die nächsten Familienangehörigen des Erblassers, das sind seine Abkömmlinge (Kinder, Enkel, Urenkel), auch nichteheliche und adoptierte Kinder, soweit sie erbberechtigt sind, seine Eltern und sein Ehegatte.

Pflichtteilsrecht der Verwandten

Pflichtteilsberechtigt sind zunächst die Abkömmlinge des Erblassers (§ 2303 Abs. 1 BGB). Entferntere Abkömmlinge kommen allerdings nur dann zum Zuge, wenn der nähere Abkömmling keinen Pflichtteil verlangen kann oder das ihm Hinterlassene annimmt (§ 2309 BGB). Wenn also ein näherer Berechtigter (z.B. ein Kind des Erblassers) selbst den Pflichtteil verlangen kann, ist das Pflichtteilsrecht des entfernteren Berechtigten (z.B. ein Enkelkind des Erblassers) ausgeschlossen, und zwar auch dann, wenn der nähere Berechtigte den Pflichtteil nicht geltend macht.

Auch den Eltern des Erblassers steht ein Pflichtteilsrecht zu (§ 2303 Abs. 2 BGB). Sie kommen aber nur dann zum Zuge, wenn kein nach der gesetzlichen Erbfolge vorgehender Abkömmling vorhanden ist, der den Pflichtteil verlangen kann oder das ihm Hinterlassene annimmt (§ 2309 BGB).

Achtung: Nicht pflichtteilsberechtigt sind die entfernteren Verwandten des Erblassers, insbesondere seine Geschwister, Onkel, Tanten, Neffen und Nichten.

Pflichtteilsrecht des Ehegatten

Pflichtteilsberechtigt ist auch der Ehegatte des Erblassers (§ 2303 Abs. 2 BGB). Dessen Pflichtteilsrecht setzt voraus, dass eine rechtsgültige Ehe besteht. Kein Pflichtteilsrecht hat der Partner einer geschiedenen Ehe. Und das Pflichtteilsrecht des überlebenden Ehegatten ist auch dann ausgeschlossen, wenn zur Zeit des Todes des Erblassers die Voraussetzungen für die Scheidung der Ehe gegeben waren und der Erblasser die Scheidung beantragt oder ihr zugestimmt hatte (§ 1933 BGB).

Voraussetzungen für den Pflichtteilsanspruch

Die pflichtteilsberechtigten Personen haben nur dann einen Pflichtteilsanspruch, wenn sie durch eine Verfügung von Todes wegen (z.B. ein Testament) von der Erbfolge ausgeschlossen wurden (§ 2303 Abs. 1 Satz 1 BGB). Der Ausschluss vom Erbrecht kann ausdrücklich durch eine entsprechende erbrechtliche Verfügung oder stillschweigend erfolgen, wenn der Nachlass erschöpfend anderen Personen zugewendet wird.

» Wenn die Eheleute Nathalie und Sigi Weber sich in einem gemeinschaftlichen Testament gegenseitig als Alleinerben einsetzen und nach dem Tod des Längerlebenden ihre beiden Kinder Schlusserben sein sollen, sind die beiden Kinder beim ersten Erbfall enterbt und können ihren Pflichtteil verlangen.

Nicht enterbt und damit nicht pflichtteilsberechtigt sind Personen, die auf ihr Erb- und Pflichtteilsrecht verzichtet haben. Das gilt grundsätzlich auch für Pflichtteilsberechtigte, die die Erbschaft ausgeschlagen haben. Von diesem Grundsatz bestehen allerdings Ausnahmen:

- Der längerlebende Ehegatte kann die Erbschaft ausschlagen und neben dem realen Ausgleich des Zugewinns den Pflichtteil verlangen § 1371 Abs. 3 BGB (vgl. dazu 1.5.3).

- Gesetzlich verhindert wird auch der Fall, dass Sie einen Pflichtteilsberechtigten auf ein Vermächtnis abdrängen. Haben Sie den Pflichtteilsberechtigten nur mit einem Vermächtnis (z.B. Anspruch auf Zuwendung eines bestimmten Geldbetrags; Näheres zum Vermächtnis unter 3.4) bedacht, so kann diesem ebenfalls der Pflichtteilsanspruch zustehen. Er kann in einem solchen Fall seinen vollen Pflichtteil geltend machen, wenn er das Vermächtnis ausschlägt (§ 2307 Abs. 1 BGB). Keine Bedeutung hat, ob das Vermächtnis größer oder kleiner als der Pflichtteil ist. Erreicht der Wert des Vermächtnisses nicht den Wert des Pflichtteils, so kann der Vermächtnisnehmer den restlichen Pflichtteil geltend machen.

» Die Eheleute Sabine und Christian Müller haben sich in einem Berliner Testament gegenseitig als Alleinerben eingesetzt und bestimmt, dass nach dem Tod des Längerlebenden ihr einziges Kind Lucas Alleinerbe sein soll. Allerdings soll Lucas beim Tod des erstversterbenden Elternteils das Auto des Verstorbenen mit einem Wert von 40.000,– € erhalten. Wenn der Pflichtteilsanspruch von Lucas beim ersten Erbfall 50.000,– € beträgt, kann er beim ersten Erbfall entweder das Vermächtnis ausschlagen und seinen Pflichtteil in Höhe von 50.000,– € verlangen oder das Vermächtnis annehmen und seinen Restpflichtteil in Höhe von 10.000,– € gegen den längerlebenden Elternteil geltend machen.

Höhe des Pflichtteils

Der Pflichtteil beträgt die Hälfte des gesetzlichen Erbteils (§ 2303 Abs. 1 Satz 2 BGB). Maßgebend für die Höhe des Pflichtteils ist der Wert des Nachlasses zum Zeitpunkt des Erbfalls und die sogenannte Pflichtteilsquote.

Wert des Nachlasses

Für die Höhe des Pflichtteils ist der Bestand des Nachlasses am Todestag des Erblassers maßgebend (§ 2311 Abs. 1 Satz 1 BGB). Wertänderungen nach diesem Stichtag haben auf die Berechnung des Pflichtteils keinen Einfluss. Zunächst werden alle Vermögenswerte (Aktivnachlass) ermittelt. Davon werden die Verbindlichkeiten, die der Verstorbene hinterlassen hat (Passivnachlass), abgezogen. Der Bestand des Nachlasses, der der Pflichtteilsberechnung zugrunde gelegt wird, wird dann aus der Differenz zwischen Aktiv- und Passivnachlass ermittelt.

Zum Aktivnachlass gehören insbesondere Bankguthaben, Immobilien, Wertpapiere, Beteiligungen an Personen- und Kapitalgesellschaften, Gegenstände des persönlichen Gebrauchs (z.B. Schmuck, Kleidungsstücke), Kraftfahrzeuge, Haushaltsgegenstände und Darlehensforderungen.

Maßgebend für die Wertermittlung aller Nachlassgegenstände ist der gemeine Wert. Das ist grundsätzlich der Verkehrswert, also der Wert des Erlöses, der bei der Veräußerung am Markt zu erzielen wäre. Nicht maßgebend für die Pflichtteilsberechnung sind vom Erblasser vorgenommene Wertbestimmungen (§ 2311 Abs. 2 Satz 2 BGB).

Achtung: Bei der Berechnung des Pflichtteils nicht berücksichtigt werden unter anderem laufende Forderungen auf Gehalt, Rente und Miete, geleaste Gegenstände, Lebensversicherungen, die über eine Bezugsberechtigung außerhalb des Nachlasses auf eine Person übergehen und Vermögenspositionen, die mit dem Tod des Erblassers erlöschen (z.B. Wohnrecht, Nießbrauch).

Zum abzugsfähigen Passivnachlass gehören unter anderem Darlehensschulden, Grundschulden, Hypotheken und Bürgschaften, die Verbindlichkeiten des Erblassers sichern, Kosten, die im Zusammenhang mit dem Erbfall entstehen (z.B. Beerdigungskosten, Kosten für die Grabstätte), Steuerschulden des Erblassers, Unterhaltsansprüche, die mit dem Tod des Erblassers nicht erlöschen, Kosten der Nachlassverwaltung und -sicherung und Rückforderungsansprüche des Sozialhilfeträgers.

Achtung: Nicht abzugsfähig sind die Erbschaftsteuer, Vermächtnisse, Auflagen, Kosten der Testamentsvollstreckung, laufende Grabpflegekosten, Pflichtteilsansprüche.

Pflichtteilsquote

Wenn der Bestand und der Wert des Nachlasses feststehen, ist die Pflichtteilsquote des Pflichtteilsberechtigten zu ermitteln. Dabei ist der Erbteil zu ermitteln, mit welchem der Pflichtteilsberechtigte im Falle der gesetzlichen Erbfolge erbberechtigt wäre. Dieser wiederum hängt davon ab, wie viele Erbberechtigte es gibt und welche das sind. Die Pflichtteilsquote entspricht dann der Hälfte des gesetzlichen Erbteils (§ 2303 Abs. 1 Satz 2 BGB).

Die vom Gesetz (§ 2310 BGB) vorgeschriebene Berechnung des Pflichtteils ist einigermaßen kompliziert. Der der Berechnung zugrunde zu legende Erbteil des Pflichtteilsberechtigten ist abstrakt zu ermitteln. Es werden auch diejenigen mitgezählt, welche wegen Enterbung, Ausschlagung der Erbschaft oder Erbunwürdigkeit nicht Erbe geworden sind. Auch wer auf seinen Pflichtteil (nicht aber auf sein Erbrecht) verzichtet hat, wird mitgezählt. Das hat zur Folge, dass die Pflichtteilsquote jedes Pflichtteilsberechtigten geringer wird. Denn: Je mehr Erben es gibt, umso geringer ist der gesetzliche Erbteil und mithin auch der Pflichtteil des Einzelnen.

» Die Eheleute Karin und Franz Meister sind bei einem Verkehrsunfall ums Leben gekommen. Sie hinterlassen ihre Kinder Bernd, Claudia, Franziska und Heiko. In Ihrem Testament haben die

Eltern Bernd und Claudia als Alleinerben eingesetzt. Claudia hat die Erbschaft ausgeschlagen. Franziska hat bereits im Wege der vorgenommenen Erbfolge eine Immobilie erhalten und auf ihren Erbteil verzichtet. Der enterbte Heiko macht seinen Pflichtteil geltend.

Der gesetzliche Erbteil jedes der vier Kinder würde ein Viertel betragen, die Pflichtteilsquote jedes Kindes an sich also (die Hälfte davon) ein Achtel. Bei der Berechnung wird Claudia mitgezählt, obwohl sie die Erbschaft ausgeschlagen hat, nicht dagegen Franziska, die auf ihren Erbteil verzichtet hat. Für die Berechnung des Pflichtteils werden also abstrakt drei Erben gezählt, deren Erbteil jeweils ein Drittel betragen würde. Der Pflichtteilsanspruch von Heiko gegen Bernd, der Alleinerbe wird, beträgt also ein Sechstel (die Hälfte des gesetzlichen Erbteils von einem Drittel).

Achtung: Besonderheiten bei der Berechnung der Erb- und Pflichtteilsquote gelten für den Ehegatten. Dessen Erbteil richtet sich nach dem ehelichen Güterstand und der Anzahl der Verwandten. Einzelheiten dazu unter 1.5.3 und 1.5.4.

Entziehung des Pflichtteils

Wie oben dargelegt, soll der Pflichtteil Ihren nächsten Familienangehörigen einen Mindestanteil an der Erbschaft garantieren. Sie sollen trotz Enterbung in einem gewissen Umfang am Nachlass teilhaben. Gleichwohl erlaubt Ihnen das Gesetz in engen Grenzen, einen pflichtteilsberechtigten Erben völlig vom Nachlass auszuschließen. Dabei handelt es sich um Fälle von einem außergewöhnlich schweren Fehlverhalten des Pflichtteilsberechtigten gegenüber dem Erblasser, sodass es diesem nicht zuzumuten ist, dass der Berechtigte am Nachlass teilhaben darf.

Einem Abkömmling kann nach § 2333 Abs. 1 BGB der Pflichtteil entzogen werden, wenn dieser

1. dem Erblasser, dem Ehegatten des Erblassers, einem anderen Abkömmling oder einer dem Erblasser ähnlich nahestehenden Person nach dem Leben trachtet,

2. sich eines Verbrechens oder eines schweren vorsätzlichen Vergehens gegen eine der in Nummer 1 bezeichneten Personen schuldig macht,

3. die ihm dem Erblasser gegenüber gesetzlich obliegende Unterhaltspflicht böswillig verletzt oder

4. wegen einer vorsätzlichen Straftat zu einer Freiheitsstrafe von mindestens einem Jahr ohne Bewährung rechtskräftig verurteilt wird und die Teilhabe des Abkömmlings am Nachlass deshalb für den Erblasser unzumutbar ist. Gleiches gilt, wenn die Unterbringung des Abkömmlings in einem psychiatrischen Krankenhaus oder in einer Entziehungsanstalt wegen einer ähnlich schwerwiegenden vorsätzlichen Tat rechtskräftig angeordnet wird.

Die genannten Gründe gelten entsprechend für die Entziehung des Pflichtteils der Eltern und des Ehegatten (§ 2333 Abs. 2 BGB).

Wollen Sie einem Pflichtteilsberechtigten den Pflichtteil entziehen, so müssen Sie den Grund in Ihrem Testament konkret darlegen. Es reicht nicht aus, dass Sie allgemein feststellen, dass der Pflichtteil beispielsweise wegen des »Lebenswandels« des Sohnes oder »psychischer Qualen«, die Ihnen zugefügt wurden, entzogen wird. Sie müssen zwar nicht notwendig den Sachverhalt für die einzelnen Tatbestandsmerkmale darlegen, aber mit hinreichender Bestimmtheit ersichtlich machen, auf welche Verfehlungen Sie die Entziehung stützen. Die bloße Wiederholung des Gesetzeswortlauts ist nicht ausreichend.

! Der Grund für die Entziehung des Pflichtteils ist nur dann formgerecht erklärt, wenn Sie in Ihrem Testament zumindest einen zutreffenden Kernsachverhalt angeben. Dabei müssen Sie den Sachverhalt zumindest stichwortartig niederlegen. Damit soll verhindert werden, dass die Erben später Entziehungsgründe »nachschieben« können. Es muss auch ersichtlich sein, gegen wen sich welche Verfehlungen, Vergehen oder Verbrechen des Pflichtteilsberechtigten gerichtet haben. Unklare und unvollständige Formulierungen im Testament führen zur Unwirksamkeit der Pflichtteilsentziehung.

Formulierungsbeispiel

Entziehung des Pflichtteils

Hiermit enterbe ich meinen Sohn _____ *[Vor- und Familiennamen einsetzen]* und entziehe ihm den Pflichtteil aus folgenden Gründen:

Mein Sohn hatte in der Vergangenheit wiederholt finanzielle Schwierigkeiten. Ich habe ihn so gut es ging finanziell unterstützt. Am _____ *[Datum einsetzen]* hat er mich zum wiederholten Male um einen größeren Geldbetrag gebeten. Weil ich finanziell nicht in der Lage war, ihm zu helfen, kam es zu einer handgreiflichen Auseinandersetzung. Mein Sohn hat mehrmals auf mich eingeschlagen und mich getreten. Ich erlitt einen Nasenbeinbruch und schwere Rippenprellungen. Das Attest meines Arztes vom _____ *[Datum einsetzen]* ist in der Anlage beigefügt. Ich entbinde ihn ausdrücklich von der ärztlichen Schweigepflicht. Ferner steht meine Tochter _____ *[Vor- und Familiennamen des Erben einsetzen]* als Zeugin zur Verfügung.

Verzicht auf den Pflichtteil

Pflichtteilsberechtigte Personen können durch Vertrag mit dem Erblasser auf ihren Pflichtteil verzichten (§ 2346 Abs. 2 BGB). Der Vertrag bedarf der notariellen Beurkundung (§ 2348 BGB). Der Pflichtteilsverzicht erstreckt sich automatisch auf die Abkömmlinge des Verzichtenden. Durch einen Pflichtteilsverzichtsvertrag können Sie als Erblasser volle Handlungsfreiheit bei der Errichtung Ihres Testaments gewinnen.

! Wie unter 1.6.1 ausgeführt, besteht beim Berliner Testament, mit dem sich die Ehegatten gegenseitig als Alleinerben und ihre gemeinsamen Kinder als Schlusserben einsetzen, das Problem, dass die Kinder beim ersten Erbfall enterbt und ihren Pflichtteil vom überlebenden Ehegatten verlangen können. Zwar können Sie in Ihr Testament Pflichtteilsstrafklauseln aufnehmen (Näheres dazu unter 3.1.5), um die Kinder beim ersten Erbfall davon abzuhalten, den Pflichtteil zu verlangen. Solche Klauseln dienen jedoch nur der Abschreckung. Sie können letztlich nicht verhindern, dass die Schlusserben doch ihren Pflichtteil beim ersten Erbfall verlangen. Besser ist es, wenn Sie die Schlusserben dazu bewegen können, einen Pflichtteilsverzichtsvertrag abzuschließen. Damit ist ausgeschlossen, dass diese beim ersten Erbfall den Pflichtteilsanspruch gegen den Längerlebenden geltend machen und Ihren Ehegatten unter Umständen in finanzielle Schwierigkeiten bringen. Das Erbrecht der Schlusserben wird durch den bloßen Pflichtteilsverzichtsvertrag nicht berührt.

Berücksichtigung von Pflichtteilsergänzungsansprüchen

Wenn Sie zu Lebzeiten anderen Personen Geschenke machen, kann dies zu Ansprüchen auf Ergänzung des Pflichtteils gegen den Erben oder den Beschenkten führen. Durch diesen Anspruch wird der Pflichtteilsberechtigte so gestellt, als ob die Schenkung nicht erfolgt und damit das Vermögen des Erblassers durch die Schenkung nicht verringert worden wäre. Haben Sie also einem Dritten eine Schenkung gemacht, so kann der Pflichtteilsberechtigte den sogenannten Ergänzungspflichtteil verlangen. Das ist der Betrag, um den sich der Pflichtteil erhöht, wenn der Wert des Geschenks dem tatsächlichen Nachlass fiktiv zugerechnet wird (§ 2325 Abs. 1 BGB). Weitere Einzelheiten dazu unter 1.3.1.

1.6.2 Gesetzliche Zuwendungsverbote

Zwar steht es in Ihrem Belieben, grundsätzlich jede Person als Ihren Erben einzusetzen, es gibt jedoch Einrichtungen und Personen, die Sie aufgrund Ihrer besonderen Beziehung zu Ihnen nicht als Erben bestimmen können. Auch Zuwendungen, die nicht in Form einer Erbeinsetzung erfolgen (z.B. Vermächtnisse), sind nicht zulässig.

Zuwendungen an Heime

Einschränkungen erfährt Ihre Testierfreiheit in diesem Zusammenhang durch das Heimgesetz des Bundes und die entsprechenden Gesetze der Länder. So ist es dem Träger des Heims, seinem Leiter und dessen Angehörigen, den Beschäftigten und sonstigen Mitarbeitern untersagt, sich über das für die Unterbringung, Beköstigung und Pflege der Bewohner vereinbarte Entgelt hinaus Leistungen oder geldwerte Leistungen versprechen oder gewähren zu lassen, soweit es sich nicht um geringwertige Leistungen handelt (§ 14 Abs. 1 und 5 Heimgesetz). Eine gegen das Zuwendungsverbot verstoßende testamentarische Verfügung ist nichtig. Das gilt allerdings nur, wenn der Bedachte vom Inhalt des Testaments Kenntnis erhält und der Heimbewohner von dieser Kenntnis weiß.

Achtung: Einrichtungen des sogenannten betreuten Wohnens fallen nicht unter das Verbot, solange keine Verpflichtung des Mieters besteht, Verpflegung und weitergehende Betreuungsleistungen von bestimmten Anbietern anzunehmen.

Zuwendungen an Betreuer

Nach aktuellem Recht (bis Ende 2024) ist eine testamentarische Verfügung, mit der ein Betreuer vom Betreuten bedacht wird, wirksam. Allerdings kann eine Erbeinsetzung sittenwidrig und damit unwirksam sein, wenn ein Betreuer seine ihm gerichtlich verliehene Vertrauensstellung und seinen persönlichen Einfluss auf den Betreuten dazu benutzt, gezielt darauf hinzuwirken, dass der wegen seiner geistigen Behinderung leicht beeinflussbare Betreute ohne reifliche Überlegung über erhebliche Vermögenswerte zugunsten des Betreuers durch ein Testament verfügt.

Urteil:

Ein notarielles Testament zugunsten einer Berufsbetreuerin und eines »Seniorenbetreuers« kann sittenwidrig sein, wenn eine Berufsbetreuerin ihre gerichtlich verliehene Stellung und ihren Einfluss auf einen älteren, kranken und alleinstehenden Erblasser dazu benutzt, gezielt auf den leicht beeinflussbaren Erblasser einzuwirken und ihn dazu zu bewegen, vor einer von ihr herangezogenen Notarin in ihrem Sinne letztwillig zu verfügen.

OLG Celle, Az. 6 U 22/20

Achtung: Ab dem 1.1.2023 ist es einem beruflichen Betreuer untersagt, Geld oder geldwerte Leistungen von seinem Betreuten anzunehmen. Dies gilt sowohl für Schenkungen als auch für erbrechtliche Verfügungen. Der Betreuer darf auch dann eine Zuwendung nicht annehmen, wenn er nicht wusste, dass er von der betreuten Person in ihrem Testament bedacht worden ist.

Zuwendungen an Beschäftigte des öffentlichen Dienstes

Beschäftigte des öffentlichen Dienstes (z.B. Beamte) dürfen Belohnungen oder Geschenke in Bezug auf das Amt oder die dienstliche Tätigkeit nicht annehmen. Unzulässig ist deshalb eine Erbeinsetzung eines Beschäftigten des öffentlichen Dienstes, wenn diese im Zusammenhang mit dem vom Beamten oder Beschäftigten wahrgenommenen Amt besteht. In diesem Fall darf der Beschäftigte den Vermögensvorteil nicht behalten.

Zuwendungen an Notare

Unwirksam ist ein Testament, das dem Notar oder seinem Ehepartner oder einem sonstigen nahen Angehörigen einen rechtlichen Vorteil verschafft, wenn der Notar bei der Beurkundung des Testaments mitgewirkt hat.

1.6.3 Bindung an frühere erbrechtliche Verfügungen

Sie können Ihre Freiheit, über Ihr Vermögen nach Ihrem Tod nach Belieben zu verfügen, selbst beschränken, indem Sie bereits erbrechtliche Verfügungen getroffen haben, die sie rechtlich binden. Das kann unter anderem dann der Fall sein, wenn Sie mit Ihrem Ehegatten ein gemeinschaftliches Testament verfasst und darin sogenannte wechselbezügliche Verfügungen getroffen haben. Treffen Sie dann neue, diesen entgegenstehenden Verfügungen, hat dies die Nichtigkeit Ihrer neuen Verfügung zur Folge. Wirksame andere Verfügungen können Sie dann testamentarisch nur treffen, wenn Sie die alten Verfügungen wirksam beseitigt werden. Wegen der Einzelheiten vgl. 2.3.2.

» In einem gemeinschaftlichen Testament mit Ihrem Ehegatten haben Sie Ihre Kinder Petra und Alois zu gleichen Teilen als Erben eingesetzt. Sie können jetzt nicht ohne Weiteres in einem Einzeltestament Alois enterben, sondern müssen zuvor die erbrechtliche Bindung an Ihre frühere Verfügung im gemeinschaftlichen Testament wirksam beseitigen. Andernfalls ist die Enterbung von Alois in Ihrem Einzeltestament unwirksam.

1.6.4 Pflicht zur persönlichen Testamentserrichtung

Ihre erbrechtlichen Verfügungen im Testament können Sie nur persönlich festlegen (§ 2064 BGB). Die Errichtung eines Testaments durch einen Vertreter ist nicht zulässig. Haben Sie Ihr Testament nicht persönlich errichtet, so ist die Verfügung von Anfang an nichtig. Das unwirksame Testament kann auch nicht nachträglich von Ihnen genehmigt werden.

Es ist auch nicht möglich, dass Sie das gesetzliche Gebot, erbrechtliche Verfügungen persönlich festzulegen, umgehen, indem Sie zwar die Verfügung selbst errichten, die Entscheidung über die Geltung und bestimmte Inhalte aber einem anderen überlassen.

- Sie dürfen Ihre Verfügungen weder an die Zustimmung eines anderen knüpfen noch einen anderen zum Widerruf oder zu Änderungen ermächtigen. Einer anderen Person darf auch nicht die Entscheidung überlassen werden, welches mehrerer alternativer Testamente gelten soll.
- Sie können es einer anderen Person nicht überlassen, nach freiem Ermessen die Person zu bestimmen, die Ihr Erbe sein soll.
- Und schließlich können Sie nicht eine andere Person ermächtigen, die Höhe der Erbteile zu bestimmen oder Abweichungen von den von Ihnen festgelegten Erbteilen festzulegen.

Achtung: Verfügungen, die diesen Grundsätzen widersprechen, sind unwirksam.

1.6.5 Berücksichtigung der gesetzlich vorgegebenen Gestaltungsinstrumente

Bei der Übertragung Ihres Vermögens im Wege der Erbfolge sind Sie auf die gesetzlich vorgegebenen Instrumentarien beschränkt.

- Sie können von der gesetzlichen Erbfolge abweichen und andere als die gesetzlich vorgesehenen Erben bestimmen. In diesem Zusammenhang haben Sie auch die Möglichkeit, eine sogenannte Vor- und Nacherbschaft anzuordnen, um den Nachlass für den Endbedachten zu erhalten.
- Sie können sich in Ihrem Testament auch einfach darauf beschränken, einen gesetzlichen Erben zu enterben.
- Durch ein Vermächtnis können Sie einer Person einen einzelnen Vermögensgegenstand zuwenden, ohne dass diese Ihr Erbe sein muss.

- Sie können in Ihrem Testament Auflagen verfügen.
- In Ihrem Testament können Sie Anordnungen über die Aufteilung des Nachlasses unter den Miterben treffen, wenn Sie testamentarisch mehrere Erben einsetzen.
- In Ihrem Testament können Sie Anordnungen über die Aufteilung des Nachlasses unter den Miterben treffen.
- Wenn Sie sicherstellen wollen, dass Ihre testamentarischen Verfügungen tatsächlich zur Ausführung kommen, können Sie eine Testamentsvollstreckung anordnen.
- Sie können in Ihrem Testament auch familienrechtliche Verfügungen anordnen.

Unter den gesetzlichen Instrumentarien haben Sie als Erblasser die freie Wahl, welche und wie viele der zulässigen Verfügungen Sie in Ihr Testament aufnehmen und mit welchem konkreten Inhalt Sie das tun. Ihre Gestaltungsfreiheit erstreckt sich auch darauf, die verschiedenen Verfügungen miteinander zu kombinieren.

Achtung: Treffen Sie erbrechtliche Gestaltungen, die gesetzlich nicht zulässig sind, sind diese grundsätzlich unwirksam.

1.6.6 Berücksichtigung steuerlicher Gesichtspunkte

Im Rahmen Ihrer Überlegungen, Ihr Vermögen durch Zuwendungen zu Lebzeiten oder im Wege der Erbfolge zu übertragen, sollten Sie auch immer die steuerlichen Rahmenbedingungen beachten. Schließlich geht es um die steuerliche Belastung Ihrer Erben bzw. des Beschenkten. Wegen der hohen Freibeträge für Ihren Ehegatten und Ihre Kinder dürften allerdings steuerliche Aspekte im Regelfall keine zentrale Rolle spielen. Gesetzliche Grundlage für die Besteuerung ist das Erbschaftsteuer- und Schenkungsteuergesetz (ErbStG).

Steuerpflichtige Zuwendungen

Steuerpflichtig sind nicht nur Erwerbe von Todes wegen, sondern auch Zuwendungen unter Lebenden.

Zuwendungen im Wege der Erbfolge

Steuerpflichtig sind unter anderem die angefallene Erbschaft, ferner Zuwendungen in Form von Vermächtnissen, eines geltend gemachten Pflichtteilsanspruchs oder durch Vollziehung einer vom Erblasser angeordneten Auflage, eine Abfindung für einen Verzicht auf den entstandenen Pflichtteilsanspruch oder für die Ausschlagung einer Erbschaft (§ 3 ErbStG).

Wie unter 1.5.3 ausgeführt kann, wenn die Eheleute im gesetzlichen Güterstand der Zugewinngemeinschaft gelebt haben, der Zugewinn entweder nach der erbrechtlichen oder nach der güterrechtlichen Lösung durchgeführt werden.

- Bei der erbrechtlichen Lösung, die zur Anwendung kommt, wenn der überlebende Ehegatte Erbe oder Vermächtnisnehmer geworden ist, erhält der Ehegatte neben seinem gesetzlichen Erbteil einen pauschalen Zugewinnausgleich in Höhe eines Viertels seines Erbteils. In diesem Fall wird der Zugewinnausgleich nicht von der Erbschaftsteuer freigestellt. Steuerfrei bleibt allerdings der Betrag, den der überlebende Ehegatte als Ausgleichsforderung nach der güterrechtlichen Lösung hätte geltend machen können (§ 5 Abs. 1 ErbStG). Das Finanzamt ermittelt deshalb fiktiv die reale Zugewinnausgleichsforderung, indem es die Differenz zwischen dem Anfangs- und Endvermögen berechnet. Dieser Teil des Zugewinns ist dann steuerfrei.
- Bei der güterrechtlichen Lösung, die durchzuführen ist, wenn der überlebende Ehegatte nicht Erbe oder Vermächtnisnehmer geworden ist (weil er zum Beispiel nicht bedacht wurde oder die Erbschaft ausgeschlagen hat), wird der Zugewinnausgleich konkret aus der Differenz des Anfangsvermögens bei Beginn der Ehe

und des Endvermögens zum Zeitpunkt des Todes des Ehegatten berechnet. Wird der Zugewinnausgleich nach der güterrechtlichen Lösung berechnet, unterliegt er nicht der Erbschaftsteuer (§ 5 Abs. 2 ErbStG). Er wirkt damit zusätzlich wie ein Freibetrag, was insbesondere bei einem größeren Vermögen als steuerliches Gestaltungsmodell erhebliche Bedeutung hat, weil keine gesetzliche Grenze für den steuerlich freigestellten Zugewinnausgleich besteht.

Zuwendungen zu Lebzeiten

Um zu vermeiden, dass die Erbschaftsteuer durch Vermögensübertragungen zu Lebzeiten des Erblassers umgangen oder geschmälert wird, unterliegen Schenkungen zu Lebzeiten der Schenkungsteuer (§ 7 ErbStG). Besteuert werden unter anderem jede freigiebige Zuwendung unter Lebenden, soweit der Bedachte durch sie auf Kosten des Zuwendenden bereichert wird, die Schenkung unter Vollziehung einer Auflage oder Erfüllung einer Bedingung und die Abfindung für einen Erb-, Vermächtnis- oder Pflichtteilsverzicht.

Steuerfreie Zuwendungen

Das Erbschaftsteuer- und Schenkungsteuergesetz sieht eine Reihe von Zuwendungen vor, die nicht steuerpflichtig sind. Steuerbefreiungen bestehen insbesondere im Zusammenhang mit der Übertragung eines Familienwohnheims. Darunter ist ein Haus zu verstehen, das im Inland liegt und zu eigenen Wohnzwecken genutzt wird. Unter den gleichen Voraussetzungen kann es sich auch um eine Eigentumswohnung handeln. Zu eigenen Wohnzwecken dient das Objekt, wenn sich in ihm der Mittelpunkt des familiären Lebens befindet. Nicht begünstigt sind Ferien- und Zweitwohnungen.

- Befreit von der Schenkungsteuer ist die zu Lebzeiten erfolgte Zuwendung eines Familienwohnheims an den Ehegatten (§ 13 Abs. 1 Nr. 4a ErbStG).

- Auch der Erwerb eines Familienwohnheims von Todes wegen durch den Ehegatten ist erbschaftsteuerfrei (§ 13 Abs. 1 Nr. 4b ErbStG). Voraussetzung ist allerdings, dass der Erblasser das Familienwohnheim bis zum Erbfall zu eigenen Zwecken genutzt hat oder er aus zwingenden Gründen an der Selbstnutzung gehindert war und die Wohnung vom Erwerber unverzüglich zur Selbstnutzung bestimmt ist. Die Steuerbefreiung fällt mit Wirkung für die Vergangenheit weg, wenn der Erwerber das Familienwohnheim innerhalb von zehn Jahren nach dem Erwerb nicht mehr zu Wohnzwecken selbst nutzt, es sei denn, er ist aus zwingenden Gründen an einer Selbstnutzung zu eigenen Wohnzwecken gehindert (z.B. bei Pflegebedürftigkeit).
- Steuerlich begünstigt ist auch der Erwerb eines Familienwohnheims durch Kinder und Kinder vorverstorbener Kinder im Wege der Erbfolge (§ 13 Abs. 1 Nr. 4c ErbStG). Begünstigt sind nicht nur leibliche Kinder, sondern auch Adoptiv- und Stiefkinder. Der Erwerb durch Enkel ist begünstigt, wenn die Kinder des Erblassers bereits verstorben sind. Die Steuerbefreiung gilt nur, wenn die Wohnfläche 200 m^2 nicht übersteigt. Hierbei handelt es sich nicht um eine Freigrenze, das heißt, nur der die Grenze übersteigende Anteil wird besteuert. Der Erwerb ist nur begünstigt, wenn der Erwerber die Wohnung unverzüglich zu eigenen Wohnzwecken nutzt oder er aus zwingenden Gründen an der Selbstnutzung gehindert ist.

Berechnung der Steuer

Bemessungsgrundlage für die Erbschaftsteuer ist die Bereicherung des Erwerbers. Diese ergibt sich aus der Differenz zwischen dem angefallenen Vermögen und den Nachlassverbindlichkeiten. Davon sind die Freibeträge abzuziehen. Auf die sich darauf ergebende Bemessungsgrundlage ist die Steuerschuld durch Anwendung des Steuersatzes zu berechnen.

1. Schritt:

Bereicherung des Erwerbers
./. Freibeträge
= Steuerpflichtiger Erwerb

2. Schritt:

Berechnung des Steuersatzes nach den entsprechenden Steuerklassen

Grundsätzlich gilt:

- Größere Vermögen werden prozentual höher besteuert als kleinere.
- Der längerlebende Ehegatte und die nächsten Verwandten zahlen weniger Erbschaftsteuer als entferntere Verwandte und beliebige Dritte.
- Freibeträge sind von der Besteuerung ausgenommen.

Steuerpflichtiger Erwerb

Vom durch die Erbschaft angefallenen Vermögen (Nachlass) sind die Nachlassverbindlichkeiten abzuziehen. Abzugsfähig sind die Erblasserschulden, die Erbfallschulden und die sonstigen Nachlassverbindlichkeiten.

- Zu den Erblasserschulden (§ 10 Abs. 5 Nr. 1 ErbStG) gehören unter anderem der Zugewinnausgleich des überlebenden Ehegatten, der nicht Erbe oder Vermächtnisnehmer ist, Kaufpreis-, Unterhalts- und Steuerschulden des Erblassers,
- Erbfallschulden (§ 10 Abs. 5 Nr. 2 ErbStG) sind unter anderem Verbindlichkeiten aus Vermächtnissen, Auflagen und geltend gemachten Pflichtteilen.
- Zu den sonstigen Nachlassverbindlichkeiten (§ 10 Abs. 5 Nr. 3 ErbStG) gehören Bestattungskosten, Kosten für eine angemessene Grabstätte und für die übliche Grabpflege.

Bei Schenkungen ist der Begünstigte in Höhe des Nettoerwerbs bereichert.

Steuerfreibeträge

Von der Bereicherung des Erwerbers sind die allgemeinen und besonderen Freibeträge abzuziehen. Vom Erwerber ist nur der Betrag zu versteuern, der nach Abzug des Freibetrags verbleibt.

Für Erwerbe von Todes wegen und für Schenkungen unter Lebenden bestehen persönliche Freibeträge, die den steuerpflichtigen Erwerb reduzieren (§ 16 ErbStG). Die Freibeträge (und auch die Steuersätze, vgl. unten) richten sich danach, wie nah der Erbe bzw. Beschenkte dem Erblasser bzw. Beschenkten stand. Nach ihrem persönlichen Verhältnis zum Erblasser bzw. zum Beschenkten werden der Ehegatte und die Verwandten in drei Steuerklassen eingeteilt (§ 15 ErbStG):

Zur Steuerklasse I gehören

- der Ehegatte und der eingetragene Lebenspartner,
- eheliche und nichteheliche Kinder, Adoptivkinder und Stiefkinder (nicht Pflegekinder),
- Abkömmlinge der Kinder (Enkel, Urenkel usw.) und Stiefkinder,
- Eltern, Großeltern und weitere Voreltern bei Erwerben von Todes wegen (nicht bei einer Schenkung).

Zur Steuerklasse II zählen

- Eltern und Großeltern, wenn sie Empfänger einer Schenkung sind,
- Geschwister (auch Halbgeschwister und alle Stiefgeschwister),
- Nichten und Neffen,
- Stiefeltern,
- Schwiegerkinder und die Schwiegereltern,
- der geschiedene Ehegatte und der Lebenspartner einer aufgehobenen Lebenspartnerschaft.

Zur Steuerklasse III gehören alle entfernteren Verwandten (Cousins, Cousinen, Großnichten, Großneffen), beliebige Dritte (z.B. Freunde und Bekannte), ferner alle Personen- und Kapitalgesellschaften, wenn sie persönlich und nicht die dahinter stehenden Gesellschafter als Erwerber anzusehen sind.

Bei der Ermittlung des steuerpflichtigen Erwerbs sind sowohl bei der Besteuerung einer Schenkung als auch bei einem Erwerb von Todes wegen folgende allgemeinen Freibeträge zu berücksichtigen (§ 16 ErbStG):

Personen	**Freibetrag**
Ehegatte und eingetragener Lebenspartner	500.000,– €
Eheliche und nichteheliche Kinder, Adoptivkinder und Stiefkinder sowie Kinder von bereits verstorbenen Kindern	400.000,– €
Enkel, Urenkel usw.	200.000,– €
Eltern, Großeltern usw. bei Erwerben von Todes wegen	100.000,– €
Eltern, Großeltern usw. bei Schenkungen, Geschwister, Neffen und Nichten, Stiefeltern, Schwiegereltern und -kinder, geschiedener Ehegatte	20.000,– €
Übrige Personen der Steuerklasse III (z.B. Partner einer eheähnlichen Lebensgemeinschaft)	20.000,– €

Mehrere Erwerbe von derselben Person innerhalb der letzten zehn Jahre werden zusammengerechnet (§ 14 ErbStG). Folglich können die persönlichen Freibeträge alle zehn Jahre bei Zuwendungen von derselben Person erneut in Anspruch genommen werden.

Die persönlichen Steuerfreibeträge gelten für den einzelnen steuerpflichtigen Erwerb.

» Verunglücken beide Elternteile tödlich und erben zwei Kinder, dann liegen vier Erwerbe vor. Jedes Kind hat einen persönlichen Freibetrag von 800.000,– €.

Neben dem allgemeinen Freibetrag wird bei Erwerben von Todes wegen dem Ehegatten, dem eingetragenen Lebenspartner und den Kindern bis zum 27. Lebensjahr ein besonderer Versorgungsfreibetrag gewährt. Dieser wird allerdings um den Kapitalwert steuerfreier Versorgungsbezüge gekürzt (§ 17 ErbStG).

Personen	Versorgungsfreibetrag
Ehegatte oder eingetragener Lebenspartner	256.000,– €
Kinder bis 5 Jahre	52.000,– €
Kinder im Alter von mehr als 5 bis 10 Jahren	41.000,– €
Kinder im Alter von mehr als 10 bis 15 Jahren	30.700,– €
Kinder im Alter von mehr als 15 bis 20 Jahren	20.500,– €
Kinder im Alter von mehr als 20 bis 27 Jahren	10.300,– €

Steuersatz

Die Erbschaftsteuer wird nach folgenden Prozentsätzen erhoben (§ 19 ErbStG):

Wert des steuerpflichtigen Erwerbs bis einschließlich …	Prozentsatz in der Steuerklasse		
	I	II	III
75.000,– €	7	15	30
300.000,– €	11	20	30
600.000,– €	15	25	30
6.000.000,– €	19	30	30
13.000.000,– €	23	35	50
26.000.000,– €	27	40	50
über 26.000.000,– €	30	43	50

Wird eine bestimmte Wertgrenze (z.B. 75.000,– €) überschritten, so wird der ganze Erwerb nach dem hierfür maßgebenden Prozentsatz besteuert.

» **Fall 1:** Nach dem Tod ihres Ehegatten erbt Sabine Frank 400.000,– €. Nachdem der allgemeine Freibetrag 500.000,– € ausmacht, fällt keine Erbschaftsteuer an.

Fall 2: Die Eheleute Klaus und Inge Weimar haben mehrere Immobilien. Klaus Weimar hat ein Haus im Alleineigentum im Wert von 600.000,– €. Er schenkt, um den Freibetrag auszunutzen, zu Lebzeiten das Haus an seine Tochter Christina. Gegenüber ihrem Vater hat Christina einen Freibetrag von 400.000,– €. Die restlichen 200.000,– € muss sie versteuern.

Steuerwert		600.000,– €
Freibetrag	./.	400.000,– €
steuerpflichtiger Erwerb		200.000,– €

Die Tochter fällt in die Steuerklasse I. Bis zu einem Betrag von 300.000,– € beträgt der Steuersatz 11 %. Bezogen auf 200.000,– € hat Christina 22.000,– € Steuer zu zahlen.

Individuelle steuerliche Gestaltungsmöglichkeiten

Wie gesagt, dürften wegen der hohen Freibeträge für Ihren Ehegatten und Ihre Kinder steuerliche Aspekte bei der Gestaltung Ihres Testaments im Regelfall keine zentrale Rolle spielen. Wenn gleichwohl wegen eines großen Vermögens steuerliche Aspekte zu beachten sind, gibt es verschiedene Möglichkeiten, Erbschaft- und Schenkungsteuer auf legale Weise zu sparen.

! Wenn Sie Ihr Testament steueroptimal gestalten wollen, sollten Sie sich unbedingt von einem Steuerberater oder einem fachkundigen Anwalt beraten lassen.

Familienwohnheim steuerfrei übertragen

Wie oben ausgeführt, kann das zu eigenen Wohnzwecken genutzte Wohnfamilienheim unter Umständen schenkungsteuerfrei auf den Ehegatten oder auf die Kinder übertragen werden. Bei der Übertragung auf den Ehegatten hat die Größe des Wohnraums für die Steuerbefreiung keine Bedeutung. Die Übertragung ist allerdings nur dann komplett steuerfrei, wenn sie vom Ehegatten zehn Jahre lang selbst bewohnt wird (die Immobilie darf also nicht vermietet werden). Wenn er früher auszieht, muss er die Steuer nachzahlen, es sei denn, er zieht ins Pflegeheim.

Auch Kinder oder Enkel, deren Eltern bereits verstorben sind, können das Familienwohnheim steuerfrei erben, wenn sie es unmittelbar nach dem Erbfall selbst beziehen und die Wohnung mindestens zehn Jahre lang nutzen. Wird die Wohnung vor Ablauf von zehn Jahren nach dem Erbfall aufgegeben, ohne dass dafür zwingende Gründe vorhanden sind, die die Kinder oder Enkel an der Selbstnutzung hindern, fällt die Steuerbefreiung weg.

Achtung: Im Gegensatz zur Übertragung an den Ehegatten bzw. eingetragenen Lebenspartner gibt es für die Übertragung an Kinder und Enkel allerdings eine Obergrenze für die Größe der Immobilie. Kinder und Enkel können das Objekt nur dann steuerfrei erhalten, wenn die Wohnfläche des selbst genutzten Wohnraums die Größe von 200 m^2 nicht übersteigt.

Steuerfreibeträge mehrfach ausnutzen

Freibeträge der Erbschaft- und Schenkungsteuer leben alle zehn Jahre wieder auf. Wenn Sie also Ihrem Kind heute 400.000,– € schenken, fällt keine Schenkungsteuer an. In zehn Jahren können Sie erneut 400.000,– € steuerfrei auf das Kind übertragen.

! Bei Vermögen über den Freibeträgen können Sie Erbschaft- und Schenkungsteuer vermeiden oder reduzieren, wenn Sie frühzeitig damit beginnen, Vermögenswerte auf Ihre späteren Erben zu übertragen. Liegen zwischen den einzelnen Vermögensübertragungen jeweils mehr als zehn Jahre, stehen Ihnen die jeweiligen Steuerfreibeträge bei jeder Übertragung wieder zur Verfügung.

Vermögen auf mehrere Personen verteilen

Erbschaft- und Schenkungsteuer können Sie vermeiden, wenn Sie Ihr Vermögen auf mehrere Personen verteilen. In diesem Fall können die Freibeträge von mehreren Begünstigten genutzt werden. So können Sie selbst ein größeres Vermögen steuerfrei übertragen.

» Wenn Sie Ihren Ehegatten als Alleinerben einsetzen, steht diesem ein Freibetrag von 500.000,– € zu. Wenn Sie dagegen Ihren Ehegatten und Ihre zwei Kinder als Erben einsetzen, stehen diesen Freibeträge von insgesamt 1.300.000,– € zu.

Generationen überspringen

Auch durch einen Generationensprung lässt sich die steuerliche Belastung reduzieren. Bei der Weitergabe des Vermögens wird in vielen Fällen nur die nächste Generation bedacht. Eltern geben ihr Vermögen meistens an die eigenen Kinder. Stehen die aber bereits finanziell auf eigenen Füßen und benötigen das Vermögen nicht oder nur zum Teil, kann es steuerlich günstig sein, zumindest teilweise Vermögenswerte bereits auf die übernächste Generation zu übertragen. Schließlich wird in Bezug auf den Steuersatz das Enkelkind nicht schlechter behandelt als der Vater oder die Mutter. Beide gehören der Steuerklasse I an.

» Alois Weigel will seinem Sohn Bernd 600.000,– € schenken. Bernd verfügt über ausreichend Vermögen und will das Geld bei der Bank anlegen. Nach Abzug des Freibetrags von 400.000,– € verbleibt eine steuerpflichtige Bereicherung von 200.000,– €. Es wird Schenkungsteuer in Höhe von 22.000,– € fällig (11 % von 200.000,– €). Würde Alois Weigel die Schenkung auf seinen Sohn und sein Enkelkind aufteilen, könnte eine Steuerbelastung vollständig vermieden werden. Er könnte seinem Sohn 400.000,– € und seinem Enkelkind 200.000,– € schenken. Beide Schenkungen wären steuerfrei. Die Einbeziehung des Enkels würde 22.000,– € Steuern sparen. Solange das Enkelkind noch minderjährig ist, sind seine Eltern für die Verwaltung des Vermögens verantwortlich.

! Der Generationensprung bietet sich nicht nur für Schenkungen, sondern vor allem auch bei der Vermögensübertragung im Wege der Erbfolge an. Als Erblasser können Sie die übernächste Generation in Ihre Nachlassplanung einbeziehen und damit auch deren Freibeträge ausnutzen.

Berliner Testament optimal gestalten

Beim Berliner Testament setzen sich die Eheleute gegenseitig als Erben und ihre Kinder als Schlusserben ein. Damit soll dem überlebenden Ehegatten das Vermögen ungeschmälert zur unveränderten Fortführung der Lebensumstände zur Verfügung stehen. Nach dem Tod des Längerlebenden sollen dann die Kinder das Vermögen beider Eheleute als eine Einheit erhalten (Einzelheiten dazu unter 2.3.4).

Das Berliner Testament hat dann gravierende erbschaftsteuerliche Nachteile, wenn nach dem Tod des Längerlebenden die Freibeträge überschritten werden. Erben nämlich die Kinder später das gesamte Vermögen ihrer Eltern von dem überlebenden Elternteil, können sie nur einmal, beim Tod des längerlebenden Elternteils, ihre Freibeträge geltend machen. Ihre Freibeträge gehen also im Verhältnis zum ersten Elternteil verloren. Wäre nämlich schon nach dem Tod des erstverstorbenen Elternteils ein Erbteil auf die Kinder übergegangen, hätten diese ihren Freibetrag nutzen können. Weil sich beim Tod des zweiten Elternteils das gesamte Vermögen bei diesem angesammelt hat, muss das steuerpflichtige Vermögen auch noch mit einem höheren Steuersatz versteuert werden.

» Die Eheleute Christian und Ute Eichel haben ein gemeinsames Vermögen von 800.000,– €. Sie haben ein Berliner Testament errichtet. Schlusserbe ist ihre gemeinsame Kind Carla. Beim Tod von Christian erbt die Ehefrau dessen Vermögen (400.000,– €) wegen des Freibetrags von 500.000,– € steuerfrei. Die Tochter erbt zunächst nichts. Verstirbt Ute Eichel, erbt Carla das gesamte Vermögen von 800.000,– €. Der Tochter steht nur der Freibetrag für den Erwerb von ihrer Mutter in Höhe von 400.000,– € zu. Der Freibetrag gegenüber ihrem Vater ist bei dessen Tod ungenutzt verfallen. Carla muss Erbschaftsteuer in Höhe von 60.000,– € zahlen (15 % von 400.000,– €).

Achtung: Steuerlich unproblematisch ist das Berliner Testament, solange das Vermögen geringer ist als der Steuerfreibetrag der Schlusserben. Das Berliner Testament ist immer dann steuerlich die schlechtere Wahl, wenn das Gesamtvermögen der Eheleute die Freibeträge übersteigt, die den Kindern beim Erwerb vom zuletzt versterbenden Elternteil zustehen.

Selbstverständlich können Sie durch frühzeitige Übertragung von Vermögenswerten im Wege der vorweggenommenen Erbfolge dafür sorgen, dass das Vermögen zum Zeitpunkt des Erbanfalls die Freibeträge der Kinder nicht übersteigt. Allerdings müssen sich dann die Eltern frühzeitig von Vermögensteilen trennen, sodass die Freibeträge der Kinder wieder aufleben, weil sie jeweils nach zehn Jahren wieder geltend gemacht werden können.

Wenn Sie Ihr Vermögen zu Lebzeiten behalten wollen, lässt sich der Verlust der Freibeträge der Kinder beim ersten Erbfall dadurch vermeiden, dass Vermächtnisse zugunsten der Kinder bis zur Höhe Ihrer Freibeträge angeordnet werden, die zwar beim ersten Erbfall anfallen, aber erst später fällig werden. Das hat zur Folge, dass die Kinder den Erwerb erst zum Zeitpunkt der Fälligkeit versteuern müssen und der belastete längerlebende Ehegatte die Vermächtnisschuld bereits zum Zeitpunkt ihres Entstehens als Nachlassverbindlichkeit von seinem steuerpflichtigen Erwerb abziehen kann.

! Auch bei einem größeren Vermögen besteht die Möglichkeit, das für diese Fälle grundsätzlich ungünstige Berliner Testament steueroptimal zu gestalten. Lassen Sie sich aber in jedem Fall von einem fachkundigen Anwalt oder einem Steuerberater beraten.

2 In welchen Formen Eheleute ein Testament errichten können

Eheleute haben die Wahl: Jeder Partner kann selbst ein Testament errichten oder beide Partner können zusammen ein gemeinschaftliches Testament verfassen. Sowohl das Einzeltestament eines Ehepartners als auch das gemeinschaftliche Testament der Eheleute können entweder in eigenhändiger (handschriftlicher) oder in notarieller Form errichtet werden.

Sie können aber nur dann ein wirksames Testament verfassen, ändern oder aufheben, wenn Sie testierfähig sind.

2.1 Testierfähigkeit

Grundsätzlich kann jede volljährige und voll geschäftsfähige Person ein Testament errichten. Ein Minderjähriger kann ein Testament nur errichten, wenn er das 16. Lebensjahr vollendet hat. Er braucht dazu nicht die Zustimmung seiner Eltern oder sonstiger gesetzlicher Vertreter (§ 2229 BGB). Allerdings kann er wirksam nur ein notarielles Testament durch Erklärung vor einem Notar oder Übergabe einer offenen Schrift errichten.

Kein Testament kann errichten, wer noch nicht 16 Jahre alt ist oder wer wegen krankhafter Störung der Geistestätigkeit, wegen Geistesschwäche oder wegen Bewusstseinsstörung nicht in der Lage ist, die Bedeutung einer von ihm abgegebenen Willenserklärung einzusehen und nach dieser Einsicht zu handeln (§ 2229 Abs. 4 BGB).

» Ein Erblasser ist als testierunfähig anzusehen, wenn er aufgrund seiner fortgeschrittenen Demenzerkrankung vom Alzheimertyp nicht mehr in der Lage ist, die Bedeutung und die Tragweite einer erklärten letztwilligen Verfügung einzusehen und nach einer solchen Einsicht zu handeln (OLG Hamm, Az. 10 U 76/16).

Die Anordnung einer Betreuung hat keinen Einfluss auf die Testierfähigkeit der betreuten Person. Der Betreute kann also ein Testament errichten und es widerrufen, es sei denn, er ist wegen seines Gesundheitszustands (vgl. oben) testierunfähig. Zwar kann das Betreuungsgericht anordnen, dass der Betreute zu einer Willenserklärung, die den Aufgabenkreis des Betreuers betrifft, dessen Einwilligung bedarf. Dieser Einwilligungsvorbehalt erstreckt sich allerdings nicht auf Verfügungen von Todes wegen.

Achtung: Errichtet eine testierunfähige Person ein Testament, so ist dieses unheilbar nichtig. Es bleibt auch dann nichtig, wenn die Person später die Testierfähigkeit (wieder-)erlangt. Der nunmehr Testierfähige muss also ein neues Testament errichten.

2.2 Einzeltestamente der Eheleute

Auch in der Ehe kann jeder Partner für sich allein in einem Testament seinen letzten Willen regeln. In diesem Fall spricht man dann von einem Einzeltestament beziehungsweise – wenn beide Partner in getrennten Testamenten ihre Erbfolge regeln – von zwei Einzeltestamenten. Das Einzeltestament kann als eigenhändiges, handschriftliches Testament verfasst oder vor einem Notar errichtet werden.

2.2.1 Eigenhändiges Einzeltestament

Erbrechtliche Verfügungen in einem eigenhändigen Testament müssen handschriftlich verfasst und eigenhändig unterschrieben werden. Das eigenhändige Testament hat gegenüber dem notariellen Testament den Vorteil, dass es schnell und an jedem Ort errichtet werden kann und keine Notarkosten entstehen. Das eigenhändige Testament kann leichter geändert und an jedem Ort aufbewahrt werden.

Form

Ein eigenhändiges Testament ist nur wirksam, wenn Sie den Text Ihres Testaments eigenhändig schreiben und unterschreiben (§ 2247 Abs. 1 BGB). Sie müssen also den Text von der ersten bis zur letzten Zeile mit der Hand schreiben. Ein mit der Schreibmaschine oder mithilfe eines Computers geschriebener Text erfüllt nicht die gesetzlichen Anforderungen und ist unwirksam.

! Ihr Schriftstück müssen Sie nicht als »Testament« oder »Letzter Wille« oder Ähnliches bezeichnen. Achten Sie darauf, dass Ihre Erklärung lesbar ist. Andernfalls liegt keine rechtliche Erklärung vor; das Testament wäre nichtig. Vorsicht ist geboten, wenn Sie im Testament auf Schriftstücke Bezug nehmen, die Sie nicht eigenhändig geschrieben haben. Wenn Sie auf ein nicht in Testamentsform abgefasstes Schriftstück Bezug nehmen, ist das nur dann wirksam, wenn die Bezugnahme der Erläuterung Ihrer testamentarischen Bestimmungen dient (z.B. Bezugnahme auf Katasterpläne oder Grundbuchauszüge). Sie können Verfügungen im Testament auch nach der Errichtung jederzeit eigenhändig durchstreichen. Achten Sie darauf, dass Sie Änderungen in Ihrem Testament formgerecht vornehmen. Änderungen in mechanischer Schrift (z.B. mithilfe einer Schreibmaschine) sind nichtig. Es gilt dann weiterhin Ihre alte Verfügung.

Ihr Testament müssen Sie eigenhändig unterschreiben. Ihre Unterschrift soll Ihren Vornamen und Familiennamen enthalten. Es genügt also nicht, dass Sie sich im Eingang des Textes lediglich selbst bezeichnen (»Ich, Werner Müller, erkläre hiermit meinen Letzten Willen wie folgt: …«). Im Gegensatz zur Ihrer Erklärung muss Ihre Unterschrift nicht leserlich sein. Sie muss aber die entsprechenden charakterlichen Merkmale aufweisen.

! Ihre Unterschrift muss den Wortlaut des Testaments abschließen. Sie muss also unter dem Text stehen. Es reicht nicht aus, dass Ihr Name irgendwo mitten im Text steht. Nachträge auf einem gesonderten Blatt stellen ein neues Testament dar und müssen unterschrieben sein. Wenn Ihr Testament mehrere Seiten umfasst, reicht es aus, wenn Sie die zusammengehefteten Seiten auf der letzten Seite unterschreiben. Anlagen, auf die Sie im Testament verweisen, sollten Sie gesondert unterschreiben.

Sie sollen Ihr Testament mit Orts- und Datumsangabe (Tag, Monat, Jahr) versehen (§ 2247 Abs. 2 BGB). Fehlen diese Angaben, ist Ihr Testament allerdings nicht zwangsläufig unwirksam. Sinnvoll ist es, das Datum, an dem Sie Ihr Testament errichtet haben, anzugeben. Wenn Sie nämlich mehrere sich widersprechende Testamente errichtet haben, kann fraglich sein, welches Testament Ihr aktuelles ist.

Aufbewahrung

Ihr eigenhändiges Testament können Sie an jedem beliebigen Ort aufbewahren. Sinnvoll ist es, dass Sie eine vertrauenswürdige Person über den Aufbewahrungsort informieren. Sie können Ihr Testament auch in amtliche Verwahrung geben, um es vor Verlust oder Fälschung zu schützen. Die amtliche Verwahrung beim Amtsgericht kostet einmalig und pauschal 75,– €. Sie erhalten einen Hinterlegungsschein für Ihr Testament. Außerdem wird das hinterlegte Schriftstück im Zentralen Testamentsregister der Bundesnotarkammer erfasst. Das kostet weitere 18,– €.

Widerruf

Sie können Ihr Testament jederzeit ohne Begründung widerrufen und die von Ihnen angeordnete Erbfolge neu bestimmen. Das Widerrufsrecht erstreckt sich auf einzelne Verfügungen oder auf das gesamte Testament. Das Testament bzw. im Testament enthaltene Verfügungen (z.B. Erbeinsetzung, Vermächtnisse) können allerdings ausschließlich in den vom Gesetz vorgegebenen Formen widerrufen werden.

Achtung: Wenn Sie Ihr Testament ganz oder teilweise widerrufen, werden die Verfügungen sofort und unmittelbar aufgehoben. Es gilt dann entweder ein früheres Testament, wenn bereits ein wirksames Testament errichtet wurde, oder es gilt gesetzliche Erbfolge.

Sie können Ihr Testament durch ein neues Testament widerrufen (Widerrufstestament). Dieses kann sich darauf beschränken, lediglich das alte zu widerrufen. Sie können allerdings neben dem Widerruf auch neue Verfügungen treffen.

Formulierungsbeispiel

Widerrufstestament

Mein am _____ errichtetes Testament widerrufe ich hiermit.

[Oder]

Vorsorglich hebe ich alle in der Vergangenheit getroffenen notariellen oder privatschriftliche Verfügungen von Todes wegen in vollem Umfang auf und widerrufe sie.

Das Testament, in dem frühere Verfügungen widerrufen werden, muss nicht in der gleichen Form errichtet werden wie das widerrufene Testament. Sie können also auch ein eigenhändiges durch ein notarielles Testament widerrufen.

Ein Testament kann auch dadurch widerrufen werden, dass die Testamentsurkunde vernichtet oder verändert wird (§ 2255 BGB). Das Testament wird vernichtet, wenn es zerrissen, verbrannt oder zerschnitten wird. Verändern können Sie es durch Ausradieren, Durchstreichen oder Unlesbarmachen. In jedem Fall muss der Erblasser die Testamentsurkunde persönlich vernichten oder verändern, weil nur er wirksam das Testament errichten und widerrufen kann.

Achtung: Kein Widerruf liegt vor, wenn das Testament lediglich nicht mehr auffindbar oder beiseite geschafft worden ist. In diesem Fällen bleibt das Testament gültig.

Durch die Errichtung eines neuen Testaments wird ein älteres Testament insoweit aufgehoben, als das spätere Testament mit ihm in Widerspruch steht. Ein widersprechendes Testament liegt vor, wenn sich die in den beiden Testamenten getroffenen Anordnungen gegenseitig ausschließen. Aufgehoben sind allerdings nur die sich widersprechenden Anordnungen, während andere Verfügungen im früheren Testament weiter gelten.

» Christian Wolf hat in seinem Testament seine Tochter Beatrix als Alleinerbin eingesetzt und Testamentsvollstreckung angeordnet. In einem späteren Testament setzt er seinen Sohn Carlo als Alleinerben ein. Darüber hinaus enthält das spätere Testament keine Anordnungen. Damit ist seine frühere Erbeinsetzung aufgehoben, während die Anordnung der Testamentsvollstreckung noch weiter gilt.

Achtung: Nicht als Widerruf gilt, wenn Sie Ihr eigenhändiges Testament aus der amtlichen Verwahrung nehmen. Es bleibt also in diesem Fall weiterhin gültig. Etwas anderes gilt beim notariellen Testament.

2.2.2 Notarielles Einzeltestament

Sie können Ihr Testament auch in notarieller Form errichten. So können Sie Formfehler vermeiden, wie sie beim eigenhändigen Testament ohne Hinzuziehung eines Notars vorkommen können. Durch die notwendige amtliche Verwahrung des Testaments besteht keine Gefahr, dass Ihre Verfügungen vernichtet oder verändert werden. Durch ein notarielles Testament wird in vielen Fällen ein Erbschein, dessen Erteilung oft lange dauert und Kosten verursacht, überflüssig. Andererseits entstehen bei der Errichtung des notariellen Testaments Notarkosten, ferner fallen die Kosten der amtlichen Verwahrung an.

Formen

Das notarielle Testament wird zur Niederschrift eines Notars errichtet, indem Sie dem Notar Ihren letzten Willen erklären oder ihm eine offene oder geschlossene Schrift mit der Erklärung übergeben, dass die Schrift Ihren letzten Willen enthält (§ 2232 BGB).

Notarielles Testament durch Erklärung

Im Regelfall wird das notarielle Testament errichtet, indem Sie zur Niederschrift des Notars Ihren letzten Willen erklären. Ihr letzter Wille wird dann in einer notariellen Urkunde niedergeschrieben. Der Notar liest Ihnen die Niederschrift vor. Diese wird, wenn Sie keine Änderungen mehr vornehmen wollen, von Ihnen und dem Notar unterschrieben.

Im Rahmen der Errichtung eines notariellen Testaments durch Erklärung des Erblassers vor einem Notar obliegen dem Notar eine Reihe von Belehrungs- und Aufklärungspflichten. So ist der Notar unter anderem verpflichtet, die Testierfähigkeit des Erblassers festzustellen und diesen über die rechtliche Tragweite seiner Verfügung zu belehren.

Notarielles Testament durch Übergabe einer Schrift

Sie können ein notarielles Testament auch in der Form errichten, dass Sie dem Notar eine offene oder verschlossene Schrift mit dem Hinweis übergeben, dass diese Schrift Ihren letzten Willen enthält. Die dem Notar übergebene Schrift muss vom Erblasser nicht eigenhändig geschrieben sein. Bei der Errichtung des notariellen Testaments durch Übergabe einer Schrift entfällt die Beratung des Notars.

Amtliche Verwahrung

Das notarielle Testament wird nach der Beurkundung durch den Notar immer in besondere amtliche Verwahrung gebracht. Zuständig ist das Amtsgericht, in dessen Bezirk der Notar seinen Sitz hat. Die amtliche Verwahrung eines Testaments beim Nachlassgericht kostet einmalig und pauschal 75,– € plus gesetzliche Mehrwertsteuer. Außerdem wird das hinterlegte Schriftstück im Zentralen Testamentsregister der Bundesnotarkammer erfasst. Das kostet weitere 18,– €.

Notarkosten

Bei der Errichtung des notariellen Testaments entstehen Ihnen Notarkosten. Die Kosten richten sich nach dem Wert des Nachlasses. Für die Beurkundung ist nach dem Gerichts- und Notarkostengesetz eine volle Gebühr zu entrichten. Bei einem Nachlasswert von zum Beispiel 25.000,– € beläuft sich die Gebühr auf 115,– €, von 50.000,– € auf 165,– €, von 200.000,– € auf 435,– €, jeweils zuzüglich der gesetzlichen Mehrwertsteuer. Die Kosten können Sie vorab beim Notariat erfragen.

Widerruf

Auch wenn Sie Ihr Testament in notarieller Form errichtet haben, können Sie Ihre Verfügungen jederzeit widerrufen (§ 2253 BGB). Im Prinzip gelten die gleichen Widerrufsregeln wie beim eigenhändigen Testament (vgl. dazu 2.2.1):

- Der Widerruf kann durch ein Testament erfolgen (§ 2254 BGB). Das Widerrufstestament bedarf nicht der gleichen Form wie das widerrufene. Ein notarielles Testament kann also auch durch ein eigenhändiges Testament widerrufen werden.
- Ihr notarielles Testament oder einzelne Verfügungen können Sie auch widerrufen, indem Sie ein neues Testament verfassen, das mit dem früheren in Widerspruch steht (§ 2258 BGB).

- Sie können Ihr notarielles Testament auch dadurch widerrufen, dass die Testamentsurkunde vernichtet oder verändert wird (§ 2255 BGB). Das Testament wird vernichtet, wenn es zerrissen, verbrannt oder zerschnitten wird. Veränderungen können Sie es durch Ausradieren, Durchstreichen oder Unleserlichmachen.
- Durch die Errichtung eines neuen (eigenhändigen oder notariellen) Testaments wird ein älteres Testament insoweit aufgehoben, als das spätere Testament mit ihm in Widerspruch steht. Ein widersprechendes Testament liegt vor, wenn sich die in den beiden Testamenten getroffenen Anordnungen gegenseitig ausschließen.

Achtung: Beim Widerruf eines notariellen Testaments gilt jedoch gegenüber dem eigenhändigen Testament eine Besonderheit. Während die Rücknahme eines in amtliche Verwahrung gegebenen eigenhändigen Testaments keinen automatischen Widerruf darstellt, gilt ein notarielles Testament als widerrufen, wenn es aus der amtlichen Verwahrung zurückgegeben wird (§ 2256 BGB). Dieser Widerruf gilt unmittelbar, es ist nicht von Bedeutung, ob Sie die Konsequenzen des Widerrufs beabsichtigen oder ob sie Ihnen bekannt waren. Selbst wenn Sie das notarielle Testament ohne Änderungen wieder in amtliche Verwahrung geben, bleibt es beim Widerruf.

2.3 Gemeinschaftliches Ehegattentestament

Für Eheleute sieht das Gesetz eine Testamentsform vor, die deren besonderen Interessen berücksichtigt: das gemeinschaftliche Testament (§ 2247 BGB). Besonderheit: Hierin können Verfügungen sowohl für den Tod des einen wie für den des anderen Partners getroffen werden und ein Ehegatte kann einseitig und ohne Kenntnis des anderen seine Verfügung nicht ändern oder aufheben. Damit entspricht das gemeinschaftliche Testament dem Wunsch vieler Eheleute, gemeinschaftlich über Ihr Vermögen nach dem Tod zu verfügen. Häufig beschränken sich Eheleute mit Kindern nicht darauf, sich in ihrem gemeinschaftlichen Testament gegenseitig als Erben einzusetzen mit der Folge, dass der überlebende Ehegatte in diesem Fall nach Eintritt des Erbfalls Inhaber des gesamten Ehevermögens wird. Vielmehr regeln sie auch noch, dass dann das gesamte mit dem zweiten Erbfall angefallene Vermögen auf die Kinder übergehen soll (sog. Berliner Testament). Deshalb ist das gemeinschaftliche Testament, insbesondere in der Form des Berliner Testaments, weit verbreitet.

Ein gemeinschaftliches Testament kann von Eheleuten als eigenhändiges Testament verfasst oder vor einem Notar errichtet werden.

2.3.1 Gültige Ehe

Ein gemeinschaftliches Testament ist nur wirksam, wenn die Eheleute zum Zeitpunkt der Errichtung des Testaments in einer gültigen Ehe leben. Deshalb wird das Testament seinem ganzen Inhalt nach grundsätzlich unwirksam, wenn die Ehe nach Errichtung des gemeinschaftlichen Testaments geschieden wird. Das gilt auch, wenn während des Scheidungsverfahrens der Erblasser stirbt und er die Scheidung beantragt oder ihr zugestimmt hat (§§ 2268 Abs. 1, 2077 BGB).

Nur ausnahmsweise gelten die Verfügungen im gemeinschaftlichen Testament weiter, wenn anzunehmen ist, dass sie auch für den Fall der Auflösung der Ehe getroffen wurden (§ 2268 Abs. 2 BGB). Nach der Lebenserfahrung ist aber im Regelfall davon auszugehen, dass die Eheleute nach Auflösung ihrer Ehe nicht wünschen, dass das gemeinschaftliche Testament fortgelten soll.

2.3.2 Eigenhändiges gemeinschaftliches Testament

Ihr gemeinschaftliches Testament können Eheleute als eigenhändiges Testament errichten. Im Prinzip gelten dann grundsätzlich die gleichen Regelungen wie beim eigenhändige Einzeltestament. Allerdings müssen einige Besonderheiten beachtet werden.

Form

Wird das gemeinschaftliche Testament als eigenhändiges Testament errichtet, gelten die unter 2.2.1 dargelegten Anforderungen. Allerdings besteht gesetzlich eine Formerleichterung: Es genügt, wenn einer der Ehegatten den Text eigenhändig schreibt und unterzeichnet und der andere Ehegatte die gemeinschaftliche Erklärung eigenhändig mitunterzeichnet (§ 2267 BGB). Der mitunterzeichnende Ehegatte soll auch angeben, an welchem Ort und zu welcher Zeit (Tag, Monat, Jahr) er seine Unterschrift beigefügt hat.

Formulierungsbeispiel

Eigenhändiges gemeinschaftliches Testament

Wir, _____ *[Vor- und Familiennamen des Ehegatten einsetzen]* und _____ *[Vor- und Familiennamen des anderen Ehegatten einsetzen]* setzen uns gegenseitig zu alleinigen und unbeschränkten Erben ein.

________________, ______ ________________, ______

[Ort, Datum] *[Ort, Datum]*

________________________ ________________________

[Unterschrift des Ehegatten] *[Unterschrift des Ehegatten]*

Der Ehegatte, der die Erklärung nicht eigenhändig errichtet hat, kann auch durch einen Zusatztext ausdrücklich zum Ausdruck bringen, dass er mit der Verfügung einverstanden ist.

Formulierungsbeispiel

Eigenhändiges gemeinschaftliches Testament mit Zusatz

Wir, _____ *[Vor- und Familiennamen des Ehegatten einsetzen]* und _____ *[Vor- und Familiennamen des anderen Ehegatten ein-*

setzen] setzen uns gegenseitig zu alleinigen und unbeschränkten Erben ein.

____________________, _________

[Ort, Datum]

____

[Unterschrift des Ehegatten]

Das ist auch mein letzter Wille.

____________________, _________

[Ort, Datum]

____

[Unterschrift des Ehegatten]

Inhalt

In einem gemeinschaftlichen Testament können Eheleute wie in einem Einzeltestament ganz normale einseitige Verfügungen treffen, die sie jederzeit widerrufen können. Das Besondere an dieser Testamentsform ist jedoch, dass sie darüber hinaus oder ausschließlich sogenannte wechselbezügliche Verfügungen festlegen können. Diese sind in ihrer Wirksamkeit voneinander abhängig und sie können nur unter besonderen Voraussetzungen widerrufen werden. Nach dem Tod eines Ehegatten sind sie für den anderen Ehegatten verbindlich.

Wechselbezügliche Verfügungen

Unter wechselbezüglichen Verfügungen sind solche Verfügungen zu verstehen, von denen anzunehmen ist, dass sie ein Ehegatte gerade deshalb trifft, weil auch der andere Ehegatte eine bestimmte andere Verfügung getroffen hat (§ 2270 Abs. 1 BGB). Die eine Verfügung wäre also nicht ohne die andere getroffen worden. Beide Verfügungen stehen also in einem wechselseitigen Abhängigkeitsverhältnis.

» A setzt seine Frau als Alleinerbin ein, weil ihn seine Frau ebenfalls als Alleinerben bestimmt hat.

Ob und welche Verfügungen im gemeinschaftlichen Testament wechselbezüglich sein sollen, bestimmen die Eheleute. Als wechselseitige Verfügungen kommen allerdings nur die Erbeinsetzung (vgl. dazu 3.1), das Vermächtnis (vgl. dazu 3.4) und die Auflage (vgl. dazu 3.5) in Betracht. Andere Verfügungen (z.B. Enterbung, Anordnung der Testamentsvollstreckung, Teilungsanordnungen, Entziehung des Pflichtteils) können zwar auch getroffen werden, aber nur als einseitige, nicht als wechselbezügliche Anordnungen.

Wenn im gemeinschaftlichen Testament keine eindeutigen Festlegungen getroffen wurden, welche Verfügungen wechselbezüglich sein sollen, müssen die testamentarischen Anordnungen ausgelegt werden. Maßgebend sind dabei der Wortlaut und der Inhalt des gemeinschaftlichen Testaments. Enthält dieses keine eindeutigen Anordnungen, ist zunächst der Wille der Eheleute maßgebend. So sprechen zum Beispiel gleichlautende Verfügungen in einem gemeinschaftlichen Testament für ihre Wechselbezüglichkeit.

» Die Eheleute Clemens und Hanna Förster setzen sich in ihrem gemeinschaftlichen Testament jeweils als Alleinerbe ein.

Lässt sich der Wille der Eheleute nicht eindeutig ermitteln, gilt die gesetzliche Auslegungsregel des § 2270 Abs. 2 BGB: Danach ist von einer wechselbezüglichen Verfügung im Zweifel auszugehen, wenn sich die Ehegatten gegenseitig bedenken (z.B. wenn sich die Eheleute gegenseitig als Alleinerben einsetzen) oder wenn dem einen Ehegatten von dem anderen eine Zuwendung gemacht und für den Fall des Überlebens des Bedachten eine Verfügung zugunsten einer Person getroffen wird, die mit dem anderen Ehegatten verwandt ist oder ihm nahesteht.

» Die Eheleute Simon und Simone Keller setzen sich gegenseitig zu Erben ein und bestimmen, dass nach dem Tod des längerlebenden Ehegatten der gesamte Nachlass an die gemeinsamen Kinder Johann und Johanna fallen soll.

Formulierungsbeispiel

Wechselbezügliche Verfügung

Wir, _____ *[Vor- und Familiennamen des Ehegatten einsetzen]* *und* _____ *[Vor- und Familiennamen des anderen Ehegatten einsetzen]* setzen uns gegenseitig zu alleinigen und unbeschränkten Erben ein. Schlusserben sollen nach dem Tod des letztversterbenden Ehegatten unsere gemeinsamen Kinder zu gleichen Teilen sein.

! Sie können Auslegungsschwierigkeiten in Ihrem gemeinschaftlichen Testament vermeiden, wenn Sie darin ausdrücklich klarstellen, welche Verfügungen wechselbezüglich sind.

Formulierungsbeispiel

Ausdrückliche Festlegung wechselbezüglicher Verfügungen

Die in den Ziffern _____ *[Bezeichnung der Ziffern, in denen Sie zuvor wechselbezügliche Verfügungen getroffen haben]* getroffenen Verfügungen sind wechselbezüglich.

[Oder]

Wir, _____ *[Vor- und Familiennamen des Ehegatten einsetzen]* und _____ *[Vor- und Familiennamen des anderen Ehegatten einsetzen]* setzen uns gegenseitig zu alleinigen und unbeschränkten Erben ein. Diese Verfügung ist wechselbezüglich.

Treffen Ehegatten in einem gemeinschaftlichen Testament wechselbezügliche Verfügungen, so ist das mit folgenden rechtlichen Folgen verbunden:

- Die Nichtigkeit oder der Widerruf der einen Verfügung hat die Unwirksamkeit der anderen Verfügung zur Folge (§ 2270 Abs. 1 BGB). Die eine Verfügung steht und fällt also mit der anderen.

- Mit dem Tod des anderen Ehegatten kann der überlebende Ehegatte die Verfügung nicht mehr widerrufen. Er kann also grundsätzlich keine abweichende letztwillige Verfügung mehr treffen.

Aufbewahrung

Wie das eigenhändige Einzeltestament kann auch das eigenhändige gemeinschaftliche Testament an jedem beliebigen Ort aufbewahrt oder in amtliche Verwahrung gegeben werden. Die amtliche Verwahrung beim Amtsgericht kostet einmalig und pauschal 75,– €. Hinzu kommen weitere 18,– € für die Erfassung des Testaments im Zentralen Testamentsregister der Bundesnotarkammer. Die Rücknahme aus der besonderen amtlichen Verwahrung ist nur durch beide Ehepartner gemeinsam und persönlich möglich. Auch bei Rücknahme aus der amtlichen Verwahrung bleibt das eigenhändige gemeinschaftliche Testament wirksam.

Widerruf

Bei den Möglichkeiten und Formen, testamentarische Verfügungen in einem gemeinschaftlichen Testament aufzuheben, ist zunächst von Bedeutung, ob es sich um einseitige oder wechselbezügliche Verfügungen handelt. Beim Widerruf von wechselbezüglichen Verfügungen ist von Bedeutung, ob dieser zu Lebzeiten der Eheleute oder nach dem Tod eines Ehegatten erfolgt.

Widerruf einseitiger Verfügungen

Handelt es sich um einseitige Verfügungen, also Verfügungen, die nicht in einer gewissen Abhängigkeit zueinanderstehen (z.B. die Enterbung gesetzlicher Erben oder Teilungsanordnungen), kann jeder Ehegatte seine Verfügung im gemeinschaftlichen Testament frei widerrufen. Beispielsweise kann der Widerruf durch ein neues Testament erfolgen, dessen Inhalt sich darauf beschränkt, die einseitigen Verfügungen im gemeinschaftlichen Testament zu widerrufen, oder es kann ein neues Testament errichtet werden, das zu den einseitigen Verfügungen im gemeinschaftlichen Testament in Widerspruch steht. Die Zustimmung des anderen Ehegatten ist nicht erforderlich. Der Widerruf kann vor oder nach dem Tod des anderen Ehegatten erfolgen.

Widerruf wechselbezüglicher Verfügungen zu Lebzeiten der Eheleute

Wechselbezügliche Verfügungen in einem gemeinschaftlichen Testament können die Eheleute zu Lebzeiten jederzeit gemeinsam aufheben. Die Aufhebung kann erfolgen durch ein gemeinschaftliches Widerrufstestament, durch ein widersprechendes gemeinschaftliches Testament oder durch gemeinschaftliche Vernichtung des eigenhändigen Testaments.

Formulierungsbeispiel

Widerruf wechselbezüglicher Verfügungen

Hiermit widerrufen wir unser am _____ *[Datum einsetzen]* errichtetes gemeinschaftliches Testament.

__________________, ________	__________________, ________
[Ort, Datum]	*[Ort, Datum]*
____________________________	____________________________
[Unterschrift des Ehegatten]	*[Unterschrift des Ehegatten]*

[Oder]

1. Hiermit widerrufen wir alle von uns bisher getroffenen letztwilligen Verfügungen.

2. Wir, _____ *[Vor- und Familiennamen des Ehegatten einsetzen]* und _____ *[Vor- und Familiennamen des anderen Ehegatten einsetzen]* setzen uns gegenseitig zu alleinigen und unbeschränkten

Erben ein. Erben des Längstlebenden sind unsere gemeinsamen Kinder _____ und _____ *[Vor- und Familiennamen der Kinder einsetzen]* zu gleichen Teilen.

3. _____

________________, _______	________________, _______
[Ort, Datum]	*[Ort, Datum]*
________________________	________________________
[Unterschrift des Ehegatten]	*[Unterschrift des Ehegatten]*

Solange beide Ehegatten leben, kann keiner von ihnen wechselbezügliche Verfügungen im gemeinschaftlichen Testament durch eine Verfügung von Todes wegen einseitig aufheben (§ 2271 Abs. 1 Satz 2 BGB). Zu Lebzeiten beider Partner bleibt einem Ehegatten nur die Möglichkeit, seine wechselbezügliche Verfügung zu widerrufen.

Den Widerruf müssen Sie persönlich gegenüber Ihrem Ehepartner erklären. Die Widerrufserklärung bedarf der notariellen Beurkundung, und zwar auch dann, wenn die Eheleute das gemeinschaftliche Testament eigenhändig errichtet haben. Der Widerruf wird erst wirksam, wenn er dem anderen Ehegatten zugeht. Erforderlich ist, dass dem anderen Ehegatten die Urschrift oder eine Ausfertigung der Widerrufserklärung zugeht. Es ist also nicht möglich, dass hinter dem Rücken des anderen Ehegatten wechselbezügliche Verfügungen widerrufen werden.

Achtung: Der Widerruf der wechselbezüglichen Verfügung hat grundsätzlich die Unwirksamkeit der Verfügung des anderen Ehegatten zur Folge.

» Die Eheleute Sigi und Franzi Neubert haben sich durch eine wechselbezügliche Verfügung gegenseitig als Alleinerben eingesetzt. Wenn Sigi die Erbeinsetzung seiner Ehefrau formgerecht widerruft, ist seine Erbeinsetzung durch Franzi automatisch aufgehoben.

Widerruf wechselbezüglicher Verfügungen nach dem Tod eines Ehegatten

Nach dem Tod des Ehegatten kann der andere Ehegatte wechselbezügliche Verfügungen grundsätzlich nicht mehr widerrufen (§ 2271 Abs. 2 BGB). Er ist an die wechselbezüglichen Verfügungen im gemeinschaftlichen Testament gebunden und darf keine Anordnungen treffen, die diese Verfügungen beeinträchtigen (z.B. andere Teilungsquoten bestimmen).

! Ausnahmsweise können Sie nach dem Tod Ihres Ehepartners nur dann noch eine wechselbezügliche Verfügung widerrufen, wenn Sie die angefallene Erbschaft form- und fristgerecht ausschlagen. Sie können die Ausschlagung zur Niederschrift gegenüber dem Nachlassgericht oder in öffentlich beglaubigter Form vor einem Notar erklären. Die Ausschlagungsfrist beträgt sechs Wochen.

2.3.3 Notarielles Ehegattentestament

Wie das Einzeltestament können Sie auch Ihr gemeinschaftliches Testament in notarieller Form errichten. So können Sie Formfehler vermeiden, wie sie beim eigenhändigen Testament ohne Hinzuziehung eines Notars vorkommen können. Durch die amtliche Verwahrung des Testaments besteht keine Gefahr, dass Ihre Verfügungen vernichtet oder verändert werden. Durch ein notarielles Testament wird in vielen Fällen ein Erbschein, dessen Erteilung oft lange dauert und Kosten verursacht, überflüssig. Andererseits entstehen bei der Errichtung des notariellen Testaments Notarkosten, ferner fallen die Kosten der amtlichen Verwahrung an.

Formen

Das gemeinschaftliche notarielle Testament errichten die Eheleute gemeinsam vor einem Notar. Beide Eheleute können dem Notar ihren letzten Willen entweder mündlich erklären oder ihm eine offene oder verschlossene Schrift mit der Erklärung übergeben, dass die Schrift ihren letzten Willen enthält. Es gilt das im Zusammenhang mit dem notariellen Einzeltestament Gesagte entsprechend (vgl. dazu 2.2.2).

Inhalt

Hinsichtlich des Inhalts des notariellen Ehegattentestaments gilt das zum eigenhändigen gemeinschaftlichen Testament Gesagte entsprechend (vgl. dazu 2.3.2).

Amtliche Verwahrung

Das notarielle gemeinschaftliche Testament wird nach der Beurkundung durch den Notar immer in besondere amtliche Verwahrung gebracht. Zuständig ist das Amtsgericht, in dessen Bezirk der Notar seinen Sitz hat. Die amtliche Verwahrung eines gemeinschaftlichen Testaments beim Nachlassgericht kostet einmalig und pauschal 75,– € plus gesetzliche Mehrwertsteuer. Außerdem wird das hinterlegte Schriftstück im Zentralen Testamentsregister der Bundesnotarkammer erfasst. Das kostet weitere 18,– €.

Kosten

Bei der Errichtung des notariellen gemeinschaftlichen Testaments entstehen Notarkosten. Die Kosten richten sich nach dem Wert des Nachlasses. Für die Beurkundung sind nach dem Gerichts- und Notarkostengesetz zwei volle Gebühren zu entrichten. Bei einem Nachlasswert von zum Beispiel 25.000,– € beläuft sich die Gebühr auf 230,– €, von 50.000,– € auf 330,– €, von 200.000,– € auf 870,– €, jeweils zuzüglich gesetzlicher Mehrwertsteuer. Die Kosten können vorab beim Notariat erfragt werden.

Widerruf

Im Grundsatz gilt das zum Widerruf eines eigenhändigen gemeinschaftlichen Testaments Gesagte entsprechend (vgl. dazu 2.3.2): Bei den Möglichkeiten und Formen, testamentarische Verfügungen in einem gemeinschaftlichen Testament aufzuheben, ist zunächst von Bedeutung, ob es sich um einseitige oder wechselbezügliche Verfügungen handelt. Beim Widerruf von wechselbezüglichen Verfügungen ist von Bedeutung, ob dieser zu Lebzeiten der Eheleute oder nach dem Tod eines Ehegatten erfolgt.

- Handelt es sich einseitige Verfügungen, also Verfügungen, die nicht in einer gewissen Abhängigkeit zueinander stehen (z.B. die Enterbung gesetzlicher Erben oder Teilungsanordnungen), kann jeder Ehegatte seine Verfügung im gemeinschaftlichen Testament frei widerrufen.
- Wechselbezügliche Verfügungen in einem gemeinschaftlichen Testament können die Eheleute zu Lebzeiten jederzeit gemeinsam aufheben. Die Aufhebung kann insbesondere durch ein gemeinschaftliches Widerrufstestament, durch ein widersprechendes gemeinschaftliches Testament oder durch gemeinschaftliche Rücknahme des Testaments aus der amtlichen Verwahrung erfolgen.
- Zu Lebzeiten kann ein Ehepartner wechselbezügliche Verfügung widerrufen. Den Widerruf muss er persönlich gegenüber seinem Ehepartner erklären. Die Widerrufserklärung bedarf der notariellen Beurkundung. Der Widerruf wird erst wirksam, wenn er dem anderen Ehegatten zugeht.
- Nach dem Tod des Ehegatten kann der andere Ehegatte wechselbezügliche Verfügungen grundsätzlich nicht mehr widerrufen. Nur wenn er nach dem Tod seines Ehepartners die angefallene Erbschaft form- und fristgerecht ausschlägt, kann er noch eine wechselseitige Verfügung widerrufen und so erbrechtlich seine volle Handlungsfreiheit erlangen.

2.3.4 Berliner Testament

Eine besondere Form des gemeinschaftlichen Testaments ist das sogenannte Berliner Testament. Darin setzen sich die Eheleute durch ein gemeinschaftliches Testament gegenseitig als Vollerben ein und bestimmen, dass nach dem Tod des Längstlebenden der beiderseitige Nachlass an einen Dritten (in der Regel an die Kinder) fallen soll (§ 2269 BGB). Somit wird nicht nur die Erbfolge unter den Eheleuten geregelt, sondern auch ein zweiter Erbgang, nämlich die Erbfolge des längerlebenden Ehegatten. Das gemeinschaftliche Vermögen, das aus dem Nachlass des erstversterbenden Ehegatten und dem Vermögen des überlebenden Ehegatten besteht, fällt nach dessen Tod einer oder mehreren Personen (den sog. Schlusserben) zu.

Formulierungsbeispiel

Berliner Testament

Wir, _____ *[Vor- und Familiennamen des Ehegatten einsetzen]* *und* _____ *[Vor- und Familiennamen des anderen Ehegatten einsetzen]* setzen uns gegenseitig zu alleinigen und unbeschränkten Erben ein. Erben des Längstlebenden sind unsere gemeinsamen Kinder _____ und _____ *[Vor- und Familiennamen der Schlusserben einsetzen]* zu gleichen Teilen.

Dem längerlebenden Ehegatten steht es zu Lebzeiten frei, über das während der Ehe gemeinsam erwirtschaftete Vermögen zu verfügen. Er kann allerdings nach dem Tod des Ehegatten durch eine Verfügung von Todes wegen nicht dessen letztwillige Verfügung ändern oder aufheben. Nur wenn der überlebende Ehegatte die Erbschaft ausschlägt, gewinnt er auch erbrechtlich wieder volle Handlungsfreiheit.

» Carsten und Vera Vetter setzen sich in ihrem gemeinschaftlichen Testament gegenseitig zu Alleinerben ein und bestimmen gleichzeitig, dass nach dem Tod des Längerlebenden den gemeinsamen Nachlass ihre Töchter Simone und Claudia zu gleichen Teilen erben sollen. Wenn ihr Ehepartner verstirbt, ist Vera an die Erbeinsetzung der Kinder gebunden. Sie kann also wirksam keine vom gemeinschaftlichen Testament abweichende Verfügung treffen.

Das Berliner Testament hat nicht zu unterschätzende Nachteile, die bei der Testamentsgestaltung unbedingt berücksichtigt werden müssen (wegen der Einzelheiten vgl. 3.1.5):

- Ein Nachteil des Berliner Testaments ist die Bindung des überlebenden Ehegatten an die Einsetzung der Schlusserben. Auf geänderte Lebensumstände kann er nicht mehr reagieren. Sinnvoll ist es deshalb, dem überlebenden Ehegatten erbrechtlich die Möglichkeit einzuräumen, durch sogenannte Abänderungsvorbehalte auf die veränderten Verhältnisse zu reagieren.
- Wenn der überlebende Ehegatte nach dem ersten Erbfall alleiniger Erbe ist, bedeutet das zwangsläufig, dass die Kinder von der gesetzlichen Erbfolge ausgeschlossen werden und Pflichtteilsansprüche geltend machen können. Dem kann mit sogenannten Pflichtteilsstrafklauseln begegnet werden.
- Wenn der überlebende Ehegatte wieder heiratet, besteht für die im gemeinschaftlichen Testament eingesetzten Schlusserben (im Regelfall also die Kinder) die Gefahr, dass hierdurch Vermögen an den neuen Ehepartner abfließt und so der spätere Nachlass zulasten der Kinder geschmälert wird, weil dem neuen Ehepartner gesetzlich ein Erb- und Pflichtteilsrecht zusteht. Soll das verhindert werden, ist es sinnvoll, in das Testament eine sogenannte Wiederverheiratungsklausel aufzunehmen.

- Kraft Gesetzes ist ein Ehegatte berechtigt, die im gemeinschaftlichen Testament erfolgte Einsetzung der Schlusserben anzufechten. Als Anfechtungsgrund kommt insbesondere die Übergehung von Pflichtteilsberechtigten in Betracht. Diese gesetzliche Voraussetzung kann der längerlebende Ehegatte selbst herbeiführen, indem er wieder heiratet oder ein Kind erhält bzw. adoptiert. Sinnvoll kann es sein, im Testament auszuschließen, dass der längerlebende Ehegatte die Schlusserbeneinsetzung anfechten kann.
- Das Berliner Testament kann aus erbschaftsteuerlicher Sicht in zweifacher Hinsicht nachteilig sein. Das Vermögen des Erstversterbenden unterliegt zweimal der Erbschaftsteuer, einmal beim Erwerb durch den überlebenden Ehegatten und, soweit es nach dessen Tod noch vorhanden ist, noch einmal beim Erwerb durch die Schlusserben. Die Freibeträge der Kinder nach dem ersten Erbfall bleiben ungenutzt. Der Nachlass des Letztversterbenden besteht aus dessen eigenem Vermögen und dem vom verstorbenen Ehegatten geerbten Vermögen, sodass bei größerem Vermögen die Freibeträge der Kinder überschritten werden können. Bei größerem Vermögen sollten Sie sich deshalb unbedingt beraten lassen, bevor Sie ein Berliner Testament errichten. Bei kleinerem Vermögen ist das Berliner Testament unbedenklich.

2.4 Einzeltestament oder gemeinschaftliches Testament?

Ob Eheleute jeweils ein Einzeltestament errichten oder in einem gemeinschaftlichen Testament ihre erbrechtlichen Verfügungen treffen wollen, steht in ihrem Belieben. Von Bedeutung ist jeweils, in welchem Umfang sie sich durch ihre Verfügungen rechtlich binden wollen.

Vor- und Nachteile des Einzeltestaments

Das Einzeltestament eines Ehegatten hat den Vorteil, dass es jederzeit frei widerruflich ist. Damit kann es schnell etwaigen geänderten Lebensumständen angepasst werden. Der Nachteil dieses Testaments besteht darin, dass der Erblasser Änderungen vornehmen kann, ohne diese dem anderen Ehegatten mitzuteilen. Jeder Ehegatte kann sein Testament widerrufen, ohne dass der andere davon erfährt.

! Ehegatten sollten nur dann Einzeltestamente errichten, wenn sie finanziell unabhängig sind oder wenn sie großes Vertrauen zueinander haben.

Vor- und Nachteile des gemeinschaftlichen Testaments

Das gemeinschaftliche Testament hat gegenüber dem Einzeltestament den Vorteil, dass es zwar zu Lebzeiten beider Ehegatten von jedem Ehegatten einseitig widerrufen werden kann, der andere Ehegatte jedoch durch Zustellung einer Ausfertigung des Widerrufs davon erfährt. Der Widerruf des Testaments bzw. einzelner wechselbezüglicher Verfügungen kann also nicht heimlich erfolgen. Gegenüber dem Einzeltestament hat das gemeinschaftliche Testament den Nachteil, dass es zu Lebzeiten nur in notarieller Form widerrufen werden kann. Nach dem Tod eines der Ehegatten kann der überlebende Ehegatte wechselbezügliche Verfügungen nur dann widerrufen, wenn er die Erbschaft ausschlägt.

3 Welche erbrechtlichen Instrumente stehen Ihnen für Ihren »Letzten Willen« zur Verfügung?

Um Ihren Letzten Willen umzusetzen, sind Ihnen vom Gesetz bestimmte erbrechtliche Gestaltungsformen vorgegeben. Bei der Übertragung Ihres Vermögens im Wege der Erbfolge sind Sie auf diese Instrumente beschränkt.

- Sie können von der gesetzlichen Erbfolge abweichen und andere als die gesetzlich vorgesehenen Erben bestimmen. In diesem Zusammenhang haben Sie auch die Möglichkeit, eine sogenannte Vor- und Nacherbschaft anzuordnen, um den Nachlass für den Endbedachten zu erhalten.
- Sie können sich in Ihrem Testament darauf beschränken, einen gesetzlichen Erben zu enterben.
- Durch ein Vermächtnis können Sie einer Person einen einzelnen Vermögensgegenstand zuwenden, ohne dass diese Ihr Erbe sein muss.
- Sie können in Ihrem Testament Auflagen verfügen und so Ihren Erben bestimmte Verpflichtungen auferlegen.
- Wenn nach Ihrem Tod mehrere Personen erben, entsteht eine sogenannte Erbengemeinschaft. In diesem Fall können Sie Anordnungen treffen, die eine spätere Aufteilung des Nachlasses, die sogenannte Auseinandersetzung, erleichtern sollen.
- Wenn Sie sicherstellen wollen, dass Ihre testamentarischen Verfügungen tatsächlich zur Ausführung kommen, können Sie eine Testamentsvollstreckung anordnen.
- Und schließlich können Sie in Ihrem Testament auch familienrechtliche Verfügungen anordnen.

Unter den gesetzlichen Gestaltungsmitteln haben Sie als Erblasser die freie Wahl, welche und wie viele der zulässigen Verfügungen Sie in Ihr Testament aufnehmen und mit welchem konkreten Inhalt Sie das tun. Ihre Gestaltungsfreiheit erstreckt sich auch darauf, die verschiedenen Verfügungen miteinander zu kombinieren.

Achtung: Treffen Sie erbrechtliche Gestaltungen, die gesetzlich nicht zulässig sind, sind diese grundsätzlich unwirksam.

3.1 Einsetzung des oder der Erben

Sie können durch ein Einzeltestament oder zusammen mit Ihrem Ehepartner in einem gemeinschaftlichen Testament bestimmen, wer Ihre Erben sein sollen. Diese Entscheidung steht in Ihrem Belieben. Sie müssen sie nicht begründen. Sie können einen oder mehrere Erben einsetzen. Erbe ist die Person, auf die das Vermögen des Erblassers nach dessen Tod als Ganzes übergeht. Der Erbe tritt also in Ihre »rechtlichen Fußstapfen«. Er »erbt« grundsätzlich Ihre Rechte und Pflichten. Dem Erben steht beispielsweise die Verwaltung des Nachlasses zu, gleichzeitig ist er verpflichtet, bestehende Verbindlichkeiten zu erfüllen.

Checkliste: Erbeinsetzung

Auswahl der Erben	Es steht grundsätzlich in Ihrem Belieben, Ihre Erben zu bestimmen. Sie können auch andere als die vom Gesetz vorgesehenen Erben einsetzen. Allerdings steht Ihrem Ehegatten, Ihren Kindern und Ihren Eltern ein Mindestanteil am Erbe, der sogenannte Pflichtteil, zu.
Alter des Erben	Als Erben können Sie auch minderjährige Kinder einsetzen.
Einsetzung eines oder mehrerer Erben	Sie können in Ihrem Testament einen oder mehrere Erben einsetzen. Wenn Sie mehrere Erben einsetzen, müssen Sie deren Erbteile, also den jeweiligen Anteil an der Erbschaft festlegen. Der Erbanteil muss in einem Bruchteil am Nachlass bestimmt werden. Eine gegenständliche Erbeinsetzung ist nicht möglich. Haben Sie die Erbteile nicht bestimmt, erben alle Miterben den gleichen Anteil. Wenn mehrere Personen erben, bilden sie eine Erbengemeinschaft. Der Nachlass ist dann gemeinschaftliches Vermögen der Miterben.

Erbeinsetzung unter einer Bedingung	Sie können in Ihrem Testament einen Erben auch unter einer Bedingung einsetzen. In diesem Fall erbt der eingesetzte Erbe erst, wenn die von Ihnen festgelegten Voraussetzungen erfüllt sind, oder der Erbe muss die Erbschaft wieder herausgeben, wenn die Bedingung eintritt.
Einsetzung von Ersatzerben	Für den Fall, dass der testamentarisch bestimmte Erbe vor oder nach dem Erbfall wegfällt, können Sie einen Ersatzerben bestimmen.
Berliner Testament	Wenn Sie ein gemeinschaftliches Testament in Form des Berliner Testaments errichten wollen, sollten Sie auf die damit verbundenen Risiken achten und diese bei der Testamentsgestaltung berücksichtigen.

3.1.1 Verfügung im Testament

Sie können in einem Einzeltestament oder in einem gemeinschaftlichen Testament mit Ihrem Ehegatten einen Alleinerben oder mehrere Erben einsetzen. Wenn Sie einen Alleinerben einsetzen, muss dieser nicht gesetzlicher Erbe sein. Sie können einen Alleinerben aber auch aus dem Kreis der gesetzlichen Erben auswählen; damit sind die anderen gesetzlichen Erben zwangsläufig enterbt. Auch wenn Sie mehrere Erben auswählen, müssen diese nicht zu den gesetzlichen Erben gehören. Sie können allerdings auch Ihre gesetzlichen Erben berücksichtigen und diesen aber andere als die gesetzlich vorgesehenen Erbteile zuweisen.

» **Beispiel:**

- In einem gemeinschaftlichen Testament setzen sich Irene und Claus Junker gegenseitig als Alleinerben ein. Ihre Kinder Simone und Simon sollen erst nach dem Tod des längerlebenden Elternteils das gemeinsame Vermögen erben.
- Toni und Vera Breitner verfügen in ihrem gemeinschaftlichen Testament, dass nach dem Tod des erstversterbenden Partners der längerlebende Ehegatte und die gemeinsamen Kinder Volker und Ruth jeweils ein Drittel des Nachlasses erben sollen.

Würde in beiden Fällen gesetzliche Erbfolge gelten, würden jeweils der längerlebende Ehegatte – wenn die Eheleute im Güterstand der Zugewinngemeinschaft leben – die Hälfte, die beiden Kinder jeweils ein Viertel des Nachlasses erben.

Sie können in Ihrem Testament eine Person oder mehrere Personen (Miterben) als Erben einsetzen.

Formulierungsbeispiel

Einsetzung eines Alleinerben

Wir _____ *[Vor- und Familiennamen des Ehegatten einsetzen]* und _____ *[Vor- und Familiennamen des anderen einsetzen]*, setzen uns gegenseitig zu alleinigen und unbeschränkten Erben ein. Erbe des längerlebenden Ehepartners soll unser Sohn _____ *[Vor- und Familiennamen des Schlusserben einsetzen]* sein.

Wenn Sie mehrere Personen als Erben einsetzen, müssen Sie beachten, dass sich die Erbeinsetzung auf einen Bruchteil (z.B. die Hälfte oder ein Viertel) bezieht. Auf den Miterben geht nur der ihm zugewendete Bruchteil des Vermögens über. Die Miterben bilden dann eine Erbengemeinschaft. Wenn Sie mehrere Erben einsetzen, ohne dass Sie deren Erbteile bestimmen, so erben die Miterben grundsätzlich zu gleichen Teilen (§ 2091 BGB).

Formulierungsbeispiel

Einsetzung mehrerer Erben als Schlusserben

Wir _____ *[Vor- und Familiennamen des Ehegatten einsetzen]* und _____ *[Vor- und Familiennamen des anderen Ehegatten einsetzen]*, setzen uns gegenseitig zu alleinigen und unbeschränkten Erben ein. Erbe des längerlebenden Ehepartners sollen unsere Kinder _____, _____ und _____ *[jeweils Vor- und Familiennamen der Schlusserben einsetzen]* sein.

Sie können keine Erbeinsetzung vornehmen, indem Sie Ihren »Erben« einzelne Gegenstände zuwenden. Sie müssen einen Erben bestimmen, der Ihre Gesamtrechtsnachfolge antritt, der also auch zum Beispiel für Ihre Verbindlichkeiten haftet. Die gegenständliche

Erbeinsetzung ist nicht zulässig. Haben Sie in Ihrem Testament nur einzelne Gegenstände zugewendet, so handelt es sich dabei um Vermächtnisse (vgl. dazu 3.4), nicht aber um eine Erbeinsetzung. In diesem Fall gilt für den Rest Ihres Vermögens gesetzliche Erbfolge.

! Achten Sie darauf, dass Sie in Ihrem eigenhändigen Testament klar und eindeutig zum Ausdruck bringen, wer Ihr Erbe oder Ihre Erben sein sollen. Diese treten dann in Ihre rechtlichen Fußstapfen und der gesamte Nachlass geht im Wege der Gesamtrechtsnachfolge auf diese über.

3.1.2 Unklare Erbeinsetzung und Auswahl der Erben

Nicht selten geht aus eigenhändigen Testamenten nicht eindeutig hervor, ob eine Erbeinsetzung oder ein Vermächtnis zugewendet wird. Häufig drückt sich der Erblasser auch bei der Auswahl der Begünstigten nicht klar aus. Für diese Fälle enthält das Gesetz Auslegungsregeln.

Auslegungsregeln bei unklarer Erbeinsetzung und Anordnung eines Vermächtnisses

Erbrechtliche Zuwendungen erfolgen regelmäßig in den Formen der Erbeinsetzung und sogenannten Vermächtnissen. Bei eigenhändigen Testamenten, die ohne fachkundige Beratung errichtet wurden, geht aus dem Wortlaut des Testaments aber häufig nicht hervor, ob eine Erbeinsetzung oder ein Vermächtnis zugewendet wird. Diese Unterscheidung ist allerdings wichtig.

- Ist eine Erbeinsetzung erfolgt, dann ist der Erbe Gesamtrechtsnachfolger des Erblassers und tritt in dessen »rechtliche Fußstapfen«. Entweder es wurde ein Alleinerbe eingesetzt, der dann allein in die Rechte und Pflichten des Erblassers eintritt, oder es wurden mehrere Erben bestimmt mit der Folge, dass die Miterben zu dem festgelegten Bruchteil Mitglied in einer Erbengemeinschaft sind.

- Wurde im Testament ein Vermächtnis angeordnet, ist der Vermächtnisnehmer nicht Erbe. Er hat lediglich einen Anspruch gegen Erben auf Zuwendung des vermachten Gegenstands (Näheres zum Vermächtnis unter 3.4).

Diese im Erbrecht wichtige Unterscheidung wird allerdings häufig bei der Gestaltung des Testaments nicht berücksichtigt.

» **Beispiel:**

- Im Testament steht: »Mein Vermögen vermache ich meiner Nichte Stefanie, meine Briefmarkensammlung soll mein Bruder René erben«. Unklar ist, wer Erbe und Vermächtnisnehmer sein soll. Der Nichte, die nahezu alles erhalten soll, wird etwas »vermacht«, und der Bruder, der nur einen Gegenstand erhalten soll, »erbt«.
- Im Testament steht: »Mein Sohn Marc soll mein Wertpapierdepot, mein Sohn Christian die Immobilie in der ___straße, meine Tochter Emilia meinen Schmuck und mein Neffe Sebastian meine Briefmarkensammlung erhalten.« Unklar ist, wer Erbe sein soll, wer also etwa für die Nachlassverbindlichkeiten haftet und wer Vermächtnisnehmer ist. Nicht geregelt ist auch, was mit dem übrigen Vermögen des Erblassers geschehen soll und zu welchen Anteilen die Kinder erben sollen.

Wenn unklar ist, ob im Testament eine Erbeinsetzung erfolgt ist oder ein Vermächtnis angeordnet wird, bedarf das Testament der Auslegung. Im diesem Zusammenhang gilt Folgendes:

- Entscheidend ist zunächst der Wille des Erblassers (§ 133 BGB).
- Wenn der Erblasser sein ganzes Vermögen oder einen Bruchteil (z.B. die Hälfte oder ein Viertel) und nicht einzelne Gegenstände zuwendet, so ist der Bedachte grundsätzlich als Erbe anzusehen, selbst wenn er nicht als solcher bezeichnet ist (§ 2087 Abs. 1 BGB).
- Wendet der Erblasser nur einzelne Gegenstände zu (z.B. eine Immobilie, ein Auto, eine Briefmarkensammlung), so ist der Bedachte als Vermächtnisnehmer anzusehen, selbst wenn er als

Erbe bezeichnet ist (§ 2087 Abs. 2 BGB). Der Bedachte hat nur einen Anspruch auf Herausgabe des zugewendeten Nachlassgegenstands gegen den Beschwerten, in der Regel gegen die Erben.

! Wichtig ist, dass Sie in Ihrem Testament klare und eindeutige Festlegungen treffen, wer nach Ihrem Tod als Erbe in Ihre Rechte und Pflichten eintreten soll. Zwar enthält das Gesetz für eine ungenaue Erbeinsetzung Auslegungsregeln, fraglich ist jedoch, ob diese Ihrem letzten Willen tatsächlich entsprechen.

Auslegungsregeln bei unklarer Auswahl der Erben

Auch für den Fall, dass Sie sich in Ihrem Testament bei der Auswahl der Begünstigten nicht klar ausgedrückt haben, enthält das Gesetz Auslegungsregeln.

Erbeinsetzung der »gesetzlichen Erben«

Haben Sie testamentarisch Ihre gesetzlichen Erben ohne nähere Bezeichnung als Erben eingesetzt, so sind diejenigen, welche zur Zeit des Erbfalls Ihre gesetzlichen Erben sein würden, nach dem Verhältnis ihrer gesetzlichen Erbteile bedacht (§ 2066 Satz 1 BGB).

» Das gemeinschaftliche Testament der Eheleute lautet: »Wir setzen uns gegenseitig als Alleinerben ein. Erben des Längerlebenden sollen die gesetzlichen Erben sein.« In diesem Fall würden, wenn die Eheleute zwei gemeinsame Kinder hinterlassen, die Kinder zu gleichen Teilen erben.

Erbeinsetzung von »Verwandten«

Haben Sie in Ihrem Testament Ihre Verwandten oder Ihre nächsten Verwandten ohne nähere Bestimmung als Erben eingesetzt, so sind im Zweifel diejenigen Verwandten, welche zur Zeit des Erbfalls Ihre gesetzlichen Erben sein würden, als nach dem Verhältnis ihrer gesetzlichen Erbteile bedacht anzusehen (§ 2067 Satz 1 BGB).

» Das Testament lautet: »Meine Erben sollen meine Verwandten sein«. In diesem Fall erben die Verwandten, die zum Zeitpunkt des Erbfalls gesetzliche Erben des Erblassers sind. Der Ehegatte wäre nicht Erbe, weil Ehegatten nicht miteinander verwandt sind.

Erbeinsetzung von »Kindern«

Haben Sie Ihre Kinder ohne nähere Bestimmung als Erben eingesetzt und ist ein Kind vor der Errichtung des Testaments gestorben und hat Abkömmlinge hinterlassen, so ist im Zweifel anzunehmen, dass die Abkömmlinge insoweit bedacht sind, als sie bei der gesetzlichen Erbfolge an die Stelle des Kindes treten würden (§ 2068 BGB).

Erbeinsetzung von »Abkömmlingen«

Haben Sie testamentarisch einen Ihrer Abkömmlinge bedacht und fällt dieser nach der Errichtung des Testaments weg, so ist im Zweifel anzunehmen, dass dessen Abkömmlinge insoweit bedacht sind, als sie bei der gesetzlichen Erbfolge an dessen Stelle treten würden (§ 2069 BGB).

» Die Eheleute Stefan und Stefanie Weber haben in ihrem gemeinschaftlichen Testament ihre Tochter Amelie, die zwei Kinder hat, namentlich als Alleinerbin des längerlebenden Ehepartners eingesetzt. Stirbt Amelie nach der Errichtung des Testaments, aber vor dem längerlebenden Elternteil, so sind ihre Kinder zu gleichen Teilen Schlusserben.

3.1.3 Erbeinsetzung unter einer Bedingung

Sie können die Erbeinsetzung auch unter einer Bedingung vornehmen und so auf ein Verhalten des Bedachten einwirken. Dabei kann die Zuwendung durch eine aufschiebende oder eine auflösende Bedingung erfolgen.

Aufschiebend bedingte Erbeinsetzung

Bei der aufschiebenden Bedingung erbt der eingesetzte Erbe erst dann, wenn die testamentarisch festgelegte Bedingung eingetreten ist bzw. erfüllt wurde. Dadurch kann sich der Anfall der Erbschaft verzögern, wenn die Bedingung zum Zeitpunkt des Erbfalls noch nicht eingetreten ist. In diesem Fall wird die betreffende Person erst Erbe, sobald die Bedingung erfüllt ist.

» Ein Kind wird für den Fall als Erbe eingesetzt, dass es ein BWL-Studium erfolgreich absolviert hat oder dass es zum Zeitpunkt des Eintritts des Erbfalls einen Abkömmling hat.

Wurde die Bedingung bereits vor dem Erbfall erfüllt (hat also z.B. der eingesetzte Erbe vor dem Tod des Erblassers das Studium erfolgreich abgeschlossen), hat die aufschiebende Bedingung keine verzögernde Wirkung. Die betreffende Person wird in diesem Fall bei Eintritt des Erbfalls sofort Erbe.

Formulierungsbeispiel

Aufschiebend bedingte Erbeinsetzung

Wir _____ *[Vor- und Familiennamen des Ehegatten einsetzen]* und _____ *[Vor- und Familiennamen des anderen Ehegatten einsetzen],* setzen uns gegenseitig zu alleinigen und unbeschränkten Erben ein. Erbe des längerlebenden Ehepartners soll unser Sohn _____ *[Vor- und Familiennamen des Schlusserben einsetzen]* sein. Die Erbeinsetzung unseres Sohnes steht unter der Bedingung, dass _____ *[Bedingung formulieren, zum Beispiel dass der eingesetzte Erbe erfolgreich ein bestimmtes Studium abschließt].* Sollte der eingesetzte Erbe das Studium nicht abschließen, soll die gesetzliche Erbfolge gelten.

Auflösende bedingte Erbeinsetzung

Setzen Sie in Ihrem Testament einen Erben unter einer auflösenden Bedingung ein, wird die betreffende Person beim Eintritt des Erbfalls zwar sofort Erbe, um die Erbschaft behalten zu dürfen, muss sie aber die festgelegte Bedingung erfüllen. Verstößt der Erbe gegen diese Bedingung, muss er die Erbschaft wieder herausgeben.

» Die Erbeinsetzung erfolgt unter der Bedingung, dass der Erbe alle im Testament genannten Auflagen fristgemäß erfüllt oder dass er nicht wieder heiratet.

Formulierungsbeispiel

Auflösend bedingte Erbeinsetzung

Wir _____ *[Vor- und Familiennamen des Ehegatten einsetzen]* und _____ *[Vor- und Familiennamen des anderen Ehegatten einsetzen]*, setzen uns gegenseitig zu alleinigen und unbeschränkten Erben ein. Erbe des längerlebenden Ehepartners soll unser Sohn _____ *[Vor- und Familiennamen des Schlusserben einsetzen]* sein. Die Erbeinsetzung unseres Sohnes steht unter der Bedingung, dass _____ *[Bedingung formulieren, z.B. dass der eingesetzte Erbe einer Anordnung im Testament nicht zuwiderhandelt]*. Für den Fall, dass diese Bedingung eintritt, bestimmen wir _____ *[Vor- und Familiennamen des nachfolgenden Erben einsetzen]* zum Alleinerben.

3.1.4 Einsetzung eines Ersatzerben

Wenn Sie in Ihrem Testament Ihre Erben bestimmt haben, sollten Sie auch bedenken, was geschieht, wenn diese – aus welchen Gründen auch immer – die Erbschaft nicht antreten können oder nicht antreten wollen. Für diesen Fall haben Sie die Möglichkeit, einen oder mehrere weitere Erben, sogenannte Ersatzerben einzusetzen (§ 2096 BGB).

Gründe für den Wegfall eines testamentarischen Erben und die Folgen

Der Ersatzerbe wird nur dann Erbe, wenn der zunächst eingesetzte Alleinerbe oder Miterbe nicht Erbe geworden ist. Ein zunächst eingesetzter Erbe kann vor oder nach dem Erbfall wegfallen.

- Vor dem Erbfall fällt der Erbe weg, wenn er vor dem Erblasser verstirbt oder auf die Zuwendung verzichtet.
- Nach dem Erbfall fällt der Erbe weg, wenn er die Erbschaft ausgeschlagen hat, die Erbeinsetzung unwirksam ist oder der Erbe für erbunwürdig erklärt wurde. Kein Grund für den Wegfall des Erben ist dessen Tod nach dem Erbfall. In diesem Fall vererbt der weggefallene Erbe die Erbschaft weiter.

Hat der Erblasser testamentarisch einen Alleinerben eingesetzt und fällt dieser vor oder nach dem Erbfall weg, ist zunächst zu ermitteln, was der Erblasser gewollt hätte, wenn er diesen Fall bedacht hätte.

- Von Bedeutung ist in diesem Zusammenhang zunächst eine wichtige gesetzliche Auslegungsregel. Danach gilt Folgendes: Hat der Erblasser einen seiner Abkömmlinge als Erben eingesetzt und fällt dieser nach der Errichtung des Testaments weg, so ist – wenn nichts anderes bestimmt wurde – anzunehmen, dass dessen Abkömmlinge insoweit bedacht sind, als sie bei gesetzlicher Erbfolge an dessen Stelle treten würden (§ 2069 BGB). Die testamentarische Erbeinsetzung eines Kindes hat also im Zweifel zur Folge, dass die Enkelkinder des Erblassers erben, wenn das zunächst als Erbe eingesetzte Kind nach Errichtung des Testaments weggefallen ist. Die Ersatzerbschaft tritt in diesem Fall also kraft gesetzlicher Vermutung ein, wenn der Erblasser keine abweichenden Verfügungen trifft.

  Enthält das Testament keine Anhaltspunkte, was der Erblasser gewollt hätte, wenn er gewusst hätte, dass der von ihm eingesetzte Erbe die angefallene Erbschaft nicht antreten kann oder nicht antreten will, so gilt die gesetzliche Erbfolge.

- Hat der Erblasser mehrere Erben eingesetzt und fällt einer von ihnen vor oder nach dem Erbfall weg und hat der Erblasser die gesetzliche Erbfolge ausgeschlossen, hat dies die sogenannte Anwachsung zur Folge. In diesem Fall wächst der Erbteil des weggefallenen Erben den übrigen Erben nach dem Verhältnis ihrer Erbteile an (§ 2094 Satz 1 BGB). Mit dem Ergebnis, dass den Miterben ein proportional vergrößerter Erbteil zuwächst.

» In einem Berliner Testament setzen sich Anita und Bernd Sommer gegenseitig als Alleinerben ein. Gleichzeitig bestimmen Sie als Erben des längerlebenden Ehepartners die gemeinsamen Kinder Christine, Sven und Melanie zu gleichen Teilen. Melanie hat keine Kinder. Nach dem Tod des längerlebenden Elternteils erbt jedes Kind ein Drittel des Nachlasses. Melanie schlägt die Erbschaft aus. Durch die Ausschlagung wächst der Erbteil den verbleibenden Erben an, Christine und Sven erben jeweils zur Hälfte.

! Wünschen Sie als Erblasser keine gesetzliche Erbfolge, wenn der eingesetzte Erbe wegfällt, oder soll – wenn mehrere Erben testamentarisch eingesetzt sind – die Anwachsung verhindert werden, wenn ein Erbe wegfällt, müssen Sie in Ihrem Testament eine Ersatzerbschaft anordnen.

Gestaltungsmöglichkeiten im Testament

Die Einsetzung eines oder mehrerer Ersatzerben müssen Sie in Ihrem Testament festlegen. Als Ersatzerben können Sie Miterben, gesetzliche Erben oder Dritte bestimmen. Dabei haben Sie mehrere Gestaltungsmöglichkeiten:

Sie können eine einzelne Person testamentarisch als Ersatzerben einsetzen.

Formulierungsbeispiel

Berliner Testament mit Einsetzung eines einzelnen Ersatzerben

Wir _____ *[Vor- und Familiennamen des Ehegatten einsetzen]* und _____ *[Vor- und Familiennamen des anderen Ehegatten einsetzen]*, setzen uns gegenseitig zu alleinigen und unbeschränkten Erben ein. Als Erben des längerlebenden Ehepartners setzen wir _____ *[Vor- und Familiennamen des Schlusserben einsetzen]* ein, ersatzweise _____ *[Vor- und Familiennamen des Ersatzerben einsetzen]*.

[Oder]

Wir _____ *[Vor- und Familiennamen des Ehegatten einsetzen]* und _____ *[Vor- und Familiennamen des anderen Ehegatten einsetzen]*, setzen uns gegenseitig zu alleinigen und unbeschränkten Erben ein. Als Erben des längerlebenden Ehepartners setzen wir _____ und _____ *[Vor- und Familiennamen der Schlusserben einsetzen]* ein. Als Ersatzerben bestimmen wir für beide Erben _____ *[Vor- und Familiennamen des Ersatzerben einsetzen]*.

Sie können mehrere Ersatzerben nebeneinander bestimmen. In diesem Fall sind die Ersatzerben gemeinschaftlich und – wenn Sie nichts anderes bestimmt haben – zu gleichen Teilen berufen.

Formulierungsbeispiel

Berliner Testament mit Einsetzung Ersatzerben nebeneinander

Wir _____ *[Vor- und Familiennamen des Ehegatten einsetzen]* und _____ *[Vor- und Familiennamen des anderen Ehegatten einsetzen]*, setzen uns gegenseitig zu alleinigen und unbeschränkten Erben ein. Als Erben des längerlebenden Ehepartners setzen wir _____ *[Vor- und Familiennamen des Schlusserben einsetzen]* ein, ersatzweise _____ und _____ *[Vor- und Familiennamen der Ersatzerben einsetzen]*.

Sie können Ersatzerben nacheinander einsetzen. In diesem Fall kommt der zuletzt genannte Ersatzerbe erst zum Zuge, wenn der vorgenannte Ersatzerbe wegfällt.

Formulierungsbeispiel

Berliner Testament mit Einsetzung mehrerer Ersatzerben hintereinander

Wir _____ *[Vor- und Familiennamen des Ehegatten einsetzen]* und _____ *[Vor- und Familiennamen des anderen Ehegatten einsetzen]*, setzen uns gegenseitig zu alleinigen und unbeschränkten Erben ein. Als Erben des längerlebenden Ehepartners setzen wir _____ *[Vor- und Familiennamen des Schlusserben einsetzen]* ein, ersatzweise _____ *[Vor- und Familiennamen des Ersatzerben einsetzen]*, wiederum ersatzweise _____ *[Vor- und Familiennamen des weiteren Ersatzerben einsetzen]*.

Sie können einen Ersatzerben auch nur auf einen Bruchteil des Nachlasses berufen sein.

Formulierungsbeispiel

Berliner Testament mit Einsetzung mehrerer Ersatzerben auf einen Bruchteil

Wir _____ *[Vor- und Familiennamen des Ehegatten einsetzen]* und _____ *[Vor- und Familiennamen des anderen Ehegatten einsetzen]*, setzen uns gegenseitig zu alleinigen und unbeschränkten Erben ein. Als Erben des längerlebenden Ehepartners setzen wir _____ *[Vor- und Familiennamen des Schlusserben einsetzen]* ein. Ersatzerbe zu _____ *[Bruchteil einsetzen, z.B. $^1/_2$]* ist _____ *[Vor- und Familiennamen des Ersatzerben einsetzen]*. Im Übrigen gilt gesetzliche Erbfolge.

Stellung des Ersatzerben

Welche Rechte und Pflichten der Ersatzerbe hat, hängt davon ab, ob der Erbfall eingetreten ist oder nicht und ob der zunächst Berufene, also derjenige, der den Erblasser beerbt hat, weggefallen ist oder nicht.

- Vor dem Erbfall stehen dem Ersatzerben keine Rechte am Nachlass zu. Seine Stellung als Ersatzerbe kann er weder übertragen noch vererben.
- Ist der Erbfall eingetreten und hat der zunächst Berufene den Nachlass geerbt, erwirbt der Ersatzerbe ein Anwartschaftsrecht auf die Erbschaft, das er übertragen und vererben kann. Auf die Führung von mit dem Nachlass zusammenhängenden Geschäfte des zunächst Berufenen kann er keinen Einfluss nehmen.
- Nach dem Erbfall und nach dem Wegfall des zunächst Berufenen wird der Ersatzerbe unmittelbarer Rechtsnachfolger des Erblassers. Er tritt dann das Erbe rückwirkend zum Zeitpunkt des Todes des Erblassers an, mit allen Rechten und Pflichten eines Erben. Er ist dann auch unter Umständen mit Auflagen und Vermächtnissen belastet.

3.1.5 Welche Schwachstellen gibt es beim Berliner Testament?

Das sogenannte Berliner Testament ist bei Eheleute eine sehr beliebte Form des gemeinschaftlichen Testaments. Ziel dieses Testaments ist die maximale wirtschaftliche Versorgung des längerlebenden Ehegatten. Im Berliner Testament setzen sich Ehegatten gegenseitig als Alleinerben ein und bestimmen gleichzeitig einen Dritten (den sog. Schlusserben), der das vom zuletzt versterbenden Ehegatten nicht verbrauchte Vermögen erben soll. In der Praxis werden regelmäßig die Kinder der Eheleute als Schlusserben eingesetzt. Somit wird nicht nur die Erbfolge unter den Eheleuten geregelt, sondern auch ein zweiter Erbgang, nämlich die Erbeinsetzung der Kinder als Erben des längerlebenden Elternteils. Das gemeinschaftliche Vermögen der Eheleute, das nach dem Tod des zuerst versterbenden Ehegatten zunächst an den anderen Ehegatten vererbt wurde, fällt nach dem Tod des längerlebenden Ehegatten den Kindern als Schlusserben zu. Einzelheiten zum Berliner Testament unter 2.3.4.

» Die Eheleute Martin und Martina Keller haben sich in einem Berliner Testament gegenseitig als Alleinerben eingesetzt. Nach dem Tod des längerlebenden Ehegatten sollen ihre gemeinsamen Kinder Anton und Claudia zu gleichen Teilen Erben sein. Wenn Martin stirbt, ist zunächst seine Ehefrau Martina Alleinerbin. Die Kinder erben beim ersten Erbfall nichts. Martina kann zu Lebzeiten sowohl über ihr eigenes Vermögen als auch über die angefallene Erbschaft frei verfügen. Erbrechtlich ist sie allerdings an das gemeinschaftliche Testament gebunden. Martina kann für den Fall ihres Todes keine anderen Erben als die gemeinsamen Kinder einsetzen (Ausnahme: Sie schlägt beim Tod von Martin die Erbschaft aus). Stirbt Martina, geht ihr Vermögen, zu dem auch der Nachlass von Martin gehört, als einheitlicher Nachlass auf die Kinder über.

Bereits zuvor unter 2.3.4 wurde darauf hingewiesen, dass das Berliner Testament eine Reihe von Schwachstellen aufweist, die bei der Nachlassplanung der Eheleute unbedingt bedacht werden sollten. Einige dieser Schwachstellen können durch entsprechende testamentarische Gestaltungen im erbrechtlich zulässigen Rahmen ausgeglichen werden.

Schwachstelle 1: Bindung des Ehegatten an die Erbeinsetzung der Kinder

Ein Problem des Berliner Testaments ist, dass der längerlebende Ehegatte an die wechselbezügliche Erbeinsetzung der Schlusserben (in der Regel der Kinder) gebunden ist. Diese einmal getroffene gemeinsame Verfügung ist für ihn verbindlich. So ist es ihm beispielsweise nicht möglich, von der wechselbezüglichen Einsetzung eines Kindes abzuweichen, wenn er sich mit dem Kind überworfen hat, ein Kind überschuldet oder besonders betreuungsbedürftig ist oder er es honorieren will, dass ein Kind seine Pflege im Alter übernommen hat.

! Sinnvoll ist es, dem längerlebenden Ehegatten die Möglichkeit einzuräumen, auf neue Lebensumstände zu reagieren. Dann kann er auf eine zwischen dem ersten und dem zweiten Erbfall eintretende neue Situation Einfluss nehmen. Welche Veränderungen der längerlebende Ehegatte vornehmen darf, müssen die Eheleute abstimmen und im gemeinschaftlichen Testament entsprechend formulieren.

Es gibt verschiedene Möglichkeiten zu regeln, dass und in welchem Umfang sich der längerlebende Ehegatte von der Bindung hinsichtlich der Schlusserbeneinsetzung des Kindes befreien kann. Entsprechende Klauseln können sich insbesondere darauf beziehen, dass der längerlebende Ehegatte durch ein neues Testament die für den zweiten Todesfall bestimmte Einsetzung des Kindes als Schlusserbe noch ändern darf. Als Abänderungsvorbehalte im gemeinschaftlichen Testament kommen insbesondere in Betracht

- die unbeschränkte Möglichkeit, die Anordnung über die Schlusserbeneinsetzung zu ändern,
- Änderungen nur innerhalb des Kreises der Abkömmlinge der Eheleute,
- Änderungen nur innerhalb des Kreises der Verwandten der Eheleute,
- Änderungen nur hinsichtlich des Vermögens des überlebenden Ehegatten.

Unbeschränkter Abänderungsvorbehalt

Dem überlebenden Ehegatten wird durch testamentarische Verfügung die Möglichkeit eingeräumt, die im gemeinschaftlichen Testament festgelegte Einsetzung von Schlusserben zu ändern bzw. zu widerrufen. Die Änderungsmöglichkeiten werden nicht beschränkt. Änderungen stehen im Belieben des längerlebenden Ehegatten. Dieser erlangt im Falle der Änderung wieder seine volle Testierfähigkeit. Er kann testamentarisch über das gesamte Vermögen, also sowohl über das aus dem ersten Todesfall geerbte als auch über sein eigenes Vermögen frei verfügen.

Formulierungsbeispiel

Berliner Testament mit unbeschränktem Abänderungsvorbehalt

Wir, _____ *[Vor- und Familiennamen der Ehegatten einsetzen]*, und _____ *[Vor- und Familiennamen des anderen Ehegatten einsetzen]*, setzen uns gegenseitig zu alleinigen und unbeschränkten Erben ein. Als Erben des längerlebenden Ehepartners setzen wir unsere gemeinsamen Kinder _____ und _____ *[Vor- und Familiennamen der Schlusserben einsetzen]* zu gleichen Teilen ein.

Der Längerlebende von uns ist ausdrücklich berechtigt, die für den zweiten Todesfall bestimmte Einsetzung unserer Kinder als Schlusserben durch Verfügungen von Todes wegen nach seinem freien Ermessen ganz oder teilweise zu ändern.

Beschränkung der Änderungsmöglichkeiten auf den Kreis der Abkömmlinge

Der längerlebende Ehepartner kann testamentarisch ermächtigt werden, von der gemeinsam festgelegten Einsetzung der Schlusserben abzuweichen, gleichzeitig kann er aber dahingehend beschränkt werden, dass er als Schlusserben nur gemeinsame Abkömmlinge einsetzen darf (Kinder, Enkel, Urenkel usw.), nicht dagegen andere Personen. In diesem Rahmen darf der längerlebende Ehegatte dann testamentarisch über das gesamte Vermögen, also sowohl über das aus dem ersten Todesfall geerbte als auch über sein eigenes Vermögen frei verfügen.

Formulierungsbeispiel

Berliner Testament beschränkten Änderungsmöglichkeiten innerhalb des Kreises der Abkömmlinge

Wir, _____ *[Vor- und Familiennamen der Ehegatten einsetzen]*, und _____ *[Vor- und Familiennamen des anderen Ehegatten einsetzen]*, setzen uns gegenseitig zu alleinigen und unbeschränkten Erben ein. Als Erben des längerlebenden Ehepartners setzen wir unsere gemeinsamen Kinder _____ und _____ *[Vor- und Familiennamen der Schlusserben einsetzen]* zu gleichen Teilen ein.

Der Längerlebende von uns ist ausdrücklich berechtigt, die für den zweiten Todesfall bestimmte Einsetzung unserer Kinder als Schlusserben durch Verfügungen von Todes wegen nach seinem freien Ermessen zu ganz oder teilweise ändern, jedoch nur innerhalb des Kreises unserer Abkömmlinge.

» Der längerlebende Ehegatte darf anstelle des als Schlusserben eingesetzten Kindes die Enkelkinder als Erben einsetzen. Oder er darf dem als Schlusserben eingesetzten Kind nur einen Erbteil zuwenden und den restlichen Nachlass an die Enkelkinder verteilen.

Beschränkung der Änderungsmöglichkeiten auf den Kreis der Verwandten

Der längerlebende Ehepartner kann testamentarisch ermächtigt werden, von der gemeinsam festgelegten Einsetzung der Schlusserben abzuweichen, gleichzeitig kann er aber dahingehend beschränkt werden, dass er als Schlusserben nur Verwandte einsetzen darf. In Betracht kommen Verwandte in gerader Linie (z.B. Kinder, Enkel, Urenkel, Eltern, Großeltern) oder in der Seitenlinie (z.B. Geschwister, Tanten, Onkel, Nichten, Neffen). In diesem Rahmen darf der längerlebende Ehegatte dann testamentarisch über das gesamte Vermögen, also sowohl über das aus dem ersten Todesfall geerbte als auch über sein eigenes Vermögen frei verfügen.

Formulierungsbeispiel

Berliner Testament mit beschränkten Änderungsmöglichkeiten innerhalb des Kreises der Verwandten

Wir, _____ *[Vor- und Familiennamen der Ehegatten einsetzen]*, und _____ *[Vor- und Familiennamen des anderen Ehegatten einsetzen]*, setzen uns gegenseitig zu alleinigen und unbeschränkten Erben ein. Als Erben des längerlebenden Ehepartners setzen wir unsere gemeinsamen Kinder _____ und _____ *[Vor- und Familiennamen der Schlusserben einsetzen]* zu gleichen Teilen ein.

Der Längerlebende von uns ist ausdrücklich berechtigt, die für den zweiten Todesfall bestimmte Einsetzung unserer Kinder als Schlusserben durch Verfügungen von Todes wegen nach seinem freien Ermessen ganz oder teilweise zu ändern, jedoch nur innerhalb des Kreises unserer Verwandten.

» Der längerlebende Ehegatte darf anstelle des als Schlusserben eingesetzten Kindes die Enkelkinder, die Eltern oder seine Geschwister als Erben einsetzen. Oder er darf dem als Schlusserben eingesetzten Kind nur einen Erbteil zuwenden und den restlichen Nachlass an die Enkelkinder, seine Geschwister oder Eltern verteilen.

Beschränkung der Änderungsmöglichkeiten auf das Vermögen des längerlebenden Ehegatten

Der längerlebende Ehepartner kann testamentarisch ermächtigt werden, von der gemeinsam festgelegten Einsetzung der Schlusserben abzuweichen, allerdings ist er bei abweichenden Verfügungen auf sein eigenes Vermögen beschränkt. In diesem Fall kann der längerlebende Ehegatte testamentarisch nicht über das gesamte Vermögen verfügen. Dieses Gesamtvermögen setzt sich zusammen aus dem Vermögen des erstverstorbenen Ehegatten und dem eigenen

Vermögen des längerlebenden Ehegatten. Nur über sein eigenes Vermögen kann der längerlebende Ehegatte verfügen. Die Einsetzung des Schlusserben im gemeinschaftlichen Testament hinsichtlich des Vermögens des verstorbenen Ehegatten kann der Längerlebende nicht mehr ändern. Der Personenkreis, aus dem der längerlebende Ehegatte den oder die Erben auswählt, ist nicht eingeschränkt. Er kann auch andere Personen (Abkömmlinge, Verwandte als Erben oder dritte Personen) als Erben einsetzen.

Formulierungsbeispiel

Berliner Testament mit beschränkten Änderungsmöglichkeiten auf das eigene Vermögen des längerlebenden Ehegatten

Wir, _____ *[Vor- und Familiennamen der Ehegatten einsetzen]*, und _____ *[Vor- und Familiennamen des anderen Ehegatten einsetzen]*, setzen uns gegenseitig zu alleinigen und unbeschränkten Erben ein. Als Erben des längerlebenden Ehepartners setzen wir unsere gemeinsamen Kinder _____ und _____ *[Vor- und Familiennamen der Schlusserben einsetzen]* zu gleichen Teilen ein.

Der Längerlebende von uns ist ausdrücklich berechtigt, die für den zweiten Todesfall bestimmte Einsetzung unserer Kinder als Schlusserben durch Verfügungen von Todes wegen nach seinem freien Ermessen ganz oder teilweise zu ändern, jedoch nur hinsichtlich seines eigenen Vermögens.

» Der längerlebende Ehegatte hat eine Immobilie, der verstorbene Ehegatte hat Wertpapiere in die Ehe eingebracht. Bei einem Abänderungsvorbehalt mit der Beschränkung auf das eigene Vermögen des längerlebenden Ehepartners kann dieser testamentarisch über seine Immobilie verfügen und von der Schlusserbeneinsetzung im Testament abweichen. Über die Wertpapiere kann er wirksam keine vom Testament abweichenden erbrechtlichen Verfügungen treffen.

Schwachstelle 2: Pflichtteilsansprüche der beim ersten Erbfall enterbten Kinder

Setzen sich Ehegatten in einem gemeinschaftlichen Testament gegenseitig als Alleinerben ein und sollen ihre gemeinsamen Kinder erst nach dem Tod des überlebenden Ehegatten das Vermögen beider erben, dann sind die Kinder beim ersten Erbfall zwangsläufig enterbt. Weil sie aber zu den gesetzlichen Erben gehören, können sie beim ersten Erbfall gegenüber dem überlebenden Ehegatten Pflichtteilsansprüche geltend machen (Näheres zum Pflichtteil unter 1.6.1).

» Die Eheleute Sigi und Ute Maisch leben im gesetzlichen Güterstand der Zugewinngemeinschaft. Sie haben sich in einem Berliner Testament gegenseitig als Alleinerben eingesetzt. Nach dem Tod des längerlebenden Ehegatten soll die gemeinsame Tochter Franziska Erbin sein. Wenn Sigi stirbt, wird Ute Alleinerbin. Die Tochter ist zunächst von der Erbfolge ausgeschlossen. Sie kann gegen den längerlebenden Elternteil den Pflichtteil geltend machen. Kraft Gesetzes würde der Tochter die Hälfte des Nachlasses zustehen. Der Pflichtteil beträgt die Hälfte des gesetzlichen Erbteils, also ein Viertel des Nachlasses. In dieser Höhe könnte die Tochter einen Geldanspruch gegen ihre Mutter geltend machen.

Achtung: Beim ersten Erbfall enterbte Kinder, die vom längerlebenden Elternteil ihren Pflichtteil verlangen, können diesen unter Umständen in finanzielle Schwierigkeiten bringen. Wenn beispielsweise eine Immobilie den wesentlichen Teil des Nachlasses darstellt, müsste der Ehegatte unter Umständen diese Immobilie verkaufen, um die Pflichtteilsansprüche erfüllen zu können.

Durch eine sogenannte Pflichtteilsstrafklausel im Testament kann zwar nicht verhindert werden, dass die Kinder gleichwohl ihren Pflichtteilsanspruch geltend machen, es soll jedoch durch eine entsprechende Gestaltung versucht werden, die Kinder davon abzuhalten, ihren Pflichtteil zu verlangen. Insgesamt zielt eine entsprechende Klausel im Berliner Testament darauf ab, für die Kinder die Geltendmachung ihres Pflichtteils beim ersten Todesfall wirtschaftlich weniger interessant zu machen.

! Pflichtteilsstrafklauseln sind entbehrlich, wenn die Eheleute ihr Kind dazu bewegen können, beim Tod des erstversterbenden Ehegatten auf seinen Pflichtteil zu verzichten. In diesem Fall muss sich der längerlebende Ehegatte nicht mit einem Pflichtteilsanspruch des Kindes beim ersten Erbfall auseinandersetzen. Ein entsprechender Vertrag muss vor dem Notar beurkundet werden.

Pflichtteilsstrafklauseln sind in verschiedenen Varianten möglich:

Abänderungsvorbehalt bei Geltendmachung des Pflichtteils

Druck auf Ihre Kinder, ihren Pflichtteil beim Tod des erstversterbenden Ehegatten nicht geltend zu machen, können Sie dadurch ausüben, dass Sie in das Berliner Testament einen Abänderungsvorbehalt aufnehmen. So kann testamentarisch dem längerlebenden Ehegatten die Befugnis eingeräumt werden, beim zweiten Erbfall über den Nachlass frei zu verfügen oder die Erbteile unter mehreren Kindern neu festzulegen, wenn beim ersten Erbfall Pflichtteilsansprüche von den Schlusserben geltend gemacht werden.

Formulierungsbeispiel

Berliner Testament mit Abänderungsvorbehalt bei Geltendmachung des Pflichtteils

Wir, _____ *[Vor- und Familiennamen der Ehegatten einsetzen]*, und _____ *[Vor- und Familiennamen des anderen Ehegatten einsetzen]*, setzen uns gegenseitig zu alleinigen und unbeschränkten Erben ein. Als Erben des längerlebenden Ehepartners setzen wir unsere gemeinsamen Kinder _____ und _____ *[Vor- und Familiennamen der Schlusserben einsetzen]* zu gleichen Teilen ein.

Falls eines unserer Kinder nach dem Tod des Erstversterbenden gegen den Willen des Längerlebenden den Pflichtteil verlangt, ist der Längerlebende berechtigt, das Kind und seine Abkömmlinge durch Testament von der Erbfolge auszuschließen.

Automatische Enterbung des Kindes beim zweiten Erbfall bei Geltendmachung des Pflichtteils

Um im Berliner Testament eingesetzte Schlusserben davon abzuhalten, beim ersten Erbfall den Pflichtteil zu verlangen, kann das Testament inhaltlich so gestaltet werden, dass das als Schlusserbe eingesetzte Kind automatisch enterbt sein soll, wenn es beim Tod des Erstversterbenden gegen den Willen des Längerlebenden den Pflichtteil verlangt. Auch in diesem Fall kann das Kind beim Tod des Längerlebenden nur den Pflichtteil verlangen. Im Gegensatz zum Abänderungsvorbehalt, bei dem die Enterbung des als Schlusserben eingesetzten Kindes im Ermessen des zuletzt versterbenden Elternteils steht, erfolgt in diesem Fall die Enterbung automatisch, wenn das Kind beim Tod des erstversterbenden Elternteils den Pflichtteil verlangt.

! Weil die Enterbung automatisch erfolgt, wenn das Kind seinen Pflichtteil verlangt, ist es sinnvoll, dem längerlebenden Ehegatten das Recht einzuräumen, die Enterbung testamentarisch rückgängig zu machen.

Formulierungsbeispiel

Berliner Testament mit automatischer Enterbung eines Kindes bei Geltendmachung des Pflichtteils

Wir, _____ *[Vor- und Familiennamen der Ehegatten einsetzen]*, und _____ *[Vor- und Familiennamen des anderen Ehegatten einsetzen]*, setzen uns gegenseitig zu alleinigen und unbeschränkten Erben ein. Als Erben des längerlebenden Ehepartners setzen wir unsere gemeinsamen Kinder _____ und _____ *[Vor- und Familiennamen der Schlusserben einsetzen]* zu gleichen Teilen ein.

Falls eines unserer Kinder nach dem Tod des Erstversterbenden gegen den Willen des Längerlebenden den Pflichtteil verlangt, soll es auch nach dem Tod des Längerlebenden von uns enterbt sein und nur seinen Pflichtteil erhalten. Der Längerlebende von uns ist berechtigt, die Enterbung wieder rückgängig zu machen, indem er den enterbten Schlusserben durch eine Verfügung von Todes wegen wieder als Miterben einsetzt.

Automatische Enterbung des Kindes beim zweiten Erbfall bei Geltendmachung des Pflichtteils mit gleichzeitiger Verringerung des Pflichtteils

Ehepaare mit mehreren Kindern haben die Möglichkeit, ein Kind doppelt zu »bestrafen«, wenn es beim Tod des Erstversterbenden seinen Pflichtteil verlangt, und das Kind zu »belohnen«, das beim ersten Erbfall seinen Pflichtteil nicht geltend macht. Die sogenannte »Jastrow'sche Klausel« ist eine verschärfte Form einer Pflichtteilsstrafklausel.

Macht ein Kind beim Tod des Erstversterbenden seinen Pflichtteil geltend, so kann es beim Tod des Längerlebenden automatisch enterbt werden und kann nur seinen Pflichtteil verlangen. Die Höhe des Pflichtteils beim zweiten Todesfall hängt vom Wert des Nachlasses des längerlebenden Ehegatten ab. Diejenigen Kinder, die nach dem ersten Erbfall ihren Pflichtteil nicht geltend machen, erhalten aus dem Nachlass des Erstversterbenden eine Geldzuwendung in Form eines Vermächtnisses in Höhe ihres gesetzlichen Erbteils, der allerdings erst mit dem Tod des Längerlebenden fällig wird. Das hat zur Folge, dass der Nachlass des Längerlebenden durch die Vermächtnisse an Kinder, die beim ersten Erbfall ihren Pflichtteil nicht verlangt haben, geschmälert wird. Mithin verringert sich beim zweiten Todesfall auch der Pflichtteil eines Kindes, das beim ersten Todesfall seinen Pflichtteil verlangt hat.

Formulierungsbeispiel

Berliner Testament mit erweiterter Pflichtteilsstrafklausel

Wir, _____ *[Vor- und Familiennamen der Ehegatten einsetzen]*, und _____ *[Vor- und Familiennamen des anderen Ehegatten einsetzen]*, setzen uns gegenseitig zu alleinigen und unbeschränkten Erben ein. Als Erben des längerlebenden Ehepartners setzen wir unsere gemeinsamen Kinder _____, _____ und _____ *[Vor- und Familiennamen der Schlusserben einsetzen]* zu gleichen Teilen ein.

Falls eines unserer Kinder nach dem Tod des Erstversterbenden gegen den Willen des Längerlebenden den Pflichtteil verlangt, soll es auch nach dem Tod des Längerlebenden von uns enterbt sein und nur seinen Pflichtteil erhalten. Kinder, die den Pflichtteil nicht verlangt haben, erhalten aus dem Nachlass des erstversterbenden Elternteils Geldvermächtnisse im Wert ihres gesetzlichen Erbteils. Diese werden nach dem Tod des Längerlebenden fällig.

Schwachstelle 3: Finanzielle Nachteile für die Kinder bei Wiederverheiratung des überlebenden Ehegatten

Motiv für die Errichtung eines Berliner Testaments durch Eheleute ist in erster Linie, dass der längerlebende Ehepartner wirtschaftlich versorgt und danach sichergestellt ist, dass der Nachlass letztlich auf die Schlusserben, in der Regel auf die Kinder, übergeht. Das Vermögen soll in der Familie erhalten bleiben und nicht auf Dritte übergehen. Dieses Ziel wird allerdings gefährdet, wenn der längerlebende Ehepartner wieder heiratet. Dann stehen nämlich dem neuen Ehegatten des längerlebenden Ehepartners gesetzliche Erb- und Pflichtteilsansprüche zu. Wenn aus der neuen Ehe Kinder hervorgehen, sind auch diese erb- und pflichtteilsberechtigt. Insgesamt müssen also die Kinder aus der ersten Ehe, die im Berliner Testament als Schlusserben den gesamten Nachlass der Ehegatten erben sollten, mit finanziellen Einbußen rechnen, wenn der längerlebende Elternteil wieder heiratet.

Durch eine sogenannte Wiederverheiratungsklausel im Berliner Testament besteht die Möglichkeit, die finanziellen Interessen der beim ersten Erbfall enterbten Kinder bei Wiederheirat des überlebenden Elternteils zu schützen. Dabei geht es darum, den Kindern zum Zeitpunkt der Wiederverheiratung des längerlebenden Elternteils eine angemessene Beteiligung am Nachlass des erstverstorbenen Elternteils zu sichern. Das, was die Ehegatten den im Berliner Testament als Schlusserben eingesetzten Kindern zugedacht haben, soll diesen auch letztlich zukommen.

Insgesamt gibt es mehrere Möglichkeiten, die wirtschaftlichen Interessen der Kinder zu wahren. Eine ist die, den längerlebenden Ehegatten im Berliner Testament für den Fall, dass er wieder heiratet, mit einem Vermächtnis zu beschweren. Damit erlangen die Kinder im Falle der Wiederverheiratung des überlebenden Elternteils einen Anspruch auf einen Teil des Nachlasses. Die Zuwendung kann aus einer bestimmten Quote des Nachlasses des erstverstorbenen Elternteils, einem festgelegten Geldbetrag oder aus einem bestimmten Nachlassgegenstand (z.B. Grundstück, Wertpapiere) bestehen.

Formulierungsbeispiel

Wiederverheiratungsklausel

Für den Fall, dass der längerlebende Ehegatte wieder heiratet, hat dieser den als Schlusserben eingesetzten Kindern einen Geldbetrag in Höhe ihres gesetzlichen Erbteils zu zahlen. Maßgebend für die Berechnung ist der Wert des reinen Nachlasses des Erstversterbenden zum Zeitpunkt des Erbfalls. Das Vermächtnis ist innerhalb von drei Monaten nach der Wiederverheiratung fällig. Der Anspruch entsteht nicht, wenn das betreffende Kind nach dem Tod des erstversterbenden Elternteils den Pflichtteil verlangt und erhalten hat.

[Oder]

Für den Fall, dass der längerlebende Ehegatte wieder heiratet, hat dieser den eingesetzten Schlusserben ein Geldvermächtnis in Höhe von _____ Euro zuzuwenden. Das Vermächtnis ist innerhalb von drei Monaten nach der Wiederverheiratung fällig.

Der Anspruch entsteht nicht, wenn das betreffende Kind nach dem Tod des erstversterbenden Elternteils den Pflichtteil verlangt und erhalten hat.

Neben der aufgezeigten Gestaltung gibt es noch die Möglichkeit der Anordnung einer Vor- und Nacherbschaft (vgl. dazu 3.2).

! Wollen Sie in Ihr Berliner Testament eine Wiederverheiratungsklausel aufnehmen, sollten sich zuvor von einem Notar oder einem fachkundigen Anwalt beraten lassen.

Schwachstelle 4: Anfechtung der Erbeinsetzung durch den längerlebenden Ehegatten

Eine weitere Schwachstelle des Berliner Testaments ist die, dass der überlebende Ehegatte die Einsetzung der Kinder als Schlusserben anfechten kann. Als Anfechtungsgrund kommt insbesondere die Übergehung eines Pflichtteilsberechtigten in Betracht (§ 2079 BGB). Die gesetzlichen Voraussetzungen kann der längerlebende Ehegatte selbst herbeiführen, indem er wieder heiratet oder ein Kind erhält bzw. adoptiert. In diesen Fällen steht dem neuen Ehegatten bzw. den Kindern gegenüber dem längerlebenden Ehegatten der Pflichtteil zu. Weil diese Pflichtteilsberechtigten durch die Schlusserbeneinsetzung im gemeinschaftlichen Testament übergangen werden, kann der längerlebende Ehegatte das gemeinschaftliche Testament anfechten.

» Die Eheleute Sofie und Thomas Krüger haben sich in einem Berliner Testament wechselseitig als Alleinerben und als Schlusserben ihr gemeinsames Kind Carla eingesetzt. Nachdem Thomas verstorben ist, heiratet Sofie wieder. Ihrem neuen Ehepartner steht gesetzlich der Pflichtteil zu. Er wurde allerdings durch die Erbeinsetzungen im gemeinschaftlichen Testament von Sofie und Thomas übergangen, weil diese Entwicklung nicht absehbar war. Deshalb kann der neue Ehegatte von Sofie das gemeinschaftliche Testament anfechten.

Die Selbstanfechtung führt beim Berliner Testament zur Unwirksamkeit der Einsetzung des längerlebenden Ehegatten zum Alleinerben des Erstverstorbenen. Damit tritt rückwirkend auf den Tod des Erstversterbenden die gesetzliche Erbfolge ein. Diese Folge wird den Längerlebenden regelmäßig davon abhalten, das Testament anzufechten. Gleichwohl kann sicherheitshalber im gemeinschaftlichen Testament die Selbstanfechtung der Ehegatten ausgeschlossen werden. Selbst wenn dann der längerlebende Ehegatte nach dem Tod des Erstverstorbenen erneut heiratet, bleibt er an die gemeinschaftlich getroffenen testamentarischen Verfügungen gebunden.

Formulierungsbeispiel

Anfechtungsverzicht

An die Bestimmungen in diesem Testament soll der Längerlebende auch dann gebunden bleiben, wenn er noch einmal heiratet oder sonst Pflichtteilsberechtigte hinzutreten. Der Längerlebende von uns verzichtet deshalb ausdrücklich auf sein Anfechtungsrecht wegen Übergehung eines Pflichtteilsberechtigten.

3.2 Anordnung der Vor- und Nacherbfolge

Die Anordnung einer Vor- und Nacherbschaft ist eine besondere Form der Erbeinsetzung. Sie können in Ihrem Testament bestimmen, dass jemand erst dann Erbe wird, nachdem zunächst ein anderer Erbe geworden ist. Sie können also Ihr Vermögen an mehrere Personen in zeitlich versetzter Reihenfolge übertragen. Wenn der Erbfall eintritt, fällt die Erbschaft zunächst dem Vorerben an. Erst mit dem Eintritt des von Ihnen in Ihrem Testament vorgesehenen Ereignisses, dem sogenannten Nacherbfall, fällt die Erbschaft an den von Ihnen bestimmten Nacherben. Der Vorerbe ist also praktisch ein »Erbe auf Zeit«. Mit dem Eintritt des sogenannten Nacherbfalls, den Sie festlegen, hört der Vorerbe auf, Erbe zu sein. Dann ist der Nacherbe Ihr Erbe und Rechtsnachfolger.

Checkliste: Vor- und Nacherbfolge

Gründe für die Anordnung der Vor- und Nacherbfolge	Sie können auf das Verhalten der Vor- und Nacherben gezielt Einfluss nehmen (z.B. Sanktionierung der Wiederverheiratung des überlebenden Ehegatten). Sie können sicherstellen, dass dem Nacherben die Substanz des Nachlasses zur Verfügung steht, während dem Vorerben lediglich dessen Nutzung gewährt wird. Bei überschuldeten Erben können Sie verhindern, dass der Nachlass zur Begleichung der Verbindlichkeiten herangezogen wird. Bei behinderten oder pflegebedürftigen Personen kann der Nachlass dem Zugriff des Sozialhilfeträgers entzogen werden.

Umfang der Vor- und Nacherbschaft	Sie müssen in Ihrem Testament festlegen, auf welchen Teil des Nachlasses sich die Vor- und Nacherbfolge beziehen soll. Die Anordnung kann sich auf den gesamten Nachlass oder nur auf einen Teil, das heißt auf einen Bruchteil, nicht aber auf einzelne Nachlassgegenstände erstrecken.
Bestimmung des Vorerben	Sie müssen testamentarisch den Vorerben bestimmen, also den Erben, dem die Erbschaft bis zum Eintritt des Nacherbfalls zusteht.
Bezeichnung des Nacherben	Sie müssen testamentarisch den Nacherben bezeichnen, also den Erben, dem die Erbschaft nach Eintritt des Nacherbfalls endgültig zustehen soll. Andernfalls gelten diejenigen als Nacherben, die zum Zeitpunkt der Nacherbfolge gesetzliche Erben des Erblassers gewesen wären mit Ausnahme des Fiskus.
Festlegung des Nacherbfalls	Sie müssen in Ihrem Testament den Zeitpunkt des Eintritts des Nacherbfalls festlegen. Als Nacherbfall kann ein bestimmtes Datum oder der Eintritt eines bestimmten Ereignisses (z.B. Volljährigkeit des Nacherben, Eheschließung des Vorerben) festgelegt werden. Haben Sie den Zeitpunkt des Eintritts des Nacherbfalls testamentarisch nicht festgelegt, so tritt der Nacherbfall mit dem Tod des Vorerben ein.
Befreiung des Vorerben von gesetzlichen Beschränkungen	Der Vorerbe wird bei Eintritt des Erbfalls zu Ihrem Rechtsnachfolger. Damit ist er Eigentümer und Besitzer der zum Nachlass gehörenden Gegenstände und Inhaber der vererblichen Rechte. In diesem Zusammenhang kann der Vorerbe zwar über den Nachlass verfügen, damit aber den Nacherben der Wert und die Substanz des Nachlasses erhalten bleiben, unterliegt der Vorerbe gesetzlichen Verfügungsbeschränkungen. Von einigen dieser Beschränkungen können Sie den Vorerben befreien.

3.2.1 Trennung des Nachlasses vom Vermögen des Vorerben

Der Vorerbe erbt die Vorerbschaft lediglich als »Sondervermögen«, das streng von seinem eigenen Vermögen getrennt zu betrachten ist. Diese sogenannte Trennungslösung hat insbesondere auch bei Eheleuten praktische Bedeutung, wenn diese sich gegenseitig zu Vorerben (also nicht zu Vollerben) und einen Dritten, zumeist die Kinder, zu Nacherben einsetzen. In diesem Fall wird der längerlebende Ehepartner zwar Erbe, aber eben »nur« beschränkter Vorerbe. Er muss das geerbte Vermögen bis zu seinem Tod verwalten und darf es nicht nach Belieben ausgeben. Die Nacherben sind schon Erben des Verstorbenen, sie erhalten die Erbschaft aber erst mit dem Tod des längerlebenden Ehepartners. Als Erben sind sie aber schon zu Lebzeiten des überlebenden Ehegatten geschützt und können gegen unzulässige Verfügungen und Beeinträchtigungen ihres zukünftigen Vermögens vorgehen. Der Nachlass des erstverstorbenen Ehegatten verschmilzt nicht mit dem Vermögen des Vorerben. Er wird also nicht Teil des Vermögens des längerlebenden Ehegatten, sondern ein davon unabhängiges Vermögen. Tritt mit dem Tod des längerlebenden Ehegatten der Nacherbfall ein, erhalten die als Nacherben eingesetzten Kinder zwei Vermögensmassen: den Nachlass des erstverstorbenen Elternteils als Nacherben und das Vermögen des zuletzt verstorbenen Elternteils als Vollerben.

Vor- und Nachteile der Vor- und Nacherbfolge

Aus der Sicht des Erblassers sprechen u.a. folgende Gründe für die testamentarische Anordnung einer Vor- und Nacherbfolge:

- Es kann sichergestellt werden, dass das Vermögen des Erblassers in der Familie verbleibt und nicht an fremde Dritte übergeht.
- Unerwünschte gesetzliche Erben und Pflichtteilsberechtigte können ausgeschlossen werden.
- Der Erblasser kann auf das Verhalten der Vor- und Nacherben gezielt Einfluss nehmen (z.B. Sanktionierung der Wiederverheiratung des überlebenden Ehegatten).
- Es kann sichergestellt werden, dass dem Nacherben die Substanz des Nachlasses zur Verfügung steht, während dem Vorerben lediglich die Nutzung des Nachlasses gewährt wird.
- Der Erblasser kann an sich vorgesehene Erben den Nachlass erst dann zukommen lassen, wenn ein bestimmtes Ereignis eintritt (z.B. Heirat) oder diese ein bestimmtes Alter erreicht haben.

- Bei überschuldeten Erben kann verhindert werden, dass der Nachlass zur Begleichung ihrer Verbindlichkeiten herangezogen wird.
- Bei pflegebedürftigen Personen kann der Nachlass der Zugriff des Sozialhilfeträgers entzogen werden.

Dem stehen folgende Nachteile gegenüber:

- Die Vor- und Nacherbfolge ist ein kompliziertes testamentarisches Gestaltungsmittel.
- Das Gesetz legt dem Vorerben erhebliche Verwaltungs- und Verfügungsbeschränkungen auf. Hinzu kommen noch gesetzliche Kontrollrechte des Nacherben.
- Die Anordnung der Vor- und Nacherbfolge führt häufig zu Problemen und Belastungen zwischen Vor- und Nacherben. Diese verfolgen naturgemäß unterschiedliche Interessen.
- Tritt der Nacherbfall mit dem Tod des Vorerben ein, unterliegt sowohl der Anfall der Erbschaft beim Vorerben als auch der Anfall beim Nacherben der Besteuerung. Der Nachlass wird also doppelt besteuert.

Stellung des Vorerben

Mit dem Eintritt des Erbfalls wird der Vorerbe Erbe des Nachlasses. Damit verfügt er über zwei Vermögensmassen: sein eigenes Vermögen und den Nachlass, über den er als Vorerbe verfügen darf.

Achtung: Nur über sein eigenes Vermögen kann der Vorerbe testamentarisch verfügen, nicht aber über das geerbte Vermögen.

Der von Ihnen eingesetzte Vorerbe muss den Nachlass ordnungsgemäß verwalten. Er hat das Recht, den Nachlass zu nutzen (ihm stehen also zum Beispiel die Miet- und Zinserträge zu), gleichzeitig hat er aber auch die Pflicht, die gewöhnlichen Erhaltungskosten (z.B. Versicherungen, Grundsteuer) zu tragen. Außerordentliche Lasten (z.B. Erneuerung der Fassade eines Hauses) darf er aus der Erbschaft bestreiten. Was der Vorerbe mit seiner Erbschaft konkret machen darf, hängt von seiner Rechtsstellung ab.

- Haben Sie als Erblasser keine besonderen Anordnungen getroffen, dann ist der Vorerbe durch besondere gesetzliche Regelungen in seiner Verfügungsbefugnis über den Nachlass beschränkt. Man spricht dann vom sogenannten »nicht befreiten Vorerben«.
- Sie können allerdings den Vorerben auch von den gesetzlichen Einschränkungen ganz oder teilweise befreien. Dann handelt es sich um einen sogenannten »befreiten Vorerben«.

Ein von Ihnen eingesetzter nicht befreiter Vorerbe kann zwar als Eigentümer aller Nachlassgegenstände und Gläubiger aller Forderungen über den Nachlass verfügen, damit aber den Nacherben der Wert und die Substanz des Nachlasses erhalten bleiben, ist der Vorerbe in seiner Verfügungsmacht beschränkt (§ 2112 BGB). Das bedeutet im Einzelnen:

- Er darf keine Schenkungen aus dem Nachlass vornehmen.
- Er darf über Grundstücke und grundstücksgleiche Rechte (z.B. Grundschulden) nicht verfügen.
- Er muss auf Verlangen des Nacherben bestimmte Wertpapiere hinterlegen.
- Er muss Geld mündelsicher anlegen.

Sie können den von Ihnen eingesetzten Vorerben von einigen gesetzlichen Verpflichtungen und Beschränkungen befreien (§ 2136 BGB) und ihm damit eine größere Handlungs- und Verfügungsfreiheit beim Nachlass einräumen. So können Sie den Vorerben insbesondere von der Verfügungsbeschränkung über Grundstücke und Rechten an solchen und der Hinterlegung von Wertpapieren und der Anlage von Geld befreien.

Achtung: Nicht wirksam befreien können Sie den Vorerben allerdings vom dem gesetzlichen Verbot, über Nachlassgegenstände unentgeltlich zu verfügen.

Ob und inwieweit Sie vonvon den Befreiungsmöglichkeiten Gebrauch machen, steht in Ihrem Belieben. Die Befreiung muss in Ihrem Testament enthalten sein. Sie kann sich auf einzelne Beschränkungen oder auf alle gesetzlich zulässigen Beschränkungen erstrecken. Näheres dazu unter 3.2.2.

Stellung des Nacherben

Der Nacherbe wird mit dem Nacherbfall Erbe. Vorher stehen ihm nur wenige Rechte zu.

- Der Nacherbe kann vom Vorerben ein Verzeichnis der zur Erbschaft gehörenden Gegenstände verlangen (§ 2121 BGB).
- Von der Zustimmung des Nacherben hängt es ab, ob Grundstücksveräußerungen oder Schenkungen des nicht befreiten Vorerben wirksam sind (§ 2113 BGB).
- Der Nacherbe kann vom Vorerben Auskunft über den Bestand der Erbschaft verlangen, wenn Grund zu der Annahme besteht, dass der Vorerbe durch seine Verwaltung die Rechte des Nacherben erheblich verletzt (§ 2127 BGB).

Mit dem Eintritt des Nacherbfalls wird der Nacherbe gesetzlicher Erbe des Erblassers (§ 2139 BGB). Der Vorerbe verliert seine Erbenstellung und der Nachlass fällt an den Nacherben. Der Nacherbe erwirbt automatisch das Eigentum an allen Nachlassgegenständen. Er kann vom Vorerben die Herausgabe der Erbschaft in dem Zustand verlangen, der sich bei einer ordnungsgemäßen Verwaltung ergibt (§ 2130 BGB).

3.2.2 Testamentarische Verfügung

Die Vor- und Nacherbfolge müssen Sie in Ihrem Testament anordnen. Sowohl hinsichtlich der Vor- als auch der Nacherben handelt es sich um eine Erbeinsetzung. Sie müssen testamentarisch den Vor- und Nacherben bezeichnen, den Nacherbfall festlegen und den Umfang der Vor- und Nacherbschaft bestimmen.

Bestimmung des Vorerben

Sie müssen testamentarisch einen oder mehrere Vorerben bestimmen. Der Vorerbe wird Erbe in der Zeit zwischen dem Erbfall und dem Nacherbfall. Er kann im gesetzlichen bzw. von Ihnen als Erblasser vorgegebenen Rahmen über die zur Erbschaft gehörenden Gegenstände verfügen. Sie müssen den Vorerben selbst bestimmen. Sie dürfen also die Entscheidung nicht einem Dritten, beispielsweise einem Testamentsvollstrecker, überlassen. Haben Sie zwar Vor- und Nacherbfolge angeordnet, aber keinen Vorerben bestimmt, sind Vorerben kraft Gesetzes Ihre gesetzlichen Erben im Zeitpunkt des Erbfalls.

Bestimmung des Nacherben

Sie müssen festlegen, wer nach dem Vorerben die Erbschaft erhalten soll. Sie dürfen es nicht dem Vorerben überlassen, den Nacherben zu bestimmen. Der Nacherbe wird mit dem Eintritt des Nacherbfalls endgültiger Erbe des Nachlasses. Er kann frei über den Nachlass verfügen.

Nacherbe kann grundsätzlich nur sein, wer auch Erbe sein kann. Die vom Erblasser bedachte Person muss im Gegensatz zur gesetzlichen Erbfolge zur Zeit des Erbfalls noch nicht bereits gezeugt sein. Der Nacherbe muss lediglich zum Zeitpunkt des Nacherbfalls gezeugt sein.

Bestimmung des Nacherbfalls

Sie müssen testamentarisch den Zeitpunkt des Eintritts des Nacherbfalls bestimmen. Auch diese Festlegung können Sie nicht einem Dritten überlassen. Als Nacherbfall kann ein bestimmtes Datum oder der Eintritt eines bestimmten Ereignisses (z.B. Volljährigkeit des Nacherben, Eheschließung des Vorerben) festgelegt werden. Tritt der Nacherbfall nicht ein, so fällt die Nacherbfolge weg. Hat der Erblasser den Zeitpunkt des Eintritts des Nacherbfalls testamentarisch nicht festgelegt, so tritt der Nacherbfall mit dem Tod des Vorerben ein.

Bestimmung des Umfangs der Vor- und Nacherbschaft

Sie müssen in Ihrem Testament festlegen, auf welchen Teil des Nachlasses sich die Vor- und Nacherbfolge beziehen soll. Die Anordnung kann sich auf den gesamten Nachlass oder auf einen Teil des Nachlasses, das heißt auf einen Bruchteil, nicht aber auf einzelne Nachlassgegenstände, erstrecken. Wurde keine Verfügung getroffen, so umfasst die Nacherbfolge im Zweifel den gesamten Erbteil des Vorerben.

3.2.3 Vor- und Nacherbschaft als Gestaltungsmittel für Eheleute

In bestimmten Konstellationen kann es sinnvoll sein, den Nachlass in der zeitlichen Nutzung aufzuteilen und einen Vorerben einzusetzen, der die Erbschaft für eine bestimmte Zeit nutzen darf und einen Nacherben zu bestimmen, dem dann letztlich die Substanz des Nachlasses zufällt.

Die Anordnung einer Vor- und Nacherbfolge führt in der Praxis häufig wegen der unterschiedlichen Interessenlage des Vor- und Nacherben zu erheblichen Problemen. Eine entsprechende testamentarische Verfügung sollte deshalb vom Erblasser sorgfältig durchdacht werden. Gleichwohl kann die Vor- und Nacherbfolge bei besonders gelagerten Erbfällen durchaus sinnvoll sein. In Betracht kommen kann die Vor- und Nacherbfolge insbesondere

- in einem Ehegattentestament, wenn der überlebende Ehegatte von den Erträgen des Nachlasses oder von seinem sonstigen Vermögen leben kann oder wenn die Vor- und Nacherbschaft als Wiederverheiratungsklausel ins Testament aufgenommen werden soll,
- im Rahmen eines sogenannten Geschiedenentestaments, wenn der Erblasser die indirekte Teilhabe des geschiedenen Ehegatten verhindern will,
- bei überschuldeten Erben und
- im Rahmen eines sogenannten Behindertentestaments, wenn das Vermögen der Familie erhalten bleiben und ein Zugriff des Sozialhilfeträgers auf das Vermögen ausgeschlossen werden soll.

! Bei der Anordnung der Vor- und Nacherbfolge handelt es sich um ein kompliziertes erbrechtliches Gestaltungsmittel. Deshalb sollten Sie sich unbedingt von einem Notar oder einem fachkundigen Anwalt beraten lassen.

Vor- und Nacherbschaft im Ehegattentestament

Wenn Sie den längerlebenden Ehegatten nach dem ersten Erbfall versorgt wissen wollen, kommt die Vor- und Nacherbfolge nicht in Betracht. Nur wenn der längerlebende Partner von den Erträgen des Nachlasses (z.B. Zinserträgen, Mieteinnahmen) oder von seinem eigenen Einkommen und Vermögen leben kann, kann über die Anordnung der Vor- und Nacherbfolge nachgedacht werden. Aber auch in diesem Fall muss der Umstand berücksichtigt werden, dass der längerlebende Ehegatte unter Umständen auf die Substanz des Nachlasses zurückgreifen muss; deshalb sollte er in jedem Fall als befreiter Vorerbe eingesetzt werden.

Vor- und Nacherbschaft als »Trennungslösung«

Wenn Ehegatten sich in einem gemeinschaftlichen Testament gegenseitig als Vorerben und dritte Personen, in der Regel ihre Kinder, als Nacherben einsetzen, führt dies beim ersten Erbfall zu zwei verschiedenen Vermögensmassen. Der längerlebende Ehegatte verfügt dann über den Nachlass, über den er nicht bzw. nur eingeschränkt verfügen darf, und über sein eigenes Vermögen, über das er frei verfügen kann. Die Schlusserben (in der Regel die Kinder) erben dann zwei Vermögensmassen: den Nachlass des Erstverstorbenen als dessen Nacherbe und den des längerlebenden Ehegatten.

Formulierungsbeispiel

Gemeinschaftliches Testament mit Vor- und Nacherbschaft

Wir, _____ *[Vor- und Familiennamen des Ehegatten einsetzen]*, und _____ *[Vor- und Familiennamen des anderen Ehegatten einsetzen]*, setzen uns gegenseitig zu alleinigen Vorerben ein. Nacherben des Erstversterbenden sollen unsere gemeinsamen Kinder _____ und _____ *[Vor- und Familiennamen der Kinder einsetzen]* zu gleichen Teilen sein.

Die Vorerben sind von allen gesetzlichen Beschränkungen und Verpflichtungen, soweit gemäß § 2136 BGB zulässig, befreit.

Der Längerlebende von uns setzt unsere gemeinsamen Kinder zu gleichen Teilen zu seinen Erben ein. Er ist berechtigt, diese Erbeinsetzung jederzeit, auch nach dem Tod des Erstversterbenden, einseitig zu ändern.

! Als Gestaltungsmodell kann die Vor- und Nacherbschaft auch dann sinnvoll sein, wenn Sie als Erblasser Ihren Ehegatten aus zweiter Ehe versorgen und Ihre Kinder aus erster Ehe als Nacherben einsetzen wollen. In diesem Fall setzen Sie Ihren Ehegatten als Vorerben und Ihre Kinder als Nacherben nebst Pflichtteilsverzicht des Ehegatten ein. Das Vermögen fällt dann Ihren leiblichen Abkömmlingen zu, während dem längerlebenden Ehegatten zuvor die Nutzungen zustehen.

Vor- und Nacherbschaft als »Wiederverheiratungsklausel«

Heiratet der im gemeinschaftlichen Testament eingesetzte Ehepartner nach dem Tod des Erstversterbenden erneut und verstirbt er vor seinem zweiten Ehegatten, so geht das an ihn aus dem ersten Erbfall vererbte Vermögen ganz oder teilweise in eine fremde Familie, weil dem zweiten Ehegatten gesetzliche Erb- und Pflichtteilsrechte eingeräumt sind. Das gilt insbesondere auch, wenn aus der zweiten Ehe Kinder hervorgehen. Insgesamt müssen die Kinder aus der ersten Ehe bei der Wiederverheiratung des längerlebenden Ehepartners nach dem ersten Erbfall mit finanziellen Einbußen rechnen (Näheres dazu unter 3.1.5).

Dem kann begegnet werden, indem eine sogenannte Wiederverheiratungsklausel in das gemeinschaftliche Testament aufgenommen wird. Ziel ist es, dem beim ersten Erbfall enterbten Kind auf den Zeitpunkt der Wiederverheiratung des längerlebenden Ehegatten eine angemessene Beteiligung am Nachlass zu sichern. Das, was die Ehegatten dem eingesetzten Schlusserben (im Regelfall dem Kind) zugedacht haben, soll diesem auch letztlich zukommen.

Eine Möglichkeit, im Falle der Wiederverheiratung des überlebenden Ehegatten die wirtschaftlichen Interessen des im Berliner Testament als Schlusserbe eingesetzten Kindes zu wahren, ist die, den überlebenden Ehegatten für den Fall, dass er wieder heiratet, testamentarisch mit einem Vermächtnis zu beschweren (vgl. dazu 3.1.5). Alternativ können sich die Eheleute von vornherein zum Vorerben, ihre Kinder als Nacherben einsetzen und bestimmen, dass der Nacherbfall bei Wiederverheiratung oder Tod des Vorerben eintritt. Es kann aber auch festgelegt werden, dass der längerlebende Ehegatte als Vollerbe eingesetzt wird, solange er nicht wieder heiratet. Bei Wiederheirat wird er nur als Vorerbe eingesetzt, die gemeinsamen Kinder sind die Nacherben.

Formulierungsbeispiel

Gemeinschaftliches Testament mit Wiederverheiratungsklausel in Form der Vor- und Nacherbfolge

Wir, _____ *[Vor- und Familiennamen des Ehegatten einsetzen]* und _____ *[Vor- und Familiennamen des anderen Ehegatten einsetzen]*, setzen uns gegenseitig zu alleinigen Vorerben ein. Nacherben des Erstversterbenden sollen unsere gemeinsamen Kinder _____ und _____ *[Vor- und Familiennamen der Kinder einsetzen]* zu gleichen Teilen sein.

Die Vorerben sind von allen gesetzlichen Beschränkungen und Verpflichtungen, soweit gemäß § 2136 BGB zulässig, befreit.

Der Nacherbfall tritt bei Wiederverheiratung oder Tod des Vorerben ein.

[Oder]

Wir, _____ *[Vor- und Familiennamen des Ehegatten einsetzen]* und _____ *[Vor- und Familiennamen des anderen Ehegatten einsetzen]*, setzen uns gegenseitig zu alleinigen Erben ein. Der Längerlebende von uns ist solange Vollerbe, solange er nicht wieder heiratet.

Heiratet der Längerlebende von uns beiden wieder, so wird er nur befreiter Vorerbe, wobei er von den Beschränkungen der §§ 2113 ff. BGB befreit wird, soweit dies gesetzlich zulässig ist. Nacherben werden unsere gemeinsamen Kinder _____ und _____ *[Vor- und Familiennamen der Kinder einsetzen]* zu gleichen Teilen.

Der Nacherbfall ist die Wiederverheiratung des längerlebenden Ehegatten.

Vor- und Nacherbschaft im »Geschiedenentestament«

Sind Sie geschieden, kann Ihr Ex-Ehegatte Ihr Vermögen bzw. Teile davon erwerben, wenn ein gemeinsames Kind stirbt, ohne selbst Abkömmlinge zu hinterlassen, nachdem es Erbe des zuerst versterbenden Elternteils geworden ist. Der überlebende Elternteil wird dann nicht Erbe, wenn das Kind eine anderweitige Verfügung von Todes wegen trifft. Allerdings wird der überlebende Elternteil dann über sein Pflichtteilsrecht nach dem Kind am Vermögen des geschiedenen Ehegatten mittelbar beteiligt, wenn das Kind selbst noch keine Abkömmlinge hinterlassen hat.

» Simon Walker ist von Birgitt Walker geschieden. Er hat einen Sohn Christian aus dieser Ehe. Würde Simon seinen Sohn als Alleinerben einsetzen, dann würde Birgitt, wenn Christian stirbt und keine Abkömmlinge hinterlässt, gesetzliche Erbin des Sohnes sein und damit auch das Vermögen von Simon erben. Wenn Christian im Erbfall noch minderjährig wäre, stünde die elterliche Sorge über ihn und damit auch die Verwaltung des Nachlasses Birgit allein zu.

Die indirekte Teilhabe Ihres geschiedenen Ehegatten bzw. dessen Verwandten an Ihrem Nachlass können Sie durch die Anordnung der Vor- und Nacherbfolge verhindern. Sie können Ihre Kinder aus der geschiedenen Ehe als befreite Vorerben berufen und bestimmen, welche Personen nach dem Vorerben Nacherben werden sollen. In Betracht kommen in erster Linie die Abkömmlinge des Vorerben, in zweiter Linie die gesetzlichen Erben des Vorerben zum Zeitpunkt des Nacherbfalls mit Ausnahme des geschiedenen Elternteils beziehungsweise dessen Verwandten. Den Zeitpunkt des Nacherbfalls können Sie frei bestimmen. Falls Sie keine Festlegung getroffen haben, tritt der Nacherbfall mit dem Tod des Vorerben ein. Sinnvoll kann es sein, die Vor- und Nacherbschaft zeitlich zu beschränken. Mit der Befristung der Nacherbschaft erreichen Sie, dass Ihre Kinder zu einem späteren Zeitpunkt doch Vollerben werden und über das ererbte Vermögen testamentarisch frei verfügen können.

Formulierungsbeispiel

Geschiedenentestament mit Vor- und Nacherbfolge

Ich setze mein Kind _____ *[Vor- und Familiennamen des Kindes einsetzen]* zum alleinigen Erben ein. Ersatzerben sind dessen Abkömmlinge.

Soweit mein Kind oder dessen Abkömmlinge Erben werden, sind sie nur Vorerben, jedoch von den gesetzlichen Beschränkungen, soweit zulässig, befreit. Nacherben auf ihren Tod sind ihre testamentarisch bestimmten Erben, ersatzweise ihre gesetzlichen Erben. Als Nacherben ausgenommen sind mein geschiedener Ehegatte, dessen Abkömmlinge aus anderen Verbindungen und seine Verwandten aufsteigender Linie.

Verstirbt mein geschiedener Ehepartner vor Eintritt des Nacherbfalls, ohne dass er Abkömmlinge und Verwandte aufsteigender Linie hinterlässt, entfällt die Nacherbfolge *[alternativ: Mit der Vollendung des 25. Lebensjahrs des Kindes entfällt die Nacherbfolge]* .

Vor- und Nacherbschaft bei verschuldeten Erben

Probleme kann es geben, wenn eine verschuldete Person (z.B. der Ehegatte oder ein Kind) Vermögen erben soll. Erbrechtlich müssen Sie als Erblasser einerseits verhindern, dass durch die Vermögensübertragung die Gläubiger des Erben oder des Pflichtteilsberechtigten auf das Vermögen zugreifen können, anderseits wollen Sie der verschuldeten Person unter Umständen einen angemessenen Unterhalt gewährleisten.

Verschuldeter Abkömmling

Probleme kann es geben, wenn ein Kind zur Verschwendung neigt oder verschuldet ist. Dann besteht die Gefahr, dass das Familienvermögen für die Nachkommen gefährdet ist, weil der Nachlass sofort mit dem Erwerb wegen der Verschwendungssucht oder der Überschuldung des Erwerbers dem Zugriff von dessen Gläubigern ausgesetzt ist. Zwar kann das verschwendungssüchtige oder überschuldete Kind enterbt werden, es steht diesem aber zumindest der Pflichtteilsanspruch in Höhe der Hälfte seines gesetzlichen Erbteils zu. Dieser Pflichtteil kann dem Kind nur bei schweren Verfehlungen durch Testament entzogen werden.

Wenn ein Abkömmling sich »in einem solchen Maße der Verschwendung ergeben hat oder in einem solchen Maße überschuldet ist, dass der spätere Nachlass erheblich gefährdet ist«, können Sie diesem zwar den Pflichtteil nicht entziehen, Sie können aber testamentarisch dessen Verfügungsrecht über den Pflichtteil in der Form einschränken, dass das Kind nur die Erträge aus dem Pflichtteil behalten, das Vermögen selbst aber nicht angreifen kann (§ 2338 BGB). Durch eine gesetzlich ausdrücklich zulässige Art »Zwangsfürsorge« wird der spätere Nachlass vor der Verschwendungssucht des Kindes oder vor dem Zugriff seiner Gläubiger bewahrt. Damit schützen Sie nicht nur das pflichtteilsberechtigte Kind, sondern sichern mittelbar auch das Familienvermögen für künftige Generationen.

Die sogenannte Pflichtteilsbeschränkung in guter Absicht ist nur gegenüber den Abkömmlingen des Erblassers (also z.B. Ihren Kindern oder Enkeln), nicht aber gegenüber seinem Ehegatten oder seinen Eltern zulässig. Er muss sie in seinem Testament anordnen. Folgende Voraussetzungen müssen vorliegen:

- Das pflichtteilsberechtigte Kind muss entweder »verschwendungssüchtig« oder »überschuldet« sein. Verschwendung liegt vor, wenn Vermögen nutzlos vergeudet wird. Allein ein großzügiger Lebensstil oder ein Leben über die Verhältnisse reicht nicht aus. Überschuldung liegt vor, wenn die Verbindlichkeiten das Vermögen überschreiten.

- Durch die Verschwendungssucht oder Überschuldung muss sich eine erhebliche Gefährdung des Nachlasses ergeben. Es muss also zu erwarten sein, dass der Nachlass entweder durch das Kind vergeudet oder durch die Gläubiger des Kindes gefährdet wird und auf diese Weise verloren geht.

Den optimalen Schutz des Familienvermögens erreichen Sie, wenn Sie eine Vor- und Nacherbschaft anordnen und diese mit einer Testamentsvollstreckung kombinieren. Sie müssen das verschwenderische oder überschuldete Kind als Vorerben und dessen gesetzliche Erben als Nacherben einsetzen. Dem pflichtteilsberechtigten Kind bleiben dann die Einkünfte aus dem hinterlassenen Vermögen. Es darf aber keine Vermögenswerte verschenken oder Immobilien aus dem Nachlass verkaufen oder mit Grundpfandrechten (z.B. Grundschulden) belasten. Die Gläubiger des Vorerben können nicht in das Vermögen vollstrecken. Ergänzend kann für die Lebenszeit des Kindes Testamentsvollstreckung angeordnet und dem Kind auch die Verwaltung des hinterlassenen Vermögens entzogen werden. Dem Testamentsvollstrecker obliegt dann die Aufgabe, dem überschuldeten oder verschwenderischen Kind die Einkünfte, die aus dem Nachlass erzielt werden, als laufende Unterhaltszahlung zu überlassen (vgl. dazu auch 4.3.5).

! Wenn Sie in Ihrem eigenhändigen Testament eine Pflichtteilsbeschränkung in guter Absicht anordnen wollen, sollten Sie sich vorher unbedingt von einem Notar oder einem fachkundigen Anwalt beraten lassen.

Verschuldeter Ehegatte

Auch wenn Ihr Ehegatte verschuldet ist, werden Sie daran interessiert sein, das zu vererbende Vermögen dem Zugriff der Gläubiger des Ehegatten zu entziehen, diesem aber möglichst unpfändbare Nutzungen der Vermögenssubstanz (z.B. Mieteinnahmen, Zinserträge) zukommen zu lassen. Dies kann mit der Anordnung einer Vor- und Nacherbschaft in Verbindung mit einer Testamentsvollstreckung erreicht werden. Der verschuldete Ehegatte wird als nicht befreiter Vorerbe, die Kinder, andere Verwandte oder dritte Personen werden als Nacherben eingesetzt. Durch die angeordnete Nacherbschaft wird die Substanz des Vermögens vor einer Verwertung in der Zwangsvollstreckung und in der Insolvenz geschützt. Auf die Nutzungen des Vermögens, die dem Vorerben zustehen, können die Gläubiger Ihres Ehegatten allerdings zugreifen, soweit diese nach den gesetzlichen Vorschriften pfändbar sind. Das gilt auch für den dem Ehegatten zustehenden Pflichtteil.

! Wenn die Möglichkeit besteht, dass der Ehegatte vor oder nach Eintritt des Erbfalls schuldenfrei wird, wäre es möglich, die Testamentsvollstreckung und die Nacherbfolge als auflösende Bedingung mit der Schuldenfreiheit zu verbinden.

Vor- und Nacherbschaft zur Versorgung behinderter oder pflegebedürftiger Personen

Die Anordnung einer Vor- und Nacherbschaft kommt auch in Betracht, wenn Sie ein behindertes oder pflegebedürftiges Kind versorgen wollen. Ziel des sogenannten Behindertentestaments ist es, dass Ihr Vermögen der Familie erhalten bleibt und ein Zugriff des Sozialhilfeträgers auf dieses Vermögen ausgeschlossen ist. Gleichzeitig können Sie durch entsprechende testamentarische Anordnungen sicherstellen, dass die pflegebedürftige Person Zuwendungen erhält, die ihr vom Sozialhilfeträger nicht weggenommen werden dürfen.

Lebt ein behindertes Kind im Heim oder bedarf es besonderer Pflege, sind die Kosten in aller Regel so hoch, dass Sozialleistungen in Anspruch genommen werden müssen. Hat das Kind eigenes Vermögen, so muss dieses – bis auf einen geringen Freibetrag – für die entstehenden Kosten eingesetzt werden. Folglich fließt das von den Eltern geerbte Vermögen in der Regel dem Sozialhilfeträger zu, ohne dass das behinderte Kind davon einen echten Vorteil hat. Das gleiche Problem stellt sich auch bei Ehepaaren, wenn ein Ehegatte von Behinderung betroffen ist.

Achtung: Mit der bloßen Enterbung des Kindes kann dieses Problem nicht vom Tisch geschafft werden. Wenn Sie die pflegebedürftige Person enterben, entsteht ein Pflichtteilsanspruch, den der Sozialhilfeträger auf sich überleiten und anschließend gegen die Erben geltend machen kann. Ebenfalls nicht hilfreich sind Vermögensübertragungen zu Lebzeiten, weil diese sogenannte Pflichtteilsergänzungsansprüche auslösen, die der Sozialhilfeträger ebenfalls auf sich überleiten kann.

Helfen kann das sogenannte Behindertentestament. Damit können Sie erreichen, dass Ihr Vermögen der Familie erhalten bleibt und ein Zugriff des Sozialhilfeträgers auf dieses Vermögen ausgeschlossen ist. Gleichzeitig können Sie durch entsprechende testamentarische Anordnungen sicherstellen, dass die pflegebedürftige Person Zuwendungen erhält, die ihr vom Sozialhilfeträger nicht weggenommen werden dürfen.

Dem klassischen Behindertentestament liegt die Anordnung einer Vor- und Nacherbschaft zugrunde (vgl. dazu auch 4.3.4):

- Sie setzen die pflegebedürftige Person in Höhe ihres Erbteils, der zumindest geringfügig über dem gesetzlichen Pflichtteil liegen muss, zum nicht befreiten Vorerben ein. Damit ist gewährleistet, dass der behinderten oder pflegebedürftigen Person kein endgültiges Vermögen zufließt.
- Dem Vorerben stehen die Nutzungen des Vermögens zu. Die Erträge des Nachlasses (z.B. Zinserträge) müssen eingesetzt werden, bevor Sozialhilfe verlangt werden kann.
- Als Nacherbe wird eine andere Person (z.B. der überlebende Ehegatte oder die Geschwister der pflegebedürftigen Person) eingesetzt.
- Der Nacherbfall tritt mit dem Tod des Vorerben ein.
- Die Vor- und Nacherbfolge wird ergänzt durch Anordnung einer Testamentsvollstreckung. Damit werden die Nutzungen aus dem Erbteil vor Zugriffen von Gläubigern des Erben geschützt.

- Der eingesetzte Testamentsvollstrecker hat die Aufgabe, der behinderten Person besondere Annehmlichkeiten zu sichern, die kein Grundbedarf sind, den der Sozialhilfeträger zu gewährleisten hat (z.B. Zuwendung geringerer Geldbeträge, Urlaubs- und Ferienaufenthalte).

! Die Gestaltung eines Behindertentestaments ist sehr komplex. Wenn Sie entsprechende testamentarische Anordnungen in einem Ihrem Testament treffen wollen, sollten sich unbedingt von einem Notar oder einem fachkundigen Anwalt beraten lassen.

3.3 Enterbung gesetzlicher Erben

Als Erblasser müssen Sie in Ihrem Testament keine Erben bestimmen. Sie können sich auch darauf beschränken, lediglich zu verfügen, dass der Ehegatte oder ein Verwandter von der gesetzlichen Erbfolge ausgeschlossen ist. Zwangsläufig enterbt ist ein gesetzlicher Erbe, wenn Sie über den gesamten Nachlass testamentarisch an eine oder mehrere Personen verfügen, obwohl noch weitere gesetzliche Erben vorhanden sind.

Checkliste: Enterbung gesetzlicher Erben

Testierfreiheit des Erblassers	Die gesetzlich garantierte Testierfreiheit erlaubt es Ihnen, nach Ihrem freien Belieben Anordnungen und Bestimmungen über Ihr Vermögen nach dem Tod zu treffen. Dazu gehört auch das Recht, gesetzliche Erben von der Erbfolge auszuschließen.
Negatives Testament	Sie können einen Verwandten oder Ihren Ehegatten von der gesetzlichen Erbfolge ausschließen, ohne einen Erben zu bestimmen. Die Enterbung eines gesetzlichen Erben müssen Sie nicht begründen.
Enterbung des gesetzlichen Erben oder des ganzen Stamms	Die Enterbung von Verwandten in einem negativen Testament kann auf die betreffenden Personen beschränkt werden oder sich auch auf ihre Abkömmlinge erstrecken.
Positives Testament	Sie können gesetzliche Erben auch in der Form übergehen, dass Sie andere Personen testamentarisch zu Ihrem Erben einsetzen, dabei den gesamten Nachlass vergeben und damit zwangsläufig gesetzliche Erben enterben.

Folgen der Enterbung	Wer von der gesetzlichen Erbfolge ausgeschlossen wurde, wird so behandelt, als würde er zur Zeit des Erbfalls nicht mehr leben. Der Ausschluss führt also zur gesetzlichen Erbfolge ohne den Ausgeschlossenen.
Pflichtteilsansprüche berücksichtigen	Im Falle der Enterbung steht Ihrem Ehegatten und Ihren nächsten Verwandten der sogenannte Pflichtteil als Mindestanteil an der Erbschaft zu. Pflichtteilsansprüche müssen bei der Errichtung des Testaments unbedingt berücksichtigt werden, weil die Erben später mit diesen Ansprüchen konfrontiert werden.

3.3.1 Art und Weise der Enterbung

Sie können gesetzliche Erben in der Form enterben, dass Sie einen oder mehrere der Erben von der Erbfolge ausschließen, ohne andere Erben einzusetzen, oder dass Sie Ihren gesamten Nachlass an eine oder mehrere Personen vererben, die nicht zu den gesetzlichen Erben gehören, sodass zwangsläufig die gesetzlichen Erben enterbt sind (§ 1938 BGB). Das Erbrecht eines gesetzlichen Erben können Sie in vollem Umfang oder nur zu einem Bruchteil ausschließen.

Enterbung durch negatives Testament

Sie können durch ein sogenanntes negatives Testament einen Verwandten oder Ihren Ehegatten von der gesetzlichen Erbfolge ausschließen, ohne einen Erben zu bestimmen. Schließen Sie eine Person von der gesetzlichen Erbfolge aus, der ein Pflichtteilsanspruch zusteht, so ist es für die Enterbung dieser Person ausreichend, wenn Sie testamentarisch festlegen, dass diese nur den Pflichtteil erhalten soll. Die Enterbung von Verwandten können Sie zusammen mit Ihrem Ehegatten auch in einem gemeinschaftlichen Testament verfügen; weil eine entsprechende Verfügung jedoch nicht wechselbezüglich ausgestaltet werden kann, ist sie nach dem Tod des erstversterbenden Ehegatten für den Längerlebenden nicht bindend und kann von ihm widerrufen werden. Die Enterbung eines gesetzlichen Erben müssen Sie nicht begründen.

Formulierungsbeispiel

Ausdrückliche Enterbung eines gesetzlichen Erben

Ich enterbe meine Tochter _____ *[Vor- und Familiennamen einsetzen]*.

[Oder]

Meinen Sohn _____ *[Vor- und Familiennamen einsetzen]* schließe ich als gesetzlichen Erben aus.

[Oder]

Meinen Sohn _____ *[Vor- und Familiennamen einsetzen]* setze ich auf den Pflichtteil.

[Oder]

Wir, _____ *[Vor- und Familiennamen des Ehegatten einsetzen]*, und _____ *[Vor- und Familiennamen des anderen Ehegatten einsetzen]*, schließen unsere Tochter _____ *[Vor- und Familiennamen des enterbten Kindes einsetzen]* als gesetzlichen Erben aus.

Enterbung durch positives Testament

Als Erblasser haben Sie auch die Möglichkeit, gesetzliche Erben in der Form zu übergehen, dass Sie andere Personen testamentarisch zu Ihren Erben einsetzen, dabei den gesamten Nachlass vergeben und damit zwangsläufig gesetzliche Erben enterben.

» Sie haben zusammen mit Ihrem Ehepartner ein Berliner Testament errichtet und sich gegenseitig als Alleinerben eingesetzt. Nach dem Tod des längerlebenden Elternteils sollen Ihre gemeinsamen Kinder zu gleichen Teilen erben. Nach dem Tod eines Ehegatten wird der längerlebende Ehegatte mithin Alleinerbe. Damit sind beim ersten Erbfall die Kinder zwangsläufig enterbt.

3.3.2 Folgen der Enterbung

Wer von der gesetzlichen Erbfolge ausgeschlossen wurde, wird so behandelt, als würde er zur Zeit des Erbfalls nicht mehr leben. Der Ausschluss führt also zur gesetzlichen Erbfolge ohne den Ausgeschlossenen. Wird ein Verwandter der ersten drei Ordnungen ausgeschlossen, treten also an dessen Stelle seine Abkömmlinge.

» Judith und Simon Keller haben drei Kinder, Sven, Silke und Johannes. In ihrem gemeinschaftlichen Testament enterben sie ihren Sohn Johannes, der bereits zwei Kinder hat. Weitere testamentarische Verfügungen werden nicht getroffen. In diesem Fall ist Johannes von der Erbfolge ausgeschlossen. Seinen Erbteil erben seine beiden Kinder zu gleichen Teilen.

Die Enterbung eines nahen Verwandten (z.B. eines Kindes) betrifft nur diesen, nicht dessen Abkömmlinge. Diese treten vielmehr an die Stelle der enterbten Person. Wenn Sie als Erblasser die Enterbung auch auf die Abkömmlinge des Enterbten erstrecken wollen, müssen Sie dies in Ihrem Testament ausdrücklich erklären.

Formulierungsbeispiel

Erstreckung der Enterbung auf die Abkömmlinge des Enterbten

Wir, _____ *[Vor- und Familiennamen des Ehegatten einsetzen]*, und _____ *[Vor- und Familiennamen des anderen Ehegatten einsetzen]*, schließen unsere Tochter _____ *[Vor- und Familiennamen des enterbten Kindes einsetzen]* und ihre Abkömmlinge als gesetzlichen Erben aus.

Ist der Ehegatte testamentarisch von der Erbfolge ausgeschlossen, erhöhen sich die gesetzlichen Erbteile der Verwandten.

» Sie sind verheiratet und haben zwei Kinder. Durch entsprechende testamentarische Verfügung schließen Sie Ihren Ehegatten von der Erbfolge aus. Damit fällt der gesetzliche Erbteil des Ehegatten (die Hälfte oder ein Viertel des Nachlasses) an die beiden Kinder. Diese erben jeweils die Hälfte des Nachlasses.

Achtung: Zwar können Sie nach Ihrem Belieben über Ihr Vermögen nach dem Tod verfügen, diese Testierfreiheit wird allerdings beschränkt durch den sogenannten »Pflichtteil«. Damit will das Gesetz den nächsten Angehörigen einen Mindestanteil am hinterlassenen Vermögen garantieren. Das Pflichtteilsrecht ist nicht identisch mit dem Erbrecht. Dem Pflichtteilsberechtigten steht nicht wie dem Erben der Nachlass zu. Am Nachlassvermögen selbst ist der Pflichtteilsberechtigte nicht beteiligt. Er kann nur einen schuldrechtlichen Geldanspruch gegen den oder die Erben geltend machen, nicht dagegen Rechte an den Nachlassgegenständen. Der Kreis der pflichtteilsberechtigten Personen ist gesetzlich festgelegt. Dazu zählen nur die nächsten Familienangehörigen des Erblassers, das sind seine Abkömmlinge, soweit sie erbberechtigt sind, seine Eltern und sein Ehegatte. Näheres zum Pflichtteil unter 1.6.1.

3.4 Zuwendung von Vermächtnissen

Mit einem Vermächtnis können Sie jemandem in Ihrem Testament einen Vermögensvorteil zuwenden, ohne dass Sie den Begünstigten zum Erben einsetzen. Die mit dem Erbe verbundenen Pflichten, wie beispielsweise die Verwaltung des Nachlasses oder die Befriedigung von Nachlassverbindlichkeiten, gelten für den Begünstigten, dem sogenannten Vermächtnisnehmer, nicht. Dieser hat lediglich einen Anspruch gegen die Erben auf Erfüllung des Vermächtnisses.

! Das Vermächtnis ist ein flexibles Instrument für Ihre Nachlassplanung, weil es nicht in dem Maße wie bei der Erbeinsetzung einschränkenden gesetzlichen Bestimmungen unterworfen ist. Vor allem erlaubt es Ihnen diese Gestaltungsform, den Begünstigten einzelne Nachlassgegenstände zuzuwenden. Sie müssen ein Vermächtnis testamentarisch anordnen. In einem gemeinschaftlichen Testament von Eheleuten kann es wechselbezüglich ausgestaltet sein (vgl. dazu 2.3.2).

Checkliste: Vermächtnis

Gründe für die Anordnung eines Vermächtnisses	Sie können einzelne Vermögensgegenstände Personen zuwenden, die nicht Erbe sind, gleichwohl aber entsprechend Ihren persönlichen Wünschen am Nachlass beteiligt werden sollen. Sie können einen gesetzlichen Erben enterben, diesen aber gleichzeitig durch ein ausgesetztes Vermächtnis entschädigen. Das kann zum Beispiel sinnvoll sein, wenn Sie Streit unter den Miterben einer Erbengemeinschaft befürchten und deshalb eine bestimmte Person (z.B. ein nichteheliches Kind) nicht Mitglied einer Erbengemeinschaft werden soll. Durch die Zuwendung eines sogenannten Vorausvermächtnisses können Sie Erben außerhalb ihres Erbteils und über diesen hinaus einen Vermögensvorteil zuwenden. Sie können so einzelne Miterben gegenüber den anderen Miterben wertmäßig begünstigen.
Gegenstände des Vermächtnisses	Gegenstand eines Vermächtnisses muss immer ein »Vermögensvorteil« sein. Der Bedachte muss also begünstigt werden. Es muss sich um eine unentgeltliche Zuwendung handeln. Nach ihrem Inhalt stehen Ihnen verschiedene Vermächtnisarten zu Verfügung.
Begünstigter des Vermächtnisses	Regelmäßig werden Sie in Ihrem Testament festlegen, welcher Person ein bestimmter Gegenstand zuzuwenden ist. In diesem Fall bestimmen Sie testamentarisch den Vermächtnisnehmer. Sie können allerdings auch mehrere Personen mit einem Vermächtnis in der Weise bedenken, dass Sie die Auswahl unter mehreren Bedachten dem Erben oder einem Dritten überlassen.
Beschwerter des Vermächtnisses	Sie können mit einem Vermächtnis den Erben oder einen Vermächtnisnehmer beschweren. Sofern Sie in Ihrem Testament nichts anderes bestimmen, ist der Erbe Beschwerter. Er muss das testamentarische Vermächtnis erfüllen.

Anfall des Vermächtnisses	Sofern Sie nichts anderes angeordnet haben, tritt der Anfall des Vermächtnisses mit dem Erbfall, also mit Ihrem Tod ein. Ab diesem Zeitpunkt hat der Vermächtnisnehmer gegen den Beschwerten Anspruch auf Leistung des Vermächtnisgegenstands.
Sicherstellung der Vermächtniserfüllung	Wenn Sie sicherstellen wollen, dass dem Vermächtnisnehmer tatsächlich die Zuwendung zukommt, sollten Sie durch eine entsprechende testamentarische Verfügung die Erfüllung des Vermächtnisses sicherstellen. In Betracht kommt insbesondere die Bevollmächtigung des Bedachten oder die Einsetzung eines Testamentsvollstreckers.

3.4.1 Abgrenzung zu anderen testamentarischen Verfügungen

Für Verfügungen in Ihrem Testament ist es wichtig, dass Sie das Vermächtnis von den anderen erbrechtlichen Gestaltungsmitteln, insbesondere von der Erbeinsetzung und der Auflage unterscheiden.

Erbeinsetzung oder Vermächtnis

Von der Erbeinsetzung unterscheidet sich das Vermächtnis dadurch, dass dem Begünstigten (Vermächtnisnehmer) nicht die Stellung eines Erben eingeräumt ist. Er ist nicht unmittelbar am Nachlass beteiligt, sondern erwirbt lediglich einen Anspruch gegen den Beschwerten (im Regelfall die Erben). Diese wichtige Unterscheidung wird bei eigenhändigen Testamenten, die ohne fachkundige Beratung errichtet werden, häufig nicht beachtet. Die Unterscheidung ist allerdings wichtig, weil der Erbe und der Vermächtnisnehmer eine völlig unterschiedliche Rechtsstellung haben.

! Wollen Sie in Ihrem Testament eine Person in der Form begünstigen, dass diese in Ihre »rechtlichen Fußstapfen« tritt und als Rechtsnachfolger Ihre vererbbaren Rechte und Pflichten (auch bestehende Nachlassverbindlichkeiten) übernehmen soll, müssen Sie die betreffende Person als Erben einsetzen. Dies müssen Sie im Testament klar und eindeutig zum Ausdruck bringen.

Wollen Sie dagegen einer Person lediglich eine Zuwendung aus dem Nachlass zukommen lassen (z.B. ein bestimmter Geldbetrag oder ein Nachlassgegenstand), so muss ein Vermächtnis angeordnet werden. Unabhängig davon enthält das Gesetz Auslegungsregeln für den Fall, dass aus einem Testament nicht eindeutig hervorgeht, ob es sich um eine Erbeinsetzung oder ein Vermächtnis handelt (vgl. dazu im Einzelnen 3.1.2).

Vermächtnis oder Auflage

Mit einer Auflage in Ihrem Testament können Sie Ihre Erben beschweren. Sie können diese zu einer Leistung verpflichten, ohne dass eine andere Person dadurch begünstigt wird (z.B. Pflicht ein Tier zu pflegen und zu versorgen). Durch eine Auflage können Sie aber auch eine andere Person begünstigen (z.B. Spende an den Tierschutzverein). Im Gegensatz zum Vermächtnis hat jedoch der durch eine Auflage Begünstigte keinen Anspruch auf die Leistung (Näheres zur Auflage unter 3.5).

! Wollen Sie nach Ihrem Tod einem Dritten einen Vermögensvorteil verschaffen und diesem einen klagbaren Anspruch auf die Leistung einräumen, müssen Sie ihm testamentarisch ein Vermächtnis zuwenden. Wollen Sie dagegen nur eine Leistungspflicht der Erben begründen, dem Begünstigten dagegen keinen Leistungsanspruch einräumen, müssen Sie eine Auflage in Ihr Testament aufnehmen. Die Erfüllung der Auflage können nur der Erbe, der Miterbe und derjenige verlangen, welchem der Wegfall des mit der Auflage zunächst Beschwerten zugutekommen würde, nicht aber der durch die Auflage Begünstigte. Die Anordnung einer Auflage empfiehlt sich im Gegensatz zum Vermächtnis auch dann, wenn Sie sich hinsichtlich der Person des Bedachten noch nicht festlegen können oder wollen. In diesem Fall können Sie die Bestimmung der begünstigten Person auch einem Dritten überlassen werden.

3.4.2 Gegenstände des Vermächtnisses

Ein Vermächtnis setzt immer die Zuwendung eines »Vermögensvorteils« an die bedachte Person voraus, ohne dass der Vermächtnisnehmer als Erbe eingesetzt ist. Vermächtnisgegenstand kann jede Leistung sein, neben Sachen insbesondere auch Rechte. Gegenstände eines Vermächtnisses können insbesondere sein:

- die Zuwendung von Geld,
- die Übertragung von Eigentum an bestimmten Gegenständen (z.B. Auto, Briefmarkensammlung),
- die Übertragung von Rechten (z.B. Nießbrauch an Sachen und Rechten, lebenslanges Wohnrecht, Urheberrecht) und
- die Einräumung von Forderungsrechten (z.B. Anspruch auf Rückzahlung eines Darlehens oder auf Aufnahme in eine Gesellschaft).

! Der Gegenstand eines Vermächtnisses muss im Testament nicht abschließend bestimmt sein. So sind also auch Wahlvermächtnisse, Gattungsvermächtnisse oder Zweckvermächtnisse zulässig (vgl. dazu unten), bei denen der Beschwerte, der Bedachte oder ein Dritter den Vermächtnisgegenstand bestimmen.

Stückvermächtnis

Mit einem Stückvermächtnis können Sie dem Begünstigten einen bestimmten Gegenstand zuwenden. Das Stückvermächtnis ist der Regelfall eines Vermächtnisses. Gegenstand des Vermächtnisses ist meist eine Sache, in Betracht kommen aber auch eine Forderung oder ein Recht.

» Der Erblasser setzt seine beiden Kinder jeweils zur Hälfte zu seinen Erben ein. Seinem Freund vermacht er seine Büchersammlung, seiner Haushälterin seine Uhr.

Formulierungsbeispiel

Stückvermächtnis

_____ *[Vor- und Familiennamen des Vermächtnisnehmers einsetzen]* vermache ich _____ *[konkrete Bezeichnung des Gegenstands, zum Beispiel die Briefmarkensammlung, das Wertpapierdepot, eine Eigentumswohnung oder das Auto].*

Grundsätzlich ist ein Stückvermächtnis nur wirksam, wenn der vermachte Gegenstand zur Zeit des Erbfalls zum Vermögen des Erblassers gehört, es sei denn, dass der Gegenstand dem Bedachten auch für den Fall zugewendet werden soll, dass er nicht zur Erbschaft gehört (§ 2169 Abs. 1 BGB).

» Der Erblasser hat in seinem Testament bestimmt, dass sein Freund Sven sein Auto erhalten soll. Noch zu Lebzeiten veräußert der Erblasser das Auto. In diesem Fall wird das Vermächtnis grundsätzlich unwirksam.

Geldvermächtnis

Mit einem Geldvermächtnis können Sie dem Vermächtnisnehmer testamentarisch einen bestimmten Geldbetrag zuwenden. Mit Ausnahme des Zweckvermächtnisses (vgl. dazu unten) müssen Sie die Höhe des zugewendeten Geldbetrags selbst bestimmen. Sinnvoll kann es sein, den testamentarisch festgelegten Geldbetrag mit einer Indexklausel, die auf einen vom Statistischen Bundesamt ermittelten Index der Lebenshaltungskosten oder Verbraucherpreise Bezug nimmt, vor dem Geldwertverfall zu sichern.

Formulierungsbeispiel

Geldvermächtnis

_____ *[Vor- und Familiennamen des Vermächtnisnehmers einsetzen]* erhält im Wege des Vermächtnisses einen Geldbetrag in Höhe von _____ Euro.

Dieser Betrag verändert sich in demselben Verhältnis wie der vom Statistischen Bundesamt festgestellte Verbraucherpreisindex der Bundesrepublik Deutschland. Bezugsgrößen für die Indexierung sind der Monat, in dem dieses Testament errichtet wurde, und der Monat, für welchem beim Erbfall die aktuellsten Indexzahlen veröffentlicht sind.

Gattungsvermächtnis

In Ihrem Testament können Sie sich auch darauf beschränken, den vermachten Gegenstand nur der Gattung nach zu bestimmen und die Gattungsmerkmale zu beschreiben (§ 2155 BGB). Das Gattungsvermächtnis kann sich nur auf körperliche Gegenstände, nicht auf Forderungen oder Rechte beziehen. Als Gattungsmerkmale kommen gemeinschaftliche Merkmale wie Typ, Sorte oder Preis in Betracht. Der Beschwerte schuldet beim Gattungsvermächtnis einen Gegenstand, der die vom Erblasser festgelegten Gattungsmerkmale aufweist, nicht aber – wie beim Stückvermächtnis – einen Gegenstand, der bestimmte individuelle Eigenschaften hat. Befinden sich die zugewendeten Sachen der testamentarisch beschriebenen Gattung nicht im Nachlass, ist das Vermächtnis gleichwohl wirksam.

» Der Erblasser vermacht seinem Freund 50 Flaschen italienischen Rotweins und seinem Neffen ein Gemälde des Malers XY.

Wer die Sache auszuwählen hat, bestimmen in erster Linie Sie in Ihrem Testament. In Betracht kommen der Erbe, der Bedachte oder ein Dritter (z.B. Testamentsvollstrecker). Haben Sie keine Festlegung getroffen, hat der Beschwerte (in der Regel der Erbe) das Auswahlrecht.

Formulierungsbeispiel

Gattungsvermächtnis

_____ *[Vor- und Familiennamen des Vermächtnisnehmers einsetzen]* vermachen wir _____ *[Bestimmung der Gattung des vermachten Gegenstands, zum Beispiel ein Auto, ein Kleid oder einen Pelzmantel]*. Der Vermächtnisnehmer darf sich den vermachten Gegenstand selbst auswählen. Die Auswahl muss innerhalb von drei Monaten nach Eintritt des Erbfalls getroffen werden. Andernfalls geht das Auswahlrecht auf den Erben über.

Achtung: Bei einem Gattungsvermächtnis wird von dem mit dem Vermächtnis Beschwerten eine den Verhältnissen des Bedachten entsprechende Sache geschuldet. Ein Vermächtnisnehmer, der in eher bescheidenen Verhältnissen lebt, kann also im Rahmen eines Gattungsvermächtnisses nicht darauf bestehen, einen teuren Sportwagen oder antiken Schrank als Vermögensvorteil zu erhalten, weil dies nicht seinen Lebensumständen entspricht.

Vorausvermächtnis

Sie können ein Vermächtnis auch Ihrem Erben (Alleinerbe oder Miterbe) zuwenden (§ 2150 BGB). Man spricht dann von einem Vorausvermächtnis. Dieses Vorausvermächtnis erhält der Erbe dann ohne Anrechnung auf seinen Erbteil zusätzlich vorab aus dem Nachlass. Die Erbquoten werden dann nach dem verbleibenden Nachlass ohne den vermachten Gegenstand berechnet.

» In einem gemeinschaftlichen Testament setzen Sie Ihre Kinder Michael und Jutta jeweils zur Hälfte als Erben ein. Jutta erhält darüber hinaus ohne Anrechnung auf ihren Erbteil das auf die Eheleute lautende Wertpapierdepot.

Formulierungsbeispiel

Vorausvermächtnis

Wir, _____ *[Vor- und Familiennamen des Ehegatten einsetzen]*, und _____ *[Vor- und Familiennamen des anderen Ehegatten einsetzen]*, setzen uns gegenseitig zu alleinigen und unbeschränkten Erben ein. Als Erben des längerlebenden Ehepartners setzen wir unsere gemeinsamen Kinder Jonas und Hanne zu gleichen Teilen ein. Hanne vermachen wir darüber hinaus ohne Anrechnung auf ihren Erbteil _____ *[Gegenstand des Vermächtnisses einsetzen, zum Beispiel das Wertpapierdepot oder lebenslanges und unentgeltliches Wohnungsrecht]*.

! Durch ein Vorausvermächtnis haben Sie die Möglichkeit, einen einzelnen Miterben gegenüber den anderen Miterben zu begünstigen.

Wahlvermächtnis

Mit einem Wahlvermächtnis können Sie einer Person in der Form eine Zuwendung machen, dass der Bedachte von mehreren Gegenständen nur den einen oder den anderen erhalten soll (§ 2154 BGB). Dem Bedachten wird also im Rahmen des Vermächtnisses eine Wahlmöglichkeit eingeräumt. Er muss sich für einen der betreffenden Gegenstände entscheiden; er kann also nur eine Sache oder mehrere Sachen aussuchen, während die restlichen Gegenstände in die Erbmasse fließen. Die Vermächtnisgegenstände können beim Wahlvermächtnis individuell oder nur der Gattung nach bestimmt sein. Sobald die Wahl getroffen wurde, ist der Erbe verpflichtet, den betreffenden Gegenstand an den Vermächtnisnehmer auszuhändigen.

» Der Erblasser vermacht seiner Schwester eines seiner drei Autos. Die Schwester kann zwischen einem VW, einem Jeep oder einem BMW wählen.

Wahlberechtigt ist in erster Linie der mit dem Vermächtnis Beschwerte, also in der Regel der Erbe. Die Wahl kann aber auch dem Vermächtnisnehmer oder einem Dritten (z.B. Testamentsvollstrecker) übertragen werden. Im Zweifel, wenn also im Testament nicht anders bestimmt, steht das Wahlrecht dem Beschwerten zu.

Formulierungsbeispiel

Wahlvermächtnis

Wir vermachen _____ *[Vor- und Familiennamen des Vermächtnisnehmers einsetzen]* eine Eigentumswohnung. Unser Erbe entscheidet, welche unserer Eigentumswohnungen dem Vermächtnisnehmer übertragen wird.

[Oder]

Wir vermachen _____ *[Vor- und Familiennamen des Vermächtnisnehmers einsetzen]* eine Eigentumswohnung. Der Vermächtnisnehmer kann zwischen den Wohnungen in der _____straße und der ____straße *[jeweils konkrete Beschreibung der Immobilien]* wählen.

Bestimmungsvermächtnis

Mit einem Bestimmungsvermächtnis können Sie mehrere Personen in der Weise begünstigen, dass der Beschwerte (in der Regel der Erbe) oder ein Dritter zu bestimmen hat, wer aus dem von Ihnen bestimmten Personenkreis den vermachten Gegenstand erhalten soll (§ 2153 BGB). Der Personenkreis, aus welchem der Bedachte ausgewählt werden soll, muss hinreichend bestimmt sein. Sie dürfen also nicht die Auswahl in das völlige Belieben eines Dritten stellen.

» Der Erblasser vermacht seine Wertpapiere seinen Nichten Jennifer, Clara und Simone. Die Entscheidung, welche Nichte letztlich die Wertpapiere erhält, soll der im Testament eingesetzte Erbe treffen.

Formulierungsbeispiel

Bestimmungsvermächtnis

_____ *[Vor- und Familiennamen des Bestimmungsberechtigten einsetzen]* soll bestimmen, welches unserer gemeinsamen Kinder _____, _____ und _____ *[Vor- und Familiennamen der zur Auswahl stehenden Kinder einsetzen]* _____ *[konkrete Beschreibung des vermachten Gegenstands oder der vermachten Leistung, zum Beispiel Wertpapiere]* erhält.

Sie können in Ihrem Testament auch darauf verzichten, den Bestimmungsberechtigten zu benennen. In diesem Fall hat dann der mit dem Vermächtnis Beschwerte (in der Regel der Erbe) zu bestimmen, wer die Zuwendung erhalten soll.

Zweckvermächtnis

Bei der testamentarischen Zuwendung eines Vermächtnisses können Sie sich auch darauf beschränken, dessen Zweck zu bestimmen und im Übrigen die Bestimmung der Leistung dem billigen Ermessen des Beschwerten (in der Regel dem Erben) oder eines Dritten (z.B. Testamentsvollstrecker) überlassen (§ 2156 BGB). Den Vermächtniszweck müssen Sie so genau bezeichnen, dass der Bestimmungsberechtigte ausreichende Anhaltspunkte für die Ausübung seines Ermessens hat (z.B. für Studium oder Reise). Andernfalls ist das Zweckvermächtnis unwirksam.

Achtung: Es ist nicht möglich, dass Sie das Bestimmungsrecht auf den Vermächtnisnehmer übertragen.

» Der Erblasser vermacht seinem Enkel einen nicht näher bezifferten Geldbetrag für das Studium. Die Höhe des Geldbetrags soll seine Tochter als Alleinerbin bestimmen.

Formulierungsbeispiel

Zweckvermächtnis

Wir vermachen _____ *[Vor- und Familiennamen des Vermächtnisnehmers einsetzen]* _____ *[konkrete Beschreibung des vermachten Gegenstands oder der vermachten Leistung, zum Beispiel dreimonatiger Studienaufenthalt in Florenz]*. Über die Einzelheiten entscheidet _____ *[Vor- und Familiennamen des Bestimmungsberechtigten einsetzen]*, den wir als Alleinerben eingesetzt haben.

Verschaffungsvermächtnis

Grundsätzlich ist das Vermächtnis eines bestimmten Gegenstands unwirksam, wenn dieser Gegenstand zur Zeit des Erbfalls nicht zur Erbschaft gehört. Die Unwirksamkeit tritt aber nicht ein, wenn Sie als Erblasser den Gegenstand dem Bedachten auch für den Fall zuwenden, dass er nicht zur Erbschaft gehört. In diesem Fall spricht man dann von einem Verschaffungsvermächtnis (§§ 2169 Abs. 1, 2170 BGB). Der Beschwerte muss dem Vermächtnisnehmer den vermachten Gegenstand beschaffen. Als verschaffungsfähige Gegenstände kommen alle Gegenstände in Betracht, die auch Gegenstand eines Vermächtnisses sein können (z.B. körperliche Gegenstände, Wohnungsrechte, Urheberrechte).

» Der Erblasser vermacht seinem Bruder ein Auto der Marke ..., das der von ihm eingesetzte Erbe noch erwerben soll.

Formulierungsbeispiel

Verschaffungsvermächtnis

_____ *[Vor- und Familiennamen des Vermächtnisnehmers einsetzen]* vermachen wir _____ *[konkrete Bezeichnung des Gegenstands, zum Beispiel das Auto]*.

Soweit der Vermächtnisgegenstand zur Zeit des Erbfalls nicht zur Erbschaft gehört, gelten die Anordnungen als Verschaffungsvermächtnis.

Die Beschaffung des Vermächtnisgegenstands erfolgt aus den Mitteln des Nachlasses. Der beschwerte Erbe muss also nicht sein eigenes Vermögen einsetzen. Ist der Beschwerte zur Beschaffung nicht imstande oder ist die Verschaffung nur mit unverhältnismäßigen Aufwendungen möglich, hat er dem Bedachten den Wert zu erstatten.

Forderungsvermächtnis

Als Erblasser können Sie dem durch ein Vermächtnis Begünstigten auch eine Ihnen zustehende Forderung (z.B. Guthaben auf einem Bankkonto, Rückzahlungsforderung aus einem Darlehen) vermachen (§ 2173 BGB). In diesem Fall hat der Vermächtnisnehmer gegenüber dem Beschwerten Anspruch auf Übertragung der Forderung nebst Zinsen seit dem Anfall des Vermächtnisses.

» Der Erblasser überträgt seinem Kind seinen Anspruch als Darlehensgeber auf Rückzahlung eines Darlehens aus einem Darlehensvertrag.

Formulierungsbeispiel

Forderungsvermächtnis

_____ *[Vor- und Familiennamen des Vermächtnisnehmers einsetzen]* erhält vermächtnishalber das gesamte zum Zeitpunkt des Erbfalls bestehende Guthaben auf unserem Sparbuch bei der _____bank *[konkrete Bezeichnung des Sparbuchs und der Bank]*.

Das Forderungsvermächtnis kann sich auch auf Zahlung eines bestimmten Geldbetrags beziehen. In diesem Fall gilt im Zweifel die entsprechende Geldsumme als vermacht, und zwar auch dann, wenn sich eine solche Summe in der Erbschaft nicht (mehr) befindet.

Untervermächtnis

Sie können in Ihrem Testament auch den Vermächtnisnehmer mit einem Vermächtnis beschweren. In diesem Fall spricht man von einem Untervermächtnis. Das Untervermächtnis wird erst fällig, wenn der Hauptvermächtnisnehmer berechtigt ist, seinerseits Erfüllung des Hauptvermächtnisses zu verlangen.

» Der Erblasser vermacht seinem Neffen 50.000,– €. Dieses Hauptvermächtnis wird mit einem Untervermächtnis in der Weise belastet, dass der Neffe einem anderen Neffen 100 Flaschen Wein kaufen und diesem übereignen soll.

Formulierungsbeispiel

Untervermächtnis

_____ *[Vor- und Familiennamen des Hautvermächtnisnehmers einsetzen]* erhält die Gemälde _____ *[Bezeichnung der einzelnen Gemälde]* als Vermächtnis. Eines der Gemälde soll er _____ *[Vor- und Familiennamen des Untervermächtnisnehmers einsetzen]* als Untervermächtnis weitergeben.

Achtung: Der Wert des Untervermächtnisses darf nicht über dem Wert des Hauptvermächtnisses liegen.

Nachvermächtnis

Sie können testamentarisch auch mehrere Personen hintereinander als Vermächtnisnehmer einsetzen. Man spricht dann von einem Nachvermächtnis. In diesem Fall hat der Vorvermächtnisnehmer zu einem bestimmten Zeitpunkt oder Ereignis den Vermächtnisgegenstand an den Nachvermächtnisnehmer herauszugeben (§ 2191 BGB). Näheres dazu unter 3.4.3.

Formulierungsbeispiel

Nachvermächtnis

_____ *[Vor- und Familiennamen des Vermächtnisnehmers einsetzen]* vermachen wir _____ *[konkrete Bezeichnung des Gegenstands, zum Beispiel eine Eigentumswohnung oder das Auto].* Nach seinem Tod soll _____ *[konkrete Bezeichnung des Gegenstands]* seinen Kindern zu gleichen Teilen gehören.

! Sinnvoll kann es sein, zusätzlich zu einem Vor- und Nachvermächtnis eine Testamentsvollstreckung anzuordnen, durch die die Durchsetzung des Anspruchs des Nachvermächtnisnehmers sichergestellt wird.

Ersatzvermächtnis

Für den Fall, dass der durch das angeordnete Vermächtnis Bedachte wegfällt, also beispielsweise vor dem Erbfall verstirbt oder das Vermächtnis ausschlägt, können Sie einen Ersatzvermächtnisnehmer bestimmen (§ 2190 BGB). Der Ersatzvermächtnisnehmer hat dann Anspruch auf die Zuwendung, wenn der zunächst berufene Vermächtnisnehmer wegfällt (wegen der Einzelheiten vgl. 3.4.3).

» Der Erblasser vermacht seinem Freund die Briefmarkensammlung und ordnet an, dass das Vermächtnis seinem Bruder zufallen soll, wenn der zunächst bestimmte Vermächtnisnehmer verstirbt.

Formulierungsbeispiel

Ersatzvermächtnis

_____ *[Vor- und Familiennamen des Vermächtnisnehmers einsetzen]* soll _____ [konkrete Bezeichnung des Gegenstands, zum Beispiel eine Eigentumswohnung oder das Auto] erhalten. Sollte er zuvor versterben, so soll _____ *[konkrete Bezeichnung des Gegenstands]* _____ *[Vor- und Familiennamen des Ersatzvermächtnisnehmers einsetzen]* zufallen.

Gemeinschaftliches Vermächtnis

Durch ein gemeinschaftliches Vermächtnis wird mehreren Personen derselbe Gegenstand vermacht. Es werden also mehrere Vermächtnisnehmer nebeneinander berufen (§ 2157 BGB). Näheres dazu unter 3.4.3.

» Der Erblasser vermacht seinen beiden Freunden Jens und Sven seine Briefmarkensammlung.

Formulierungsbeispiel

Gemeinschaftliches Vermächtnis

_____ und ____ *[jeweils Vor- und Familiennamen der Vermächtnisnehmer einsetzen]* sollen _____ *[konkrete Bezeichnung des Gegenstands, zum Beispiel das Wertpapierdepot, eine Eigentumswohnung oder das Auto]* erhalten.

Nießbrauchsvermächtnis

Wollen Sie einer Person nicht das Eigentum einer Sache zukommen lassen, sondern nur die Nutzung für eine gewisse Zeit oder lebenslang, kommt ein Nießbrauchsvermächtnis in Betracht. Dem Begünstigten steht dann lediglich die Nutzung zu. Über den Gegenstand selbst kann er nicht verfügen.

Einen Nießbrauch können Sie einem Vermächtnisnehmer an unterschiedlichen Vermögenswerten einräumen. Beim Nießbrauch an einer Immobilie kann der Nießbraucher diese dann entweder selbst nutzen oder sie vermieten und die Miete für sich vereinnahmen. Ein Nießbrauch kann beispielsweise auch an einem Bankguthaben bestellt werden; in diesem Fall stehen dem Nießbraucher die Zinsen zu. Auch am gesamten Nachlass, an einem Unternehmen oder an einer Unternehmensbeteiligung kann ein Nießbrauch eingeräumt werden. Dem Nießbraucher stehen in diesem Fall dann die darauf entfallenden Gewinne zu.

» Der Erblasser setzt seine Kinder Judith und Katharina als Alleinerben ein. Seiner Frau soll bis zu ihrem Lebensende die Nutzungen aus den Immobilien zustehen.

Formulierungsbeispiel

Nießbrauchsvermächtnis

Im Wege eines Vermächtnisses erhält _____ *[Vor- und Familiennamen des Vermächtnisnehmers einsetzen]* den lebenslangen unentgeltlichen Nießbrauch an dem Hausgrundstück Nr. _____ in _____, _____straße, eingetragen im Grundbuch von _____, Band _____, Blatt Nr. _____, Flurstücksnummer _____.

Der Nießbraucher hat alle mit dem Nießbrauchsgegenstand verbundenen privaten und öffentlichen Aufwendungen und Lasten, auch die außerordentlichen Lasten zu tragen, soweit dies gesetzlich zulässig ist.

Ebenso hat er die außergewöhnlichen und zur Substanzerhaltung erforderlichen Ausbesserungen und Erneuerungen zu tragen, wie diese der Eigentümer kraft Gesetzes zu tragen hätte.

Im Übrigen gelten die gesetzlichen Bestimmungen zum Nießbrauch.

Achtung: Als dingliches Recht entsteht das Nießbrauchsrecht an Grundstücken erst mit der Einigung und der Eintragung im Grundbuch. Die Eintragung bedarf neben dem Eintragungsantrag der Bewilligung des Eigentümers. Spätestens mit dem Tod des Nießbrauchers erlischt das Recht.

Wohnungsrechtsvermächtnis

Mit einem Wohnungsrechtsvermächtnis können Sie dem Begünstigten ein zeitlich befristetes oder lebenslanges Wohnrecht an einer Wohnung zuwenden. Durch ein solches Vermächtnis erwirbt der Vermächtnisnehmer ein Recht, das ihm die Berechtigung verschafft, ein bestimmtes Grundstück (mit einem darauf stehenden Haus) oder eine Eigentumswohnung zu Wohnzwecken zu benutzen. Gleichzeitig wird der Eigentümer von der Nutzung ausgeschlossen. Die Immobilie ist also mit einem Wohnungsrecht »belastet«.

» Die Ehefrau des Erblassers erhält im Wege des Vermächtnisses ein lebenslanges und unentgeltliches dingliches Wohnungsrecht an der Dachgeschosswohnung seines Zweifamilienhauses. Sie ist berechtigt, die zum gemeinschaftlichen Gebrauch der Hausbewohner bestimmten Anlagen und Einrichtungen, insbesondere den Keller, den Speicher und den Garten, mitzubenutzen. Die Ausübung des Wohnungsrechts kann sie Dritten überlassen.

Achtung: Anders als der Nießbrauch kann Inhalt eines Wohnungsrechts nur die Nutzung zu Wohnzwecken sein. Mit Eintragung des Wohnungsrechts im Grundbuch ist der Inhaber des Rechts auch vor einer Veräußerung der Immobilie durch den Eigentümer geschützt. Auch im Falle des Verkaufs der Immobilie bleibt die Belastung mit dem Wohnungsrecht bestehen. Auch ein neuer Eigentümer kann vom Inhaber des Wohnungsrechtes nicht verlangen, dass dieser die Nutzung des Hauses oder der Wohnung unterlässt.

Formulierungsbeispiel

Wohnungsrechtsvermächtnis

_____ *[Vor- und Familiennamen des Vermächtnisnehmers einsetzen]* erhält im Wege des Vermächtnisses ein lebenslanges und unentgeltliches dingliches Wohnungsrecht an _____ *[Vermächtnisgegenstand einsetzen, zum Beispiel Dachgeschosswohnung des Zweifamilienhauses in _____, eingetragen im Grundbuch von _____, Band _____, Blatt _____, Flurstücksnummer _____].*

Die Wohnung darf sowohl vermietet als auch anderen Personen unentgeltlich überlassen werden. Ferner ist der Vermächtnisnehmer berechtigt, die zum gemeinschaftlichen Gebrauch der Hausbewohner bestimmten Anlagen und Einrichtungen, insbesondere den Keller, den Speicher und den Garten, mitzubenutzen.

Die laufenden Nebenkosten für Beheizung, Strom, Wasser, Kanal, Gas, Müllabfuhr Kaminkehrer sowie die Kosten für die Schönheitsreparaturen in der Wohnung hat der Vermächtnisnehmer zu tragen. Alle anderen Kosten, insbesondere für die Instandhaltung und Pflege des Gebäudes, trägt der Eigentümer.

Als dingliches Recht entsteht das Wohnungsrecht erst mit der Erfüllung, also mit der Einigung und der Eintragung im Grundbuch. Die Eintragung bedarf neben dem Eintragungsantrag der Bewilligung des Eigentümers.

Rentenvermächtnis

Durch die testamentarische Zuwendung eines sogenannten Rentenvermächtnisses können Sie Ihren Ehegatten, einem Verwandten oder einer sonstigen Person mit einer lebenslangen oder zeitlich befristeten Rente versorgen. Neben der Höhe der Rente sind insbesondere der Beginn der Leistungspflicht und die Fälligkeit zu regeln.

» Der Erblasser vermacht einem Kind bis zur Vollendung des 25. Lebensjahrs einen bestimmten monatlichen Geldbetrag.

Das Rentenvermächtnis kann zeitlich befristet werden.

Formulierungsbeispiel

Zeitlich befristetes Rentenvermächtnis

_____ *[Vor- und Familiennamen des Vermächtnisnehmers einsetzen]* setzen wir bis zur Vollendung seines 25. Lebensjahrs ein Geldvermächtnis in Höhe von _____ Euro aus, zahlbar in monatlichen Raten von jeweils _____ Euro, beginnend am _____ *[Datum einsetzen]*.

Dem Vermächtnisnehmer kann auch ein Anspruch auf eine lebenslange Rente eingeräumt werden. Sinnvoll ist es in diesem Fall, die Rentenhöhe an die allgemeine Preissteigerung zu koppeln. Denn nur dann bleibt die Rente über die gesamte Dauer wertbeständig.

Formulierungsbeispiel

Rentenvermächtnis mit lebenslanger Rente

_____ *[Vor- und Familiennamen des Vermächtnisnehmers einsetzen]* setzen wir ein lebenslanges Geldvermächtnis in Höhe von _____ Euro aus, zahlbar in monatlichen Raten von jeweils _____ Euro, beginnend am _____ *[Datum einsetzen]*.

Die Höhe der ausgesetzten Rente ist gemäß dem Preisindex des Statistischen Bundesamtes für die Lebenshaltung eines 4-Personen-Haushaltes mit mittlerem Einkommen anzupassen. Von der Anpassung sind die im Zeitraum bis zu meinem Ableben als auch die danach eintretenden Änderungen betroffen. Der Preisindex beträgt gegenwärtig _____ (2023 = 116,7). Anpassungen sollen aber jeweils nur dann erfolgen, wenn die Änderung mehr als 10 % der jeweils letzten Höhe beträgt.

3.4.3 Begünstigter und Beschwerter des Vermächtnisses

Die durch ein Vermächtnis begünstigte Person wird als Vermächtnisnehmer bezeichnet. Dieser hat nach Eintritt des Erbfalls einen klagbaren Anspruch auf Zuwendung des vermachten Nachlassgegenstands. Mit einem Vermächtnis beschwert wird, sofern von Ihnen als Erblasser nicht anderes bestimmt ist, der Erbe. Sie können auch mehrere Personen mit einem Vermächtnis beschweren.

Vermächtnisnehmer

Ein Vermächtnis können Sie jeder rechtsfähigen Person zuwenden. In Betracht kommen auch juristische Personen (z.B. ein Verein). Vermächtnisnehmer kann auch eine noch nicht gezeugte Person sein. Sie können also beispielsweise auch erhofften Enkeln ein Vermächtnis zuwenden. In diesem Fall fällt das Vermächtnis im Zeitpunkt der Geburt des Kindes an.

Bestimmung des Vermächtnisnehmers

Regelmäßig werden Sie in Ihrem Testament festlegen, welcher Person ein bestimmter Gegenstand zuzuwenden ist. Sie können allerdings auch mehrere mit einem Vermächtnis in der Weise bedenken, dass der Beschwerte oder ein Dritter zu bestimmen hat, wer das Vermächtnis erhalten soll (§ 2151 Abs. 1 BGB). In diesem Fall dürfen Sie allerdings die Auswahl nicht völlig in das Belieben des Beschwerten stellen. Vielmehr muss der Personenkreis, aus dem der Vermächtnisnehmer letztlich bestimmt werden darf, hinreichend genau bestimmt und überschaubar sein. Der Kreis der möglichen Zuwendungsempfänger darf also nicht völlig in das Belieben des Bestimmungsberechtigten gestellt werden. Näheres zum Bestimmungsvermächtnis unter 3.4.2.

» Der Erblasser ordnet an, dass seine Briefmarkensammlung einem seiner Brüder übergeben werden soll.

! Wenn Sie durch Ihr Testament eine Zuwendung machen wollen, den bedachten Personenkreis aber nicht festlegen können oder wollen (z.B. bei einer Spende für einen »wohltätigen Zweck«), sollten Sie eine Auflage anordnen. In diesem Fall müssen Sie den begünstigten Personenkreis nicht weiter bezeichnen.

Sie können sowohl dem mit dem Vermächtnis Beschwerten (in der Regel dem Erben) als auch einem Dritten (z.B. dem Testamentsvollstrecker) die Bestimmung des Vermächtnisnehmers überlassen. Benennen Sie in Ihrem Testament keinen Bestimmungsberechtigten, so entscheidet der Beschwerte als Schuldner des Vermächtnisses (in der Regel der Erbe), wer die Zuwendung erhalten soll.

Einsetzung eines Ersatzvermächtnisnehmers

Lebt der durch ein Vermächtnis Begünstigte zur Zeit des Erbfalls nicht mehr, so ist das Vermächtnis unwirksam. Der Anspruch auf die Zuwendung geht dann nicht auf die Erben des Vermächtnisnehmers über. Die Unwirksamkeit des Vermächtnisses kommt dem Beschwerten zugute, weil dieser das Vermächtnis nicht mehr erfüllen muss.

Für den Fall, dass der durch das angeordnete Vermächtnis Bedachte wegfällt, also beispielsweise vor dem Erbfall verstirbt oder das Vermächtnis ausschlägt, können Sie testamentarisch einen Ersatzvermächtnisnehmer bestimmen (zum sog. Ersatzvermächtnis vgl. auch 3.4.2). In diesem Fall hat der Ersatzvermächtnisnehmer Anspruch auf die Zuwendung, wenn der zunächst berufene Vermächtnisnehmer wegfällt.

! Wollen Sie einen Ersatzvermächtnisnehmer bestimmen, so sollten Sie in Ihrem Testament ausdrücklich eine entsprechende Verfügung treffen. Unabhängig davon kann die Anordnung eines Ersatzvermächtnisses unter Umständen auch stillschweigend erfolgen. Ist nämlich der Vermächtnisnehmer ein Abkömmling von Ihnen (z.B. ein Kind), so wird gesetzlich vermutet, dass dessen Erben (z.B. Ihre Enkelkinder) zu Ersatzerben berufen sein sollen, wenn der zunächst bedachte Abkömmling nach der Errichtung des Testaments wegfällt.

Gemeinschaftliches Vermächtnis

Sie können nicht nur einer Person, sondern auch mehreren Personen denselben Vermächtnisgegenstand zuweisen. In diesem Fall handelt es sich dann um ein gemeinschaftliches Vermächtnis (vgl. dazu auch 3.4.2). Die Anteile an demselben Gegenstand können Sie testamentarisch festlegen. Haben Sie nichts anderes bestimmt, steht jedem Vermächtnisnehmer der gleiche Anteil am Vermächtnisgegenstand zu.

Fällt ein Vermächtnisnehmer vor oder nach dem Erbfall weg (z.B. Tod des Vermächtnisnehmers oder Ausschlagung des Vermächtnisses), tritt die sogenannte Anwachsung ein. In diesem Fall wächst der Anteil des weggefallenen Vermächtnisnehmers den übrigen Bedachten nach dem Verhältnis ihrer Anteile an (§ 2158 BGB).

! Sie können die Anwachsung testamentarisch ausschließen. Dies geschieht in der Regel dadurch, dass Sie einen Ersatzvermächtnisnehmer einsetzen (vgl. dazu oben).

Vor- und Nachvermächtnisnehmer

Sie können in Ihrem Testament ein sogenanntes Nachvermächtnis anordnen (vgl. dazu auch 3.4.2). In diesem Fall wird derselbe Nachlassgegenstand zeitlich nacheinander verschiedenen Personen mit der Maßgabe zugewendet, dass bei Eintritt eines Termins oder einer Bedingung (z.B. Erreichen eines bestimmten Alters des Nachvermächtnisnehmers) der erste Vermächtnisnehmer den Gegenstand an den zweiten Vermächtnisnehmer herauszugeben hat. Sie können auch mehrere Nachvermächtnisfälle hintereinander anordnen.

Bis zum Eintritt des Nachvermächtnisfalls darf der Vorvermächtnisnehmer den Gegenstand nutzen. Mit dem Eintritt des Nachvermächtnisfalls hat der Nachvermächtnisnehmer einen klagbaren Anspruch gegen den Vorvermächtnisnehmer auf Herausgabe des Nachlassgegenstands. Mit dem Nachvermächtnis beschwert ist also der Vorvermächtnisnehmer (§ 2191 BGB).

» Der Erblasser bestimmt in seinem Testament, dass sein Bruder nach seinem Tod die Briefmarkensammlung erhalten soll. Der Sohn seines Bruders, also der Neffe des Erblassers, soll dann letztlich die Briefmarkensammlung erhalten, wenn er das 18. Lebensjahr vollendet hat. Dann hat der Neffe des Erblassers einen klagbaren Anspruch auf Herausgabe der Briefmarkensammlung gegenüber seinem Vater.

Beschwerter

Sie können mit einem Vermächtnis in Ihrem Testament Ihre Erben oder einen Vermächtnisnehmer beschweren. Es können auch mehrere beschwert werden. In diesem Fall sind die Beschwerten dann ohne abweichende Anordnung des Erblassers nach dem Verhältnis ihrer Erbanteile beschwert.

Erbe als Beschwerter

Sofern Sie in Ihrem Testament nichts anderes bestimmen, ist der Erbe Beschwerter. Er muss das Vermächtnis erfüllen.

Mit einem Vermächtnis können sowohl der gesetzliche als auch der testamentarische Erbe beschwert werden. Sind Miterben beschwert, können alle oder einzelne Miterben betroffen sein. Auch ein Ersatzerbe kann mit einem Vermächtnis belastet sein. Er haftet für die Erfüllung aber erst, wenn der Ersatzerbfall eintritt, wenn also der zunächst eingesetzte Erbe weggefallen ist (zur Ersatzerbschaft vgl. 3.1.4).

Haben Sie in Ihrem Testament Vor- und Nacherbfolge angeordnet und nichts Näheres bestimmt, wer für angeordnete Vermächtnisse haften soll, ist die Erbschaft als solche beschwert. In diesem Fall ist bis zum Eintritt des Nacherbfalls der Vorerbe beschwert. Er ist befugt, das Vermächtnis aus der Erbschaft zu erfüllen. Nach Eintritt des Nacherbfalls geht eine noch nicht erfüllte Vermächtnisschuld auf den Nacherben über (zur Vor- und Nacherbschaft vgl. 3.2).

Vermächtnisnehmer als Beschwerter

Mit einem Vermächtnis können Sie auch einen Vermächtnisnehmer beschweren. In diesem Fall handelt es sich um ein sogenanntes Untervermächtnis. Das Untervermächtnis wird erst fällig, wenn der Hauptvermächtnisnehmer berechtigt ist, seinerseits die Erfüllung des Vermächtnisses zu verlangen. Durch entsprechende Anordnung können Sie allerdings die Fälligkeit des Untervermächtnisses hinausschieben. Zum Untervermächtnis vgl. 3.4.2.

Wegfall des Beschwerten

Sofern Sie in Ihrem Testament nichts anderes verfügt haben, bleibt das Vermächtnis auch dann wirksam, wenn der Beschwerte nicht Erbe oder Vermächtnisnehmer wird (z.B. weil der Beschwerte vor dem Erbfall verstorben ist oder die Erbschaft ausgeschlagen hat). Mit dem Vermächtnis beschwert ist dann derjenige, welchem der Wegfall des zunächst Berufenen unmittelbar zustattenkommt. Beschwert ist dann

- anstelle des zunächst berufenen gesetzlichen Erben der nächstfolgende gesetzliche Erbe,
- anstelle des testamentarisch eingesetzten Erben der Ersatzerbe oder der gesetzliche Erbe,
- bei einem Untervermächtnis der Ersatzvermächtnisnehmer des Hauptvermächtnisses.

3.4.4 Sicherstellung des Vermächtnisanspruchs

Zwar erwirbt der Vermächtnisnehmer mit dem Erbfall einen klagbaren Anspruch gegen den Beschwerten, den vermachten Gegenstand zu verlangen, er ist aber darauf angewiesen, dass der Beschwerte den Anspruch auch tatsächlich erfüllt. Deshalb kann es unter Umständen sinnvoll sein, dass Sie in Ihrem Testament Vorkehrungen für die Erfüllung des angeordneten Vermächtnisses treffen.

Nicht selten ist ein mit einem Vermächtnis Beschwerter – selbst nach rechtskräftiger Verurteilung – nur widerwillig bereit, nach Anfall und Fälligkeit des Vermächtnisses dieses auch tatsächlich zu erfüllen. Wenn Sie sicherstellen wollen, dass dem Vermächtnisnehmer tatsächlich die Leistung des Vermächtnisgegenstands zukommt, sollten Sie durch eine entsprechende testamentarische Verfügung die Erfüllung des Vermächtnisses sicherstellen. In Betracht kommen insbesondere die Bevollmächtigung des Bedachten und die Einsetzung des Vermächtnisnehmers als Testamentsvollstrecker.

Bevollmächtigung des Vermächtnisnehmers

Sie können den Vermächtnisnehmer bevollmächtigen, sich nach dem Erbfall den Vermächtnisgegenstand selbst zu übertragen. Die Erteilung der Vollmacht kann unmittelbar im Testament oder in einer gesonderten Vollmachtsurkunde erfolgen.

Formulierungsbeispiel

Bevollmächtigung des Vermächtnisnehmers

Zur Erfüllung des zu seinen Gunsten angeordneten Vermächtnisses erhält der Vermächtnisnehmer hiermit auf den Todesfall unwiderruflich Vollmacht unter Befreiung der Beschränkungen des § 181 BGB.

! Weil die Gefahr besteht, dass die Vollmacht nach Eintritt des Erbfalls von den Erben widerrufen wird, ist zur Sicherstellung des Vermächtnisanspruchs die Bestellung eines Testamentsvollstreckers sicherer.

Einsetzung des Vermächtnisnehmers als Testamentsvollstrecker

Sie können in Ihrem Testament den Vermächtnisnehmer zum Testamentsvollstrecker mit der alleinigen Aufgabe einsetzen, nach dem Erbfall das Vermächtnis gegenüber sich selbst zu erfüllen.

Formulierungsbeispiel

Einsetzung des Vermächtnisnehmers als Testamentsvollstrecker

Wir ordnen Testamentsvollstreckung an. Zum Testamentsvollstrecker ernennen wir den vorbezeichneten Vermächtnisnehmer. Der Vermächtnisnehmer hat die Aufgabe, das vorstehend zu seinen Gunsten angeordnete Vermächtnis zu erfüllen. Weitere Aufgaben hat der Testamentsvollstrecker nicht.

Der Testamentsvollstrecker ist von den Beschränkungen des § 181 BGB, soweit erforderlich, befreit.

Für seine Tätigkeit erhält der Testamentsvollstrecker keine Vergütung. Er erhält auch keinen Ersatz für seine Auslagen.

Die Beschränkung der Testamentsvollstreckung auf die Erfüllung des Vermächtnisses wird im Testamentsvollstreckerzeugnis angegeben.

3.4.5 Vermächtnis als flexibles testamentarisches Gestaltungsinstrument

Das Vermächtnis ist ein flexibles und gutes Instrument, um Ihre Wünsche und Vorstellungen bei der Vermögensübertragung von Todes wegen zu realisieren:

- Sie können einzelne Vermögensgegenstände Personen zuwenden, die nicht Erbe sein, gleichwohl aber entsprechend Ihren persönlichen Wünschen am Nachlass beteiligt werden sollen.
- Mit einem Vermächtnis können Sie einer Person etwas zuwenden, ohne diese zum Erben einsetzen zu müssen. Sie können also einer Person einen Anspruch auf Übertragung einzelner Vermögenswerte einräumen, ohne dass diese Person wie Ihre Erben im Wege der Gesamtrechtsnachfolge in Ihre Rechte und Pflichten eintreten.

- Sie haben die Möglichkeit, durch die Anordnung von Vermächtnissen Ihr Vermögen auf mehrere Köpfe zu verteilen, was unter erbschaftsteuerlichen Gesichtspunkten von Vorteil sein kann.
- Sie können einen gesetzlichen Erben enterben, diesen aber gleichzeitig durch ein ausgesetztes Vermächtnis entschädigen. Das kann zum Beispiel sinnvoll sein, wenn Sie Streit unter den Miterben einer Erbengemeinschaft befürchten und deshalb eine bestimmte Person (z.B. ein nichteheliches Kind) nicht Mitglied einer Erbengemeinschaft werden soll.
- Sie können eine Ihnen nahestehende Person (z.B. den Ehegatten) begünstigen, ohne diese zum Erben einsetzen zu müssen. Durch die Anordnung eines Vermächtnisses können Sie die betreffende Person wirtschaftlich versorgen und unmittelbar Ihre Kinder oder Enkel als Erben einsetzen. Das verhindert, dass Vermögen unter Umständen zweimal besteuert wird.
- Mit der Anordnung eines Vermächtnisses besteht die Möglichkeit, Personen von einem bestimmten Verhalten abzuhalten. So können Sie zum Beispiel durch Vermächtnisse im Berliner Testament verhindern, dass die zunächst enterbten Kinder beim Tod des Erstversterbenden ihren Pflichtteil gegenüber dem überlebenden Ehegatten geltend machen und diesen unter Umständen damit in finanzielle Schwierigkeiten bringen.
- Durch die Zuwendung eines Vorausvermächtnisses können Sie einem Erben außerhalb des Erbteils und über diesen hinaus einen Vermögensvorteil zuweisen. Sie können so einzelne Miterben gegenüber den anderen Miterben wertmäßig begünstigen.
- Bei der Zuwendung eines Vermächtnisses unterliegen Sie nicht den einschränkenden gesetzlichen Bestimmungen wie bei der Erbeinsetzung. So kann ein Vermächtnis auch einem noch nicht gezeugten Kind zugewendet werden. Der Anfall des Vermächtnisses erfolgt dann mit der Geburt. Die Person des durch ein Vermächtnis Begünstigten müssen Sie nicht selbst bestimmen.

Es reicht aus, dass Sie die Vermächtnisnehmer nur allgemein als Personenkreis festlegen und die endgültige Auswahl dem Erben oder einem Dritten überlassen.

! Wird ein Vermächtnis in einem gemeinschaftlichen Testament von Eheleuten angeordnet, kann es wechselbezüglich und damit erbrechtlich bindend ausgestaltet werden (vgl. dazu im Einzelnen 2.3.2).

3.5 Anordnung von Auflagen

Neben dem Vermächtnis ist die Auflage im Rahmen Ihrer Nachlassplanung ein flexibles testamentarisches Gestaltungsmittel, um Ihre Wünsche und Vorstellungen umzusetzen. Sie kommt vor allem als Nebenbestimmung zu einer Erbeinsetzung oder einem Vermächtnis in Betracht, durch die der Erbe oder der Vermächtnisnehmer bestimmten Einschränkungen bei einer erbrechtlichen Zuwendung unterworfen wird.

Sie können Ihre Erben oder Vermächtnisnehmer im Testament zu einer Leistung verpflichten, ohne einem anderen ein Recht auf die Leistung zuzuwenden. Im Gegensatz zur Erbeinsetzung und zum Vermächtnis braucht der Inhalt einer Auflage keine Zuwendung zu sein, sondern mit ihr wird eine Verpflichtung auferlegt, ohne dass einem Bedachten ein Anspruch eingeräumt wird. Gleichwohl kann mit einer Auflage auch eine Zuwendung verbunden sein und eine Person begünstigt werden. Im Gegensatz zum Vermächtnisnehmer hat aber die durch eine Auflage begünstigte Person keinen Anspruch auf die Leistung.

Checkliste: Vermächtnis

Gründe für die Anordnung einer Auflage	Weil eine Auflage keinen Begünstigten voraussetzt, können Sie mit ihr eigene Zwecke für die Zeit nach Ihrem Tod verfolgen und so auch auf das Verhalten der von Ihnen mit Zuwendungen bedachten Personen über Ihren Tod hinaus Einfluss nehmen (z.B. Verpflichtung zur Grabpflege). Wie beim Vermächtnis können Sie einem Begünstigten eine Zuwendung zukommen lassen, ohne diesem allerdings einen Anspruch auf die Leistung einzuräumen. Damit setzen Sie Ihre Erben nicht – wie beim Vermächtnis – dem Druck des mit der Auflage Bedachten aus. Weil eine Auflage keinen Begünstigten voraussetzt, können mit diesem Gestaltungsmittel auch Zuwendungen an nicht rechtsfähige Begünstigte erfolgen (z.B. nicht rechtsfähige Personenvereinigungen, Tiere).
Gegenstände der Auflage	Mit einer Auflage können Sie den Beschwerten zu einem bestimmten Verhalten veranlassen. Es ist nicht notwendig, dass die Leistung einer anderen Person zugutekommt. Es muss sich auch nicht um eine vermögenswerte Leistung handeln. Die Zuwendung von Geld- und Sachleistungen kann in verschiedenen Arten und Formen erfolgen.
Begünstigter der Auflage	Aus der Auflage muss sich nicht der Begünstigte bzw. der begünstigte Personenkreis ergeben, es ist vielmehr ausreichend, wenn Sie den Zweck der Auflage hinreichend beschreiben, während Sie es dem Beschwerten oder einem Dritten (z.B. einem Testamentsvollstrecker) überlassen, den konkreten Leistungsgegenstand näher zu bestimmen.
Beschwerter der Auflage	Mit einer Auflage können Sie Erben und Miterben, ferner Vermächtnisnehmer beschweren. Haben Sie den Beschwerten im Testament nicht benannt, muss der Erbe die Auflage erfüllen.
Vollziehung der Auflage	Weil bei einer Auflage kein Begünstigter vorhanden sein muss bzw. einem Begünstigten kein Anspruch auf die Erfüllung der Auflage zusteht, ist gesetzlich der Personenkreis festgelegt, der vom Beschwerten die Vollziehung der Auflage verlangen kann.
Fälligkeit der Auflage	Wann die Auflage vom Beschwerten zu erfüllen ist, bestimmen Sie in Ihrem Testament. Andernfalls tritt die Fälligkeit der Auflage mit dem Tod des Beschwerten ein.
Sicherstellung der Auflagenerfüllung	Sinnvoll kann es sein, in Ihrem Testament einen Testamentsvollstrecker zu ernennen und ihm die Aufgabe zu übertragen, die Erfüllung der Auflage zu überwachen.

3.5.1 Abgrenzung zu anderen testamentarischen Verfügungen

Die erbrechtliche Auflage ist insbesondere zum Vermächtnis und zur bloßen Empfehlung abzugrenzen.

- Vom Vermächtnis unterscheidet sich die Auflage dadurch, dass beim Vermächtnis ein Vermögensvorteil zugewendet wird und ein Bedachter vorhanden sein muss, während bei der Auflage eine Zuwendung keine Voraussetzung ist. Durch eine Auflage kann zwar auch eine andere Person begünstigt werden (z.B. Spende an den Tierschutzverein), im Gegensatz zum Vermächtnis, das einen schuldrechtlichen Anspruch auf den Vermächtnisgegenstand beinhaltet, hat jedoch der Begünstigte keinen Anspruch auf die Leistung. Deshalb ist die Auflage auch nicht als Zuwendung anzusehen.
- Bei einer bloßen Empfehlung oder einem Wunsch des Erblassers steht es im Gegensatz zur Auflage, die eine rechtliche Verpflichtung begründet, im freien Belieben des Erben oder des Vermächtnisnehmers, ob dieser Folge geleistet wird oder nicht. Gegebenenfalls muss durch Auslegung ermittelt werden, ob der Erblasser in seinem Testament lediglich einen Wunsch geäußert hat, oder ob es sich um eine Auflage handelt. Deshalb sollte im Testament klar und eindeutig zum Ausdruck kommen, dass es sich um eine erbrechtliche Auflage und um eine Verpflichtung der Erben handelt.

3.5.2 Inhalt der Auflage

Sie können Ihre Erben oder einen Vermächtnisnehmer in Ihrem Testament zu einer Leistung verpflichten, ohne einem anderen ein Recht auf die Leistung zuzuwenden (§ 1940 BGB). Im Gegensatz zur Erbeinsetzung und zum Vermächtnis braucht der Inhalt einer Auflage keine Zuwendung zu sein, sondern mit ihr wird eine Verpflichtung auferlegt, ohne dass einem Bedachten ein Anspruch eingeräumt wird. Gleichwohl kann mit einer Auflage auch eine Zuwendung verbunden sein und eine Person begünstigt werden. Im Gegensatz zum Vermächtnisnehmer hat aber die durch eine Auflage begünstigte Person keinen Anspruch auf die Leistung.

Gegenstand einer Auflage kann jede Leistung des Beschwerten sein, ein Tun, Dulden oder Unterlassen. Die Leistung muss keinen Vermögenswert haben. Die Auflage muss sich nicht auf Gegenstände des Nachlasses beschränken, sie kann sich vielmehr auch auf andere Vermögensbereiche des Beschwerten beziehen. Aus der Auflage muss sich nicht der Begünstigte bzw. der begünstigte Personenkreis ergeben, es ist vielmehr ausreichend, wenn Sie den Zweck der Auflage hinreichend beschreiben, während sie es dem Beschwerten oder einem Dritten (z.B. einem Testamentsvollstrecker) überlassen, den konkreten Leistungsgegenstand näher zu bestimmen.

Auflagen ohne Begünstigung

Mit einer Auflage können Sie den Beschwerten zu einem Tun oder Unterlassen veranlassen. In Betracht kommt jedes Verhalten, was Gegenstand eines schuldrechtlichen Vertrags sein kann. Um vermögenswerte Leistungen muss es sich dabei nicht handeln.

» Auflagen ohne Begünstigung betreffen

- die Grabpflege oder die Vornahme der Bestattung in einer bestimmten Weise,
- die Unterlassung der Veräußerung eines Nachlassgegenstands,
- die Pflicht ein Tier zu pflegen und zu versorgen,
- die Fortführung eines Unternehmens,
- die Pflicht, das vermachte Geld in einer bestimmten Weise für eine bestimmte Zeit anzulegen.

Formulierungsbeispiel

Berliner Testament mit Auflagen ohne Begünstigung

Wir, _____ *[Vor- und Familiennamen des Ehegatten einsetzen]*, und _____ *[Vor- und Familiennamen des anderen Ehegatten einsetzen]*, setzen uns gegenseitig zu alleinigen und unbeschränkten Erben ein. Als Erben des längerlebenden Ehepartners setzen wir unsere gemeinsamen Kinder _____ und _____ *[jeweils Vor- und Familiennamen der Ehegatten einsetzen]* zu gleichen Teilen ein. Gleichzeitig ordnen wir folgende Auflagen an:

- Das im Nachlass befindliche Anwesen _____ *[genaue Bezeichnung des Anwesens]* darf nach der Übernahme zehn Jahre lang nicht veräußert werden.
- Die Erben sind verpflichtet, unsere Grabstätten entsprechend den örtlichen Gepflogenheiten zu pflegen und zu schmücken.

Auflagen mit Begünstigung

Durch eine Auflage können Sie einem Begünstigten einen Vermögensvorteil zuwenden. Im Gegensatz zum Vermächtnis hat der Begünstigte jedoch grundsätzlich keinen Anspruch auf die Leistung. Die Vollziehung einer Auflage können nur der Erbe, der Miterbe und derjenige verlangen, welchem der Wegfall des mit der Auflage zunächst Beschwerten unmittelbar zustattenkommen würde.

» Auflagen, die eine Begünstigung vorsehen, können sich beziehen auf

- Geldzahlungen an eine bestimmte Person,
- Sachleistungen an eine bestimmte Person,
- die Pflicht, eine Immobilie an eine bestimmte Einrichtung zu übertragen,
- die Pflicht, einer Stiftung finanzielle Mittel zukommen zu lassen,
- die Pflicht, einem Begünstigten einen Gegenstand zu verschaffen.

Formulierungsbeispiel

Berliner Testament mit Auflagen mit Begünstigungen

Wir, _____ *[Vor- und Familiennamen des Ehegatten einsetzen]*, und _____ *[Vor- und Familiennamen des anderen Ehegatten einsetzen]*, setzen uns gegenseitig zu alleinigen und unbeschränkten Erben ein. Als Erben des längerlebenden Ehepartners setzen wir unsere gemeinsamen Kinder _____ und _____ *[jeweils Vor- und Familiennamen der Ehegatten einsetzen]* zu gleichen Teilen ein. Gleichzeitig ordnen wir folgende Auflagen an:

- Sie sind verpflichtet, _____ Euro an den _____verein *[konkrete Bezeichnung des Vereins]* zu zahlen.
- Sie haben an _____ *[Vor- und Familiennamen einsetzen]*, der unseren Hund versorgen soll, einmalig _____ Euro zu zahlen.

Arten von Auflagen

In Anlehnung an das Vermächtnis ist zwischen verschiedenen Arten von Auflagen zu unterscheiden.

Stückauflage

Mit einer Stückauflage können Sie einer Person einen bestimmten Gegenstand zuwenden. Gegenstand der Auflage ist meist eine Sache, in Betracht kommt aber auch eine Forderung oder ein Recht. Beispielsweise können Sie Ihre Erben verpflichten, einem Freund Ihre Briefmarkensammlung auszuhändigen. Voraussetzung für die Wirksamkeit der Stückauflage ist, dass der Gegenstand zum Zeitpunkt des Erbfalls zum Nachlass gehört. Der maßgebliche Zeitpunkt ist also der Zeitpunkt des Erbfalls und nicht der Zeitpunkt der Testamentserrichtung.

Formulierungsbeispiel

Stückauflage

Unseren Erben machen wir zur Auflage, _____ *[Vor- und Familiennamen des Begünstigten einsetzen]* das Eigentum an _____ *[konkrete Bezeichnung des Gegenstands, z.B. die Briefmarkensammlung, das Wertpapierdepot, das Jagdgewehr oder das Auto]* zu übertragen.

Gattungsauflage

Durch eine Gattungsauflage geben Sie dem Beschwerten auf, eine Leistung zu erbringen, die nicht konkret, sondern nur ihrer Art bzw. Gattung nach bestimmt ist (z.B. Zuwendung eines Autos oder einer Immobilie). In diesem Fall muss der Beschwerte eine den Verhältnissen des Begünstigten entsprechende Sache leisten. Wer die Sache auszuwählen hat, bestimmen in erster Linie Sie in Ihrem Testament. In Betracht kommen der Erbe, der Begünstigte oder ein Dritter (z.B. ein Testamentsvollstrecker). Haben Sie keine Festlegung getroffen, hat der Beschwerte (in der Regel der Erbe) das Auswahlrecht.

Formulierungsbeispiel

Gattungsauflage

Unseren Erben machen wir zur Auflage, _____ *[Vor- und Familiennamen des Begünstigten einsetzen]* das Eigentum an _____ *[Bestimmung der Gattung des geschuldeten Gegenstands, z.B. ein Auto, ein Kleid oder einen Pelzmantel]* zu übertragen. Der Begünstigte darf sich den vermachten Gegenstand selbst auswählen. Die Auswahl muss innerhalb von drei Monaten nach Eintritt des Erbfalls getroffen werden. Andernfalls geht das Auswahlrecht auf den Erben über.

Wahlauflage

Sie können eine Auflage auch in der Weise anordnen, dass der Begünstigte von mehreren Gegenständen nur den einen oder anderen erhalten soll. Wahlberechtigt ist in erster Linie der mit der Auflage Beschwerte, also in der Regel der Erbe. Die Wahl kann aber auch dem Begünstigten oder einem Dritten (z.B. einem Testamentsvollstrecker) übertragen werden.

Formulierungsbeispiel

Wahlauflage

Dem Erben machen wir zur Auflage, _____ *[Vor- und Familiennamen des Begünstigten einsetzen]* das Eigentum an einer Eigentumswohnung zu übertragen. Der Erbe entscheidet, welche unserer Eigentumswohnungen dem Begünstigten übertragen wird.

[Oder]

Dem Erben machen wir zur Auflage, _____ *[Vor- und Familiennamen des Begünstigten einsetzen]* das Eigentum an einer Eigentumswohnung zu übertragen. Der Begünstigte kann zwischen den Wohnungen in der _____straße und der ____straße *[jeweils konkrete Beschreibung der Immobilien]* wählen.

Zweckauflage

Sie können sich in Ihrem Testament auch darauf beschränken, den Zweck der Auflage festzulegen und es dem Beschwerten oder einem Dritten (z.B. einem Testamentsvollstrecker) überlassen, die Leistung zu bestimmen. Bei einer Zweckauflage kann es auch dem Beschwerten oder dem Dritten überlassen werden, an welche Person die Leistung erfolgen soll.

» Der Erblasser verpflichtet seine Erben, an einen gemeinnützigen Verein einen bestimmten Geldbetrag für den Umweltschutz zu zahlen. An welchen gemeinnützigen Verein die Spende erfolgt, bestimmen die Erben.

Achtung: Das Bestimmungsrecht kann sich nur auf den Gegenstand, die Bedingungen der Leistung und deren Zeit beziehen. In das freie Belieben des Bestimmungsberechtigten kann es nicht gestellt werden.

Formulierungsbeispiel

Zweckauflage

Unseren Erben machen wir zur Auflage, unserem Enkelkind _____ *[Vor- und Familiennamen des Begünstigten einsetzen]* einen dreimonatigen Studienaufenthalt in London zu finanzieren. Über die Einzelheiten soll _____ *[Vor- und Familiennamen des Bestimmungsberechtigten einsetzen]* entscheiden.

Verschaffungsauflage

Als Verschaffungsauflage wird eine Auflage bezeichnet, durch die dem Beschwerten aufgegeben wird, eine Sache zu beschaffen, die zum Zeitpunkt des Erbfalls nicht zur Erbschaft gehört (z.B. Erwerb eines Autos für den Begünstigten).

Formulierungsbeispiel

Verschaffungsauflage

Unseren Erben machen wir zur Auflage, _____ *[Vor- und Familiennamen des Begünstigten einsetzen]* das Eigentum an _____ *[konkrete Bezeichnung des Gegenstands, z.B. das Auto des Erblassers]* zu übertragen.

Soweit der Gegenstand zur Zeit des Erbfalls nicht zur Erbschaft gehört, wird dem Erben aufgegeben, diesen zu beschaffen.

Die Beschaffung des Gegenstands der Auflage erfolgt aus den Mitteln des Nachlasses. Der beschwerte Erbe muss also nicht sein eigenes Vermögen einsetzen. Ist der Beschwerte zur Beschaffung nicht imstande oder ist die Verschaffung nur mit unverhältnismäßigen Aufwendungen möglich, hat er dem Begünstigten den Wert zu erstatten.

Ersatzauflage

Mit einer Ersatzauflage können Sie eine Person zum (Ersatz-)Begünstigten bestimmen, wenn die zunächst begünstigte Person vor oder nach dem Erbfall wegfällt. Andernfalls kann die Auflage nicht vollzogen werden.

Formulierungsbeispiel

Ersatzauflage

Unseren Erben machen wir zur Auflage, das Eigentum an _____ *[konkrete Bezeichnung des Gegenstands, z.B. die Briefmarkensammlung, das Wertpapierdepot, das Jagdgewehr oder das Auto]* zu übertragen. Sollte der Begünstigte zuvor versterben oder in sonstiger Weise wegfallen, bestimmen wir _____ *[Vor- und Familiennamen des Ersatzbegünstigten einsetzen]* zum Begünstigten der Auflage.

3.5.3 Beschwerter und Begünstigter einer Auflage

Mit einer Auflage können Sie sowohl Ihren Erben als auch einen Vermächtnisnehmer beschweren. Regelmäßig ist der Erbe beschwert. Durch eine Auflage muss es nicht notwendigerweise einen Begünstigten geben. Gleichwohl können mit einer Auflage auch Zuwendungen an einen Begünstigten verbunden sein.

Beschwerter

Als Beschwerter wird bezeichnet, wer die Auflage erfüllen muss. In Betracht kommen nur der der Erbe und der Vermächtnisnehmer. Fehlt die Bestimmung eines Beschwerten, so ist der Erbe beschwert.

- Mit einer Auflage beschweren können Sie Ihre Erben und Miterben. Mehrere Erben sind im Verhältnis ihrer Erbteile beschwert. Haben Sie testamentarisch eine Vor- und Nacherbfolge angeordnet, können Sie auch den Vorerben mit einer Auflage beschweren. Der Nacherbe wird erst mit dem Eintritt des Nacherbfalls Erbe; er kann also nicht mit einer Auflage beschwert werden, die vor Eintritt des Nacherbfalls zu erbringen ist.
- Mit einer Auflage können Sie auch einen Vermächtnisnehmer beschweren. Mehrere beschwerte Vermächtnisnehmer sind – sofern Sie im Testament nichts anderes angeordnet haben – im Verhältnis ihrer Vermächtnisanteile beschwert.

Begünstigter

Wie bereits oben dargelegt, muss eine erbrechtliche Auflage nichts zwangsläufig mit einer Begünstigung einer anderen Person verbunden sein. Gleichwohl können Sie durch eine Auflage auch Zuwendungen an dritte Personen anordnen. In Betracht kommen natürliche und juristische Personen (z.B. Verein), daneben aber auch nicht rechtsfähige Empfänger (z.B. Institutionen, Tiere). Sie müssen die begünstigten Personen nicht selbst bestimmen. Sie können die Bestimmung, an welche Personen Leistungen erfolgen sollen, auch dem Beschwerten oder Dritten (z.B. einem Testamentsvollstrecker) überlassen.

! Wenn Sie das Entscheidungsrecht über den Begünstigten dem Beschwerten oder einem Dritten überlassen, müssen Sie den Zweck der Auflage festlegen und diesen so genau bezeichnen, dass sich aus dem festgelegten Grund der Zuwendung hinreichende Anhaltspunkte für die Bestimmung des Begünstigten ergeben. Dabei ist es ausreichend, dass sich aus der Zweckbestimmung der begünstigte Personenkreis ermitteln lässt. Wirksam ist also beispielsweise die Auflage, dass eine »gemeinnützige Organisation« finanziell unterstützt werden soll.

3.5.4 Sicherstellung der Auflagenerfüllung

Weil bei einer Auflage kein Begünstigter vorhanden sein muss bzw. einem Begünstigten kein Anspruch auf die Erfüllung der Auflage zusteht, ist gesetzlich der Personenkreis festgelegt, der vom Beschwerten die Vollziehung der Auflage verlangen kann. Insbesondere können alle Personen die Vollziehung der Auflage verlangen, denen der Wegfall des mit der Auflage zunächst Beschwerten unmittelbar zustattenkommen würde (§ 2194 BGB). In Betracht kommen insbesondere der nächstberufene gesetzliche Erbe, wenn gesetzliche Erbfolge gilt, oder die testamentarisch eingesetzten Erben, wenn durch Testament von der Erbfolge abgewichen wurde.

! Wenn Sie sicherstellen wollen, dass die Auflage, mit der die Begünstigung einer anderen Person verbunden ist, von dem Beschwerten erfüllt wird, sollten Sie einen Testamentsvollstrecker mit der Aufgabe einsetzen, als Vollziehungsberechtigter die Einhaltung der Auflage zu überwachen.

Formulierungsbeispiel

Anordnung der Testamentsvollstreckung zur Vollziehung einer Auflage

Um sicherzustellen, dass die testamentarisch verfügte Auflage erfüllt wird, ordnen wir Testamentsvollstreckung an. Zum Testamentsvollstrecker bestimmen wir _____ *[Vor- und Familiennamen des Testamentsvollstreckers einsetzen]*, ersatzweise _____ *[Vor- und Familiennamen des Ersatztestamentsvollstreckers einsetzen]*. Der Testamentsvollstrecker hat die Auflage zu überwachen. Weitere Aufgaben obliegen ihm nicht.

Für seine Tätigkeit erhält der Testamentsvollstrecker keine Vergütung. Er erhält auch keinen Ersatz für seine Auslagen.

3.5.5 Auflage als flexibles testamentarisches Gestaltungsinstrument

Mit dem erbrechtlichen Instrument der Auflage können Sie im Rahmen Ihrer Nachlassplanung eine Reihe von Vorstellungen und Wünschen umsetzen.

- Weil eine Auflage keinen Begünstigten voraussetzt, können Sie mit einer Auflage eigene Zwecke für die Zeit nach Ihrem Tod verfolgen und so auch auf das Verhalten der von Ihnen mit Zuwendungen bedachten Personen über Ihren Tod hinaus Einfluss nehmen (z.B. Verpflichtung zur Grabpflege). Insbesondere können Sie auch die Verwaltung Ihres Vermögens durch die Erben steuern (z.B. Verbot, Wertpapiere zu veräußern, ein Grundstück zu veräußern, einen bestimmten Beruf zu ergreifen oder eine bestimmte Ausbildung zu absolvieren).
- Wie beim Vermächtnis können Sie einem Begünstigten eine Zuwendung zukommen lassen, ohne diesem allerdings einen

Anspruch auf die Leistung einzuräumen. Damit setzen Sie Ihre Erben nicht – wie beim Vermächtnis – dem Druck des mit der Auflage Begünstigten aus.

- Anders als bei der Erbeinsetzung können Sie einem Dritten die endgültige Auswahl von Begünstigten überlassen. Durch eine sogenannte Zweckauflage können Sie bestimmen, welchem Zweck die Auflage dienen soll, es aber dem Beschwerten oder einem Dritten (z.B. einem Testamentsvollstrecker) überlassen, an welche Person die Leistung erfolgen soll.
- Wie gesagt, ist bei der Auflage kein unmittelbar Berechtigter erforderlich. Deshalb können mit diesem Gestaltungsmittel auch Zuwendungen an nicht rechtsfähige Begünstigte erfolgen (z.B. nicht rechtsfähige Personenvereinigungen, Tiere).

! Ein Vorteil der Auflage ist, dass sie zeitlich unbefristet wirksam ist und nicht der Verjährung unterliegt. Damit können durch eine Auflage auch dauernde Zwecke verfolgt werden.

3.6 Anordnungen für die Auseinandersetzung der Erbengemeinschaft

Nicht selten entsteht nach dem Tod des Erblassers eine Erbengemeinschaft zwischen mehreren Erben, insbesondere, wenn gesetzliche Erbfolge gilt (z.B. zwischen dem längerlebenden Ehegatten und den Kindern), aber auch dann, wenn Sie testamentarisch mehrere Erben eingesetzt haben. Der Nachlass ist dann gemeinschaftliches Vermögen der Erben.

Im Falle einer Erbengemeinschaft steht jedem Miterben der gesetzliche oder im Testament festgelegte Bruchteil des Nachlasses zu. Ein Miterbe allein kann nicht über einzelne Nachlassgegenstände verfügen. Wenn Sie Regelungen treffen wollen, wie Ihre Erben die einzelnen Vermögensgegenstände untereinander aufteilen sollen, müssen Sie eine Teilungsanordnung treffen (§ 2048 BGB).

Jeder Miterbe kann nach Eintritt des Erbfalls eine Auseinandersetzung, also die Aufteilung des Nachlasses verlangen (§ 2042 BGB). Wollen Sie als Erblasser das verhindern, können Sie durch eine entsprechende testamentarische Verfügung die Auseinandersetzung des Nachlasses oder einzelner Nachlassgegenstände ausschließen (§ 2044 Abs. 1 BGB).

3.6.1 Teilungsanordnung

Wenn Sie in Ihrem Testament mehrere Personen als Erben einsetzen muss sich die Erbeinsetzung auf einen Bruchteil (z. B. die Hälfte oder ein Viertel des Nachlasses) beziehen. Auf den Miterben geht nur der ihm zugewendete Bruchteil des Vermögens über. Die Miterben bilden dann eine Erbengemeinschaft. Wenn testamentarisch mehrere Erben eingesetzt werden, ohne dass deren Erbteile bestimmt sind, so erben die Miterben grundsätzlich zu gleichen Teilen.

Achtung: Sie können eine Erbeinsetzung nicht in der Form vornehmen, dass Sie Ihren »Erben« einzelne Gegenstände zuwenden (»z. B. »Mein Sohn soll die Eigentumswohnung, meine Tochter das Wertpapierdepot erben«). Sie müssen einen oder mehrere Erben bestimmen, der Ihre Gesamtrechtsnachfolge antreten, die also in Ihre »rechtlichen Fußstapfen eintreten«, die unter anderem auch für die Nachlassverbindlichkeiten haften. Die gegenständliche Erbeinsetzung ist nicht zulässig. Haben Sie in Ihrem Testament nur einzelne Gegenstände zugewendet, so handelt es sich dabei um Vermächtnisse, nicht aber um eine Erbeinsetzung. In diesem Fall gilt für den Rest des Nachlasses gesetzliche Erbfolge.

Checkliste: Teilungsanordnung

Gründe für eine Teilungsanordnung	Weil eine gegenständliche Erbeinsetzung nicht zulässig ist, können Sie durch eine Teilungsanordnung über die Erbeinsetzung hinaus Regelungen über die Verteilung der Nachlassgegenstände unter Ihren Miterben treffen und so die Aufteilung des Nachlasses beeinflussen. Da jeder Miterbe die Auseinandersetzung der Erbengemeinschaft verlangen kann, besteht die Gefahr, dass bei Uneinigkeit und Streit wirtschaftliche Werte zerschlagen werden. Deshalb kann es sinnvoll sein, dass Sie selbst Vermögensgegenstände an die Miterben zuweisen.
Teilungsanordnung unter Anrechnung auf den Erbteil des Miterben	Durch eine Teilungsanordnung wird der dem Miterben zustehende Erbteil lediglich konkretisiert. Sie führt aber wertmäßig zu keiner über den Erbteil hinausgehenden Zuwendung. Erhält ein Miterbe bei einer Teilungsanordnung mehr als ihm nach seinem Erbteil zusteht, ist er gegenüber den anderen Miterben ausgleichspflichtig.
Teilungsanordnung ohne Anrechnung auf den Erbteil des Miterben (Vorausvermächtnis)	Wünschen Sie, dass bei einer Zuwendung an einen Miterben im Wege der Teilungsanordnung kein Ausgleich stattfindet, müssen Sie ein sogenanntes Vorausvermächtnis anordnen. In diesem Fall muss sich der Miterbe die im Wege des Vorausvermächtnisses vermachten Gegenstände nicht auf seinen Erbteil anrechnen lassen.
Sicherstellung der Erfüllung der Teilungsanordnung	Eine Teilungsanordnung hat nur schuldrechtliche Wirkung, sie führt aber nicht von selbst zur Aufteilung des Nachlasses. Die Erben sind also, wenn sie sich untereinander einig sind, nicht gehindert, eine andere Verteilung vorzunehmen. Wollen Sie sicherstellen, dass Ihre Teilungsanordnung tatsächlich umgesetzt wird, müssen Sie entsprechende testamentarische Vorkehrungen treffen.

Abgrenzung der Teilungsanordnung zu anderen testamentarischen Verfügungen

Die Teilungsanordnung ist insbesondere von der Erbeinsetzung, der Auflage und dem Vorausvermächtnis abzugrenzen.

Teilungsanordnung und Erbeinsetzung

Die testamentarische Einsetzung von Erben hat die Wirkung, dass diese in die Rechte und Pflichten des Erblassers eintreten. Diese werden seine Gesamtrechtsnachfolger und treten damit in die »rechtlichen Fußstapfen« des Erblassers. Dagegen beinhaltet eine Teilungsanordnung lediglich Regelungen, welche Nachlassgegenstände ein Miterbe erhalten soll, ohne ihn wertmäßig besser zu stellen. Der zugeteilte Nachlassgegenstand wird wertmäßig auf den Erbteil des Miterben angerechnet. Übersteigt der Wert eines Nachlassgegenstands den Wert des Erbteils des Miterben, muss er den anderen Miterben einen Ausgleich leisten.

Teilungsanordnung und Auflage

Die erbrechtliche Auflage setzt keine Zuwendung voraus. Wird gleichwohl durch die Auflage eine Person begünstigt, so begründet sie für den Begünstigten keinen direkten Anspruch auf die Leistung. Vielmehr muss jeder Miterbe die Ausführung der Auflage von den übrigen Miterben verlangen.

Teilungsanordnung und Vorausvermächtnis

Bei der Teilungsanordnung wird der Nachlassgegenstand, den der Erblasser einem Miterben zugewandt hat, wertmäßig voll auf dessen Erbteil angerechnet. Der Miterbe soll also vermögensmäßig nicht bessergestellt werden. Dagegen will der Erblasser bei einem Vorausvermächtnis den Miterben neben seinem eigentlichen Erbteil einen weiteren Vermögensvorteil zuwenden.

Inhalt der Teilungsanordnung

Wichtig ist, dass Sie im Testament zum Ausdruck bringen, dass Sie keine Änderung der Erbteile der Miterben wünschen. Sie können sich zwar ohne näheren Hinweis darauf beschränken, den Miterben bestimmte Nachlassgegenstände zuzuweisen, um jeglichen Zweifel zu vermeiden, ist es jedoch sinnvoll, ausdrücklich darauf hinzuweisen, dass die Zuteilung von Nachlassgegenständen jeweils unter Anrechnung auf den Erbteil des jeweiligen Miterben erfolgt. Der Erbe muss sich den Wert des ihm zugewendeten Nachlassgegenstands voll auf seinen Erbteil anrechnen lassen. Ist der Wert des zugewiesenen Gegenstands höher als der Erbteil, muss der Ausgleich mit den anderen Erben aus dem Privatvermögen des Erben erfolgen.

Teilungsanordnungen müssen Sie in Ihrem Testament treffen. Es ist nicht erforderlich, dass im Testament auch Erbeinsetzungen vorgenommen werden; Teilungsanordnungen können auch angeordnet werden, wenn gesetzliche Erbfolge gilt. Eine Teilungsanordnung kann auch in einem gemeinschaftlichen Testament von Eheleuten festgelegt werden. Allerdings kann die Verfügung nicht wechselbezüglich ausgestaltet werden; die Anordnung kann also jederzeit widerrufen werden (vgl. dazu auch 2.3.2).

Formulierungsbeispiel

Berliner Testament mit Teilungsanordnung

Wir, _____ *[Vor- und Familiennamen des Ehegatten einsetzen]*, und _____ *[Vor- und Familiennamen des anderen Ehegatten einsetzen]*, setzen uns gegenseitig zu alleinigen und unbeschränkten Erben ein. Als Erben des längerlebenden Ehepartners setzen wir unsere gemeinsamen Kinder _____ und _____ *[jeweils Vor- und Familiennamen der Ehegatten einsetzen]* zu gleichen Teilen ein.

Die Nachlassgegenstände sind unter den Miterben wie folgt aufzuteilen:

_____ *[Vor- und Familiennamen des Miterben einsetzen]* erhält unter Anrechnung auf seinen Erbteil das Hausgrundstück _____ *[genaue Bezeichnung der Immobilie]*.

_____ *[Vor- und Familiennamen des Miterben einsetzen]* erhält unter Anrechnung auf seinen Erbteil die Eigentumswohnung _____ *[genaue Bezeichnung der Immobilie]* und unser Guthaben auf dem Sparbuch _____ bei der _____bank *[genaue Bezeichnung des Sparbuchs und der Bank]*.

Der jeweils anzurechnende Wert für die Immobilien ist auf Kosten des Nachlasses durch ein Verkehrswertgutachten des örtlichen Gutachterausschusses zu ermitteln.

Der Restnachlass ist entsprechend den Erbquoten zu gleichen Teilen unter meinen Kindern aufzuteilen.

! Statt selbst nähere Anordnungen zu treffen, können Sie die Auseinandersetzung unter den Miterben in das billige Ermessen eines Dritten stellen. Als Dritten können Sie auch einen Miterben oder einen Testamentsvollstrecker berufen. Aufgabe des Dritten ist, einen Auseinandersetzungsplan aufzustellen.

Kraft Gesetzes führt eine Teilungsanordnung nicht zu einer Verschiebung der wertmäßigen Beteiligung der Miterben am Nachlass. Deshalb ist ein Miterbe, der durch die Zuweisung eines Nachlassgegenstands wertmäßig mehr erhält, als es seinem Erbteil entspricht, den anderen Miterben zum Ausgleich der Differenz verpflichtet.

In Ihrem Testament können Sie jedoch Ausgleichsansprüche unter den Miterben ausschließen. In diesem Fall findet dann keine Anrechnung auf den Erbteil statt, wenn einem Miterben ein Vermögensvorteil über seinen Erbteil hinaus zugewendet wird. Man spricht in diesem Fall von einer wertverschiebenden Teilungsanordnung. Letztlich handelt es sich dabei allerdings um ein Vorausvermächtnis. In diesem Fall müssen Sie in Ihrem Testament ausdrücklich bestimmen, dass im Rahmen der Zuwendung von Nachlassgegenständen kein wertmäßiger Ausgleich untere den Miterben stattfinden, eine Anrechnung auf die Erbteile der einzelnen Miterben also unterbleiben soll.

Formulierungsbeispiel

Berliner Testament mit wertverschiebender Teilungsanordnung

Wir, _____ *[Vor- und Familiennamen des Ehegatten einsetzen]*, und _____ *[Vor- und Familiennamen des anderen Ehegatten einsetzen]*, setzen uns gegenseitig zu alleinigen und unbeschränkten Erben ein. Als Erben des längerlebenden Ehepartners setzen wir unsere gemeinsamen Kinder _____ und _____ *[jeweils Vor- und Familiennamen der Ehegatten einsetzen]* zu gleichen Teilen ein. Für die Teilung des Nachlasses unter den beiden Miterben bestimmen wir in Form einer Teilungsanordnung und für den über den jeweiligen Erbteil hinausgehenden Wert als Vorausvermächtnis:

_____ *[Vor- und Familiennamen des Miterben einsetzen]* erhält im Wege der Teilungsanordnung mein Hausgrundstück _____ *[genaue Bezeichnung der Immobilie]*.

_____ *[Vor- und Familiennamen des Miterben einsetzen]* erhält im Wege der Teilungsanordnung meine Eigentumswohnung _____ *[genaue Bezeichnung der Immobilie]*.

Der jeweils anzurechnende Wert für die Immobilien ist auf Kosten des Nachlasses durch ein Verkehrswertgutachten des örtlichen Gutachterausschusses zu ermitteln.

Falls dadurch einer meiner Erben wertmäßig mehr erhält als es seiner Erbquote entspricht, so wird ihm dieser Überschuss als Vorausvermächtnis zugewandt. Es soll kein Ausgleich unter den Erben stattfinden. Die jeweilige Zuwendung erfolgt also ohne Anrechnung auf den jeweiligen Erbteil des Miterben.

Der Restnachlass ist entsprechend den Erbquoten zu gleichen Teilen unter meinen Kindern aufzuteilen.

Sicherstellung der Erfüllung der Teilungsanordnung

Mit einer Teilungsanordnung können Sie zwar verfügen, dass der Nachlass entsprechend Ihren Anordnungen unter den Erben aufgeteilt wird, Ihre Anordnungen führen aber nicht von selbst zur Aufteilung. Die Erben sind also, wenn sie sich untereinander einig sind, nicht gehindert, eine andere Verteilung vorzunehmen. Wollen Sie das verhindern und sicherstellen, dass Ihre Teilungsanordnung tatsächlich umgesetzt wird, müssen Sie entsprechende testamentarische Vorkehrungen treffen. Dabei haben Sie unter anderem folgende Möglichkeiten:

- Sie können einen Testamentsvollstrecker einsetzen und diesem die Durchführung der Teilungsanordnung übertragen.
- Sie können die Einsetzung der Erben im Testament mit der Bedingung verknüpfen, dass diese die Teilungsanordnung einhalten. Verstoßen die Erben gegen diese Bedingung, müssen sie die Erbschaft wieder herausgeben.

Formulierungsbeispiel

Sicherstellung der Erfüllung der Teilungsanordnung

Wir ordnen Testamentsvollstreckung an. Der Testamentsvollstrecker hat die Aufgabe, den Nachlass entsprechend unseren Anordnungen zu verteilen. Zum Testamentsvollstrecker bestimmen wir _____ *[Vor- und Familiennamen des Testamentsvollstreckers einsetzen]*, ersatzweise _____ *[Vor- und Familiennamen des Ersatztestamentsvollstreckers einsetzen]*.

[Oder]

Soweit ein Erbe gegen unsere Teilungsanordnung verstößt, treten an seine Stelle dessen Abkömmlinge.

[Oder]

Soweit ein Erbe gegen unsere Teilungsanordnung verstößt, wächst dessen Erbteil den anderen Miterben zu.

Teilungsanordnung als testamentarisches Gestaltungsmittel

Die Teilungsanordnung kommt als erbrechtliches Gestaltungsmittel dann in Betracht, wenn Sie über die Erbeinsetzung hinaus Regelungen über die Verteilung der Nachlassgegenstände unter den Miterben treffen wollen. Sie können damit die Auseinandersetzung unter den Miterben, also die Aufteilung des Nachlasses, beeinflussen. Insgesamt können Sie nicht nur die Erbfolge abweichend von den gesetzlichen Regelungen festlegen, sondern auch den Miterben den Nachlass endgültig zuordnen.

Achtung: Sind die von Ihnen eingesetzten Erben auch gleichzeitig pflichtteilsberechtigt, müssen Sie darauf achten, dass der jeweils zugewendete Erbteil nicht geringer ist als der Pflichtteilsanspruch. Andernfalls kann der durch den Ausschluss der Ausgleichspflicht benachteiligte Erbe seinen Zusatzpflichtteil verlangen.

3.6.2 Teilungsverbot

Jeder Miterbe ist jederzeit berechtigt, die Auseinandersetzung der Erbengemeinschaft, also die Aufteilung des Nachlasses, zu verlangen (§ 2042 Abs. 1 BGB). Wollen Sie das verhindern, können Sie die Auseinandersetzung insgesamt oder die Verteilung einzelner Nachlassgegenstände verhindern oder von der Einhaltung einer Kündigungsfrist abhängig machen (§ 2044 Abs. 1 BGB). Ein solches Teilungsverbot unterliegt jedoch sachlichen und zeitlichen Beschränkungen.

Checkliste: Teilungsverbot

Gründe für ein Teilungsverbot	Mit einem Teilungsverbot können Sie das Vermögen oder Teile davon als Einheit erhalten oder eine vorschnelle Verschleuderung des Nachlasses verhindern. Sie können aber auch gewährleisten, dass Ihre Erben den Nachlass erst dann unter sich aufteilen, wenn sie ein bestimmtes Alter erreicht haben. Der Ausschluss der Erbauseinandersetzung kommt auch dann in Betracht, wenn Sie einzelnen Miterben Zeit geben wollen, die Auszahlung anderer Miterben zu finanzieren.
Dauer	Das Teilungsverbot ist auf bestimmte Zeit oder auf Dauer zulässig. Ein nur auf Zeit angeordnetes testamentarisches Teilungsverbot tritt im Zweifel mit dem Tod eines Miterben außer Kraft.
Rechtsfolge	Aufgrund des Teilungsverbots hat kein Miterbe gegen die übrigen Miterben einen Anspruch auf Teilung des Nachlasses.
Sicherstellung der Erfüllung des Teilungsverbots	Ein Teilungsverbot hat nur schuldrechtliche Wirkung. Sind sich die Erben untereinander einig, können sie sich über das Verbot hinwegsetzen und den Nachlass verteilen. Die Erfüllung des Teilungsverbots können Sie sicherstellen, wenn Sie einen Testamentsvollstrecker einsetzen oder eine bedingte Erbeinsetzung vornehmen.

Inhalt des Teilungsverbots

Ein testamentarisches Teilungsverbot können Sie für den gesamten Nachlass oder nur auf bestimmte Nachlassgegenstände anordnen. Sie können es befristet oder auf Dauer festlegen.

! Ein Teilungsverbot müssen Sie in Ihrem Testament bestimmen. Es ist nicht erforderlich, dass im Testament auch Erbeinsetzungen vorgenommen werden. Teilungsanordnungen können Sie auch anordnen, wenn gesetzliche Erbfolge gilt. Ein Teilungsverbot kann auch in einem gemeinschaftlichen Testament von Eheleuten festgelegt werden. Allerdings kann die Verfügung nicht wechselbezüglich ausgestaltet werden; das Verbot kann also jederzeit widerrufen werden (vgl. dazu auch 2.3.2).

Dauerhaftes Teilungsverbot für den gesamten Nachlass

Das Teilungsverbot können Sie auf den gesamten Nachlass beziehen und auf Dauer anordnen. Es wird unwirksam, wenn 30 Jahre verstrichen sind. Sind natürliche Personen Miterben, können Sie testamentarisch anordnen, dass die Auseinandersetzungsbeschränkung auch nach Ablauf von 30 Jahren bis zum Eintritt eines bestimmten Ereignisses in der Person eines Miterben gilt (z.B. Heirat oder Tod eines Miterben).

Formulierungsbeispiel

Dauerhaftes Teilungsverbot für gesamten Nachlass

Wir schließen die Auseinandersetzung der Erbengemeinschaft hinsichtlich des gesamten Nachlasses aus. Die Auseinandersetzung soll auch nicht im Einvernehmen aller Erben möglich sein.

Befristetes Teilungsverbot für den gesamten Nachlass

Die Teilungsanordnung können Sie auf den gesamten Nachlass beziehen und zeitlich befristen. Nach Ablauf der Frist kann ein Miterbe die Auseinandersetzung der Erbengemeinschaft gegen die anderen Miterben geltend machen.

Ein nur auf Zeit angeordnetes testamentarisches Teilungsverbot tritt im Zweifel mit dem Tod eines Miterben außer Kraft.

Formulierungsbeispiel

Befristetes Teilungsverbot für gesamten Nachlass

Wir schließen die Auseinandersetzung unter unseren Erben solange aus, bis ______ *[Vor- und Familiennamen des Miterben einsetzen]* das _____ Lebensjahr vollendet hat. Die Auseinandersetzung soll auch nicht einvernehmlich unter den Erben möglich sein.

Fristabhängiges Teilungsverbot für den gesamten Nachlass

Durch die Vorgabe einer Frist für die Geltendmachung des Auseinandersetzungsanspruchs können Sie unter Umständen einer übereilten Auseinandersetzung vorbeugen.

Formulierungsbeispiel

Fristabhängiges Teilungsverbot für gesamten Nachlass

Ein Erbe kann die Auseinandersetzung des Nachlasses frühestens _____ Jahre nach Eintritt des Erbfalls verlangen.

Dauerhaftes Teilungsverbot für einzelne Nachlassgegenstände

Eine Teilungsanordnung können Sie testamentarisch auch nur auf einzelne Nachlassgegenstände beziehen. In diesem Fall kann der übrige Nachlass unter den Erben entsprechend den Erbteilen verteilt werden.

Formulierungsbeispiel

Dauerhaftes Teilungsverbot für einzelne Nachlassgegenstände

Wir schließen die Auseinandersetzung der Erbengemeinschaft bezüglich folgender Nachlassgegenstände _____ *[Bezeichnung der vom Teilungsverbot betroffenen Nachlassgegenstände]* aus.

Sicherstellung der Erfüllung des Teilungsverbots

Mit einem Teilungsverbot können Sie zwar verbieten, die Auseinandersetzung des Nachlasses vorzunehmen, sind sich allerdings die Erben untereinander einig, sind sie nicht gehindert, sich über das Verbot hinwegzusetzen. Wollen Sie das verhindern und sicherstellen, dass Ihre Anordnung tatsächlich umgesetzt wird, müssen Sie entsprechende testamentarische Vorkehrungen treffen. Dabei haben Sie insbesondere folgende Möglichkeiten:

- Sie können einen Testamentsvollstrecker einsetzen und diesen mit der Durchsetzung des Teilungsverbots beauftragen.
- Sie können die Einsetzung der Erben im Testament mit der Bedingung verknüpfen, dass diese das Teilungsverbot einhalten. Verstoßen die Erben gegen diese Bedingung, müssen sie die Erbschaft wieder herausgeben.

Formulierungsbeispiel

Sicherstellung der Erfüllung des Teilungsverbots

Wir schließen die Auseinandersetzung unter unseren Erben solange aus, bis ______ *[Vor- und Familiennamen des Miterben einsetzen]* das 21. Lebensjahr vollendet hat. Die Auseinandersetzung soll auch nicht einvernehmlich unter den Erben möglich sein.

Wir ordnen deshalb Testamentsvollstreckung an. Zum Testamentsvollstrecker bestimmen wir ______ *[Vor- und Familiennamen des Testamentsvollstreckers einsetzen]*, ersatzweise _____ *[Vor- und Familiennamen des Ersatztestamentsvollstreckers einsetzen]*. Einzige Aufgabe des Testamentsvollstreckers ist es, die Einhaltung dieses Verbots zu überwachen. Die Testamentsvollstreckung endet mit dem Zeitpunkt, in dem den Erben die Auseinandersetzung gestattet ist.

[Oder]

Soweit ein Erbe gegen unser Teilungsverbot verstößt, treten an seine Stelle dessen Abkömmlinge.

[Oder]

Soweit ein Erbe gegen unser Teilungsverbot verstößt, wächst dessen Erbteil den anderen Miterben zu.

Teilungsverbot als testamentarisches Gestaltungsmittel

Als testamentarisches Gestaltungsinstrument ist das Teilungsverbot geeignet, das Vermögen oder Teile des Vermögens als Einheit zu erhalten oder eine vorschnelle Verschleuderung des Nachlasses zu verhindern. Durch das Verbot, den Nachlass unter den Erben zu verteilen, kann auch erreicht werden, dass einzelnen Erben Zeit gegeben wird, liquide Mittel für die Auszahlung anderer Miterben zu beschaffen. Durch ein Teilungsverbot kann auch gewährleistet werden, dass Erben den Nachlass erst dann aufteilen dürfen, wenn sie oder ein einzelner Miterbe ein bestimmtes Alter erreicht haben.

3.7 Anordnung der Testamentsvollstreckung

Sie können in Ihrem Testament einen oder mehrere Testamentsvollstrecker ernennen und so über Ihren Tod hinaus Einfluss auf den Nachlass nehmen. Mit der Anordnung der Testamentsvollstreckung können Sie sicherstellen, dass Ihr letzter Wille tatsächlich durchgesetzt wird. Letztlich beschränken Sie damit zwangsläufig Entscheidungsbefugnisse der durch Ihr Testament Begünstigten.

Checkliste: Testamentsvollstreckung

Gründe für die Anordnung der Testamentsvollstreckung	Mit einer Testamentsvollstreckung können Sie sicherstellen, dass Vermächtnisse erfüllt und Auflagen vollzogen und eine Teilungsanordnung oder ein Teilungsverbot durchgesetzt werden. Testamentsvollstreckung ist sinnvoll, wenn eine schwierige Nachlassverwaltung und Auseinandersetzung unter den Erben abzusehen ist. Bei einem größeren und komplizierten Nachlass (z.B. wenn ein Unternehmen Teil des Nachlasses ist oder wenn hohe Nachlassverbindlichkeiten bestehen), können Sie die Verwaltung des Nachlasses und die Auseinandersetzung unter den Erben einer juristisch versierten Person übertragen. Motiv für die Anordnung der Testamentsvollstreckung kann auch der Schutz der Erben sein (z.B. verschuldeter, pflegebedürftiger oder behinderter Erben).

Ziele der Testamentsvollstreckung	Sie können die Testamentsvollstreckung darauf beschränken, den Nachlass unter den Erben zu verteilen. Die Testamentsvollstreckung kann auf die reine Verwaltung des Nachlasses beschränkt werden (z.B. wenn einem minderjährigen Erben der Zugriff auf den Nachlass entzogen werden soll). Sie können den Testamentsvollstrecker auch lediglich mit der Aufgabe betrauen, für die Ausführung eines Vermächtnisses oder einer Auflage zu sorgen.
Gegenstand der Testamentsvollstreckung	Die Testamentsvollstreckung muss sich nicht notwendig auf den gesamten Nachlass beziehen. Sie kann auch nur hinsichtlich eines Erbteils, eines Nachlassgegenstands, eines Vermächtnisses oder eine Auflage angeordnet werden.
Bestimmung des Testamentsvollstreckers	Sie können in Ihrem Testament selbst einen Testamentsvollstrecker bestimmen. Sie können die Bestimmung der Person aber auch einem Dritten überlassen oder Sie können das Nachlassgericht ersuchen, den Testamentsvollstrecker zu bestimmen.
Festlegung der Aufgaben des Testamentsvollstreckers	Welche Aufgaben dem Testamentsvollstrecker obliegen, legen Sie in Ihrem Testament fest. In der Praxis wird dem Testamentsvollstrecker häufig aufgegeben, in einer Erbengemeinschaft den Nachlass unter den Erben zu verteilen. Sie können den Testamentsvollstrecker aber auch lediglich mit der Aufgabe betrauen, für die Ausführung eines Vermächtnisses oder einer Auflage zu sorgen. Die Testamentsvollstreckung können Sie auch auf die reine Verwaltung des Nachlasses beschränken.
Vergütung des Testamentsvollstreckers	Für seine Tätigkeit kann der Testamentsvollstrecker eine angemessene Vergütung verlangen, soweit Sie testamentarisch nichts anderes bestimmt haben.
Dauer der Testamentsvollstreckung	Sie können die Dauer der Testamentsvollstreckung testamentarisch bestimmen (z.B. indem Sie diese befristen oder sie mit dem Erreichen einer bestimmten Altersgrenze eines Erben verbinden). Andernfalls endet die Testamentsvollstreckung mit der Erledigung der dem Testamentsvollstrecker zugewiesenen Aufgaben (z.B. nach der Verteilung des Nachlasses unter den Miterben).

3.7.1 Testamentarische Anordnung der Testamentsvollstreckung

Testamentsvollstreckung müssen Sie in Ihrem Testament anordnen. Ernennen Sie eine Person testamentarisch zum Testamentsvollstrecker, liegt darin zugleich die Anordnung der Testamentsvollstreckung. Die Anordnung der Testamentsvollstreckung muss durch den Erblasser persönlich erfolgen. Lediglich die Person des Testamentsvollstreckers kann unter bestimmten Voraussetzungen durch Dritte bestimmt werden.

Die Anordnung einer Testamentsvollstreckung ist auch in einem gemeinschaftlichen Testament von Eheleuten möglich. Allerdings kann die Verfügung nicht wechselbezüglich ausgestaltet werden; die Anordnung kann also jederzeit widerrufen werden (vgl. dazu auch 2.3.2). Haben Ehegatten im gemeinschaftlichen Testament Testamentsvollstreckung angeordnet, so ist im Zweifel anzunehmen, dass diese für beide Erbfälle, also sowohl beim Tod des zuerst versterbenden als auch beim Tod längerlebenden Ehegatten gilt.

Ernennung des Testamentsvollstreckers

Es ist zwischen der Anordnung der Testamentsvollstreckung und der Ernennung des Testamentsvollstreckers zu unterscheiden. Während die Anordnung der Testamentsvollstreckung höchstpersönlich durch den Erblasser erfolgen muss, kann der Erblasser testamentarisch anordnen, dass die Person des Testamentsvollstreckers im Rahmen der gesetzlichen Regelungen durch Dritte bestimmt wird.

Im Regelfall werden Sie selbst einen oder mehrere Testamentsvollstrecker bestimmen. Sinnvoll ist es für den Fall, dass der zunächst ernannte Testamentsvollstrecker vor oder nach der Annahme des Amts wegfällt, einen Ersatztestamentsvollstrecker zu ernennen (§ 2197 BGB).

Sie können die Bestimmung der Person des Testamentsvollstreckers auch einem Dritten überlassen (§ 2200 BGB). Voraussetzung ist, dass die Person, die den Testamentsvollstrecker benennen darf, geschäftsfähig ist. Auch dem Erben oder dem Vorerben kann es überlassen werden, den Testamentsvollstrecker zu bestimmen. Der Dritte kann nach seinem Belieben jede Person auswählen, die die persönlichen Voraussetzungen für die Ausübung des Amts des Testamentsvollstreckers erfüllt.

Sie können durch Testament auch das Nachlassgericht ersuchen, den Testamentsvollstrecker zu bestimmen. Über die Auswahl der Person hat das Gericht nach pflichtgemäßem Ermessen zu entscheiden. In diesem Zusammenhang hat es unter anderem Ihren mutmaßlichen Willen, die Eignung der Person und deren Vergütungsanspruch zu berücksichtigen.

Festlegung der Aufgaben

Über den Umfang der Befugnisse des Testamentsvollstreckers entscheiden Sie also durch eine entsprechende Verfügung in Ihrem Testament. Je nach der jeweiligen Aufgabe des Testamentsvollstreckers wird zwischen verschiedenen Arten der Testamentsvollstreckung unterschieden. Sie können durch entsprechende testamentarische Anordnung die Testamentsvollstreckung beschränken oder erweitern.

Abwicklungsvollstreckung

Zu den regelmäßigen Befugnissen eines Testamentsvollstreckers gehören – wenn Sie durch Testament nichts anderes bestimmt haben – die Ausführung Ihrer letztwilligen Verfügungen, die Auseinandersetzung unter den Miterben und, solange es zur Erfüllung der Aufgaben notwendig ist, die Verwaltung des Nachlasses.

- Wurde nur eine »Testamentsvollstreckung« verfügt, handelt es sich um eine sogenannte Abwicklungsvollstreckung (§ 2203

BGB). Diese stellt den Regelfall dar. Der Testamentsvollstrecker soll dafür Sorge tragen, dass das Vermögen in geordneter Weise auf den oder die Erben übergeht. Er hat die letztwilligen Verfügungen des Erblassers auszuführen und, wenn mehrere Erben vorhanden sind, den Nachlass unter diesen zu verteilen (§§ 2203, 2204 BGB). In diesem Fall verwaltet allein der Testamentsvollstrecker den Nachlass und nur er allein kann über die Nachlassgegenstände verfügen. Zu den Hauptpflichten des Testamentsvollstreckers gehören bei der Abwicklungsvollstreckung die Verwaltung des Nachlasses, die Erstellung eines Nachlassverzeichnisses, die Zahlung der Schulden, die Erfüllung von Vermächtnissen, Auflagen und Pflichtteilsansprüchen und die Verteilung des Nachlasses unter den Erben.

- Im Rahmen der Ausführung der letztwilligen Verfügungen des Erblassers und – bei mehreren Erben – der Verteilung des Nachlasses unter den Miterben hat der Testamentsvollstrecker auch den Nachlass zu verwalten (§ 2205 BGB). In diesem Zusammenhang obliegt ihm unter anderem die Sicherung und Erhaltung des Vermögens. Die Verwaltungsbefugnis beginnt mit der Annahme des Amts. Ab diesem Zeitpunkt ist der Testamentsvollstrecker berechtigt, den Nachlass in Besitz zu nehmen und über die Nachlassgegenstände zu verfügen.

Formulierungsbeispiel

Abwicklungsvorstreckung

Wir ordnen Testamentsvollstreckung an. Zum Testamentsvollstrecker bestimmen wir _____ *[Vor- und Familiennamen einsetzen]*, ersatzweise _____ *[Vor- und Familiennamen des Ersatztestamentsvollstreckers einsetzen]*. Der Testamentsvollstrecker soll die Auseinandersetzung unter den Miterben bewirken und für die Erfüllung der Vermächtnisse und die Vollziehung der Auflagen sorgen. Mit der Erledigung dieser Aufgaben endet die Testamentsvollstreckung.

Verwaltungsvollstreckung

Testamentarisch können Sie auch anordnen, dass der Nachlass nach Ihrem Tod noch längere Zeit von einem Testamentsvollstrecker verwaltet wird (§ 2209 BGB). Eine solche Dauervollstreckung kommt unter anderem zur Anwendung, wenn der Erbe minderjährig und damit nicht imstande ist, das Vermögen zu verwalten, er behindert oder noch nicht ausreichend qualifiziert ist, das Vermögen zu verwalten oder die Erben untereinander zerstritten sind.

Die Dauervollstreckung können Sie zeitlich befristen oder mit einem bestimmten Ereignis (z.B. Volljährigkeit des Erben) verbinden. Sie endet normalerweise 30 Jahre nach Ihrem Tod. Sie können jedoch anordnen, dass die Verwaltung bis zum Tod des Erben oder des Testamentsvollstreckers oder bis zum Eintritt eines anderen Ereignisses in der Person des einen oder des anderen fortdauern soll (§ 2210 BGB).

Formulierungsbeispiel

Verwaltungsvollstreckung

Wir, _____ *[Vor- und Familiennamen des Ehegatten einsetzen]*, und _____ *[Vor- und Familiennamen des anderen Ehegatten einsetzen]*, setzen uns gegenseitig zu alleinigen und unbeschränkten Erben ein. Als Erben des längerlebenden Ehepartners setzen wir unsere Tochter _____ *[Vor- und Familiennamen des Schlusserben einsetzen]* ein. Wir ordnen Testamentsvollstreckung an, bis unsere Tochter das 25. Lebensjahr vollendet hat. Zum Testamentsvollstrecker bestimmen wir _____ *[Vor- und Familiennamen des Testamentsvollstreckers einsetzen]*, ersatzweise _____ *[Vor- und Familiennamen des Ersatztestamentsvollstreckers einsetzen]*.

Vergütung des Testamentsvollstreckers

Der Testamentsvollstrecker kann eine angemessene Vergütung verlangen, sofern Sie testamentarisch nichts anderes bestimmt haben (§ 2221 BGB). Der Vergütungsanspruch des Testamentsvollstreckers richtet sich mithin vorrangig nach dem Willen des Erblassers.

Anordnungen des Erblassers

In erster Linie bestimmen Sie als Erblasser die Vergütung des Testamentsvollstreckers. Sie können auch bestimmen, dass keine Vergütung zu zahlen ist; in diesem Fall bleibt dem benannten Testamentsvollstrecker dann nur die Möglichkeit, das Amt abzulehnen.

Formulierungsbeispiel

Ernennung eines Testamentsvollstreckers mit Vergütungsregelung

Wir ordnen Testamentsvollstreckung an. Der Testamentsvollstrecker hat die Aufgabe ____ *[konkrete Beschreibung der Aufgaben, z.B. den Nachlass entsprechend meinen Anordnungen zu verteilen und Auflagen und Vermächtnisse zu erfüllen]*. Zum Testamentsvollstrecker bestimmen wir _____ *[Vor- und Familiennamen einsetzen]*, ersatzweise _____ *[Vor- und Familiennamen des Ersatztestamentsvollstreckers einsetzen]*.

Der Testamentsvollstrecker erhält für seine Tätigkeit bis zur Abwicklung des Nachlasses eine Vergütung von _____ Euro.

[Oder]

Der Testamentsvollstrecker erhält für seine Tätigkeit keine Vergütung.

Gesetzlicher Vergütungsanspruch

Eine gesetzliche Vergütungsordnung für Testamentsvollstrecker gibt es nicht. In der Praxis wird die Vergütung des Testamentsvollstreckers mithilfe verschiedener Tabellen ermittelt und ein Grundvergütungsbetrag berechnet. Für eine »normale Abwicklung des Nachlasses« kann auf die Empfehlungen des deutschen Notarvereins für die Vergütung des Testamentsvollstreckers zurückgegriffen werden. Danach richtet sich die Vergütung nach einem bestimmten Prozent aus dem Nachlassbruttowert (= Summe der Aktiva ohne Schuldenabzug).

Nachlassbruttowert am Todestag	**Höhe des Vergütungsgrundbetrags**
bis zu 250.000,– €	4,0 % des Nachlassbruttowerts
bis zu 500.000,– €	3,0 % des Nachlassbruttowerts
bis zu 2.500.000,– €	2,5 % des Nachlassbruttowerts
bis zu 5.000.000,– €	2,0 % des Nachlassbruttowerts
über 5.000.000,– €	1,5 % des Nachlassbruttowerts

3.7.2 Testamentsvollstreckung als testamentarisches Gestaltungsmittel

Es gibt viele gute Gründe für Sie, durch Testament einen Testamentsvollstrecker zu ernennen und sicherzustellen, dass Ihre testamentarischen Anordnungen auch tatsächlich durchgeführt werden. Sie können so insbesondere auf die Verwendung Ihres Vermögens nach Ihrem Tod Einfluss nehmen, unter Umständen aber auch zur Wahrung des Familienfriedens nach dem Erbfall beitragen.

Schutz der Erben

Grund für die Anordnung der Testamentsvollstreckung kann der Schutz der Erben sein.

- Wenn Sie in einer Erbengemeinschaft Streit unter den Miterben befürchten, kann eine Testamentsvollstreckung zur Entschärfung dieser Konflikte beitragen, wenn dem Testamentsvollstrecker Verfügungsbefugnisse über den Nachlass eingeräumt werden und er seine Befugnisse und Kompetenzen objektiv und neutral ausübt. Der Testamentsvollstrecker kann wie ein Schiedsrichter fungieren und Ihren Willen durch geeignete Maßnahmen sicherstellen.
- Durch die Einsetzung eines Testamentsvollstreckers wird ein verschuldeter Erbe vor seinen privaten Gläubigern geschützt. Durch die Trennung des Nachlassvermögens vom Privatvermögen des Erben ist gewährleistet, dass die privaten Gläubiger des Erben keinen Zugriff auf den Nachlass besitzen (Näheres dazu unter 4.3.5). Das Gesetz schützt ausdrücklich den Nachlass, der unter der Verwaltung eines Testamentsvollstreckers steht, sodass dieser nicht von Gläubigern des Erben gepfändet werden kann, um deren Ansprüche zu bedienen.
- Wenn ein pflegebedürftiger oder behinderter Erbe auf staatliche Unterstützung (z.B. Sozialhilfe) angewiesen ist, muss er zunächst sein eigenes Privatvermögen verbrauchen. Erst dann kann er staatliche Hilfe erhalten. Durch die Anordnung der Testamentsvollstreckung kann dem Sozialamt der Zugriff auf den Nachlass entzogen werden. Deshalb ist die Anordnung der Testamentsvollstreckung ein wesentliches Element des sogenannten Behindertentestaments (vgl. dazu 4.3.4).
- Die Anordnung der Testamentsvollstreckung ist geeignet, minderjährige Erben vor dem Zugriff Dritter zu schützen. Für den minderjährigen Erben verwaltet der gesetzliche Vertreter den Nachlass. Dieser kann allerdings unter Umständen fachlich oder

persönlich ungeeignet sein. Wird für das Erbe des Minderjährigen Testamentsvollstreckung angeordnet, bedarf der Testamentsvollstrecker in der Regel weder der Zustimmung des gesetzlichen Vertreters noch des Familiengerichts.

- Wenn in einer Erbengemeinschaft einem Miterben die Testamentsvollstreckung übertragen wird, kann diesem eine stärkere Stellung gegenüber den anderen Miterben eingeräumt werden. Von Ihnen kann das gewollt sein, weil Sie beispielsweise einen Miterben (z.B. den überlebenden Ehegatten) besonders schützen oder gegenüber den anderen Miterben privilegieren wollen.

! Die Abwicklung des Nachlasses kann mitunter aufwendig sein (z.B. Schriftverkehr mit dem Nachlassgericht, Erstellung eines Nachlassverzeichnisses, Sichtung aller Unterlagen und Verträge, Erfüllung von Auflagen und Vermächtnissen, Abgabe der Erbschaftsteuererklärung). Es gibt viele Gründe, weshalb die Erben diese Aufgaben nicht selbst wahrnehmen können. Vor allem wenn Erben zu alt oder zu jung, zu unerfahren oder zu gebrechlich sind, den Nachlass selbst abzuwickeln, kann ein fachkundiger Testamentsvollstrecker die Erben zu ihrem Vorteil entlasten.

Schutz des Nachlasses

Die Anordnung einer Testamentsvollstreckung kann dem Schutz des Nachlasses zugutekommen.

- Mit einer Testamentsvollstreckung kann unter Umständen der Nachlass vor Wertverlusten geschützt werden, indem dieser für eine bestimmte Dauer der Verwaltung der Erben entzogen wird. So kann beispielsweise jeder Miterbe in einer Erbengemeinschaft jederzeit und ohne Angabe von Gründen die Teilung verlangen. Eine Teilung zur Unzeit kann allerdings wirtschaftliche Werte zerschlagen und Vermögensverluste der Erben zur Folge haben.

Die Einsetzung eines erfahrenen und fachkundigen Testamentsvollstreckers, der über die Verwaltung, den Zeitpunkt und die Art und Weise der Auseinandersetzung entscheidet, kann die Erben vor finanziellen Nachteilen schützen.

- Im Zusammenhang mit der Abwicklung des Nachlasses müssen die Erben viele Angelegenheiten wahrnehmen, die teilweise auch eine bestimmte Sachkunde voraussetzen (z.B. steuerliche Kenntnisse). Vor allem bei einem größeren oder komplizierten Nachlass (z.B. wenn Nachlassverbindlichkeiten bestehen) lauern viele Fallstricke, die Erben ohne rechtliche oder steuerliche Kenntnisse regelmäßig überfordern. Durch eine Testamentsvollstreckung kann den Erben eine fachkundige Person zur Seite gestellt werden, die sie bei der Verwaltung und der Teilung des Nachlasses mit Rat und Tat unterstützt.
- Durch eine Testamentsvollstreckung kann der Nachlass vor dem Zugriff ungeeigneter, überforderter und möglicherweise böswilliger Erben geschützt werden, deren Interessen dem Willen des Erblassers entgegenstehen. Ein Testamentsvollstrecker kann somit die Erben unter Umständen auch vor sich selbst schützen.
- Nicht selten ist es ausreichend, wenn sich eine Testamentsvollstreckung auf eine Übergangszeit nach dem Erbfall beschränkt. In dieser Zeit kann dann der Testamentsvollstrecker die wichtigsten Nachlassangelegenheiten für die Erben wahrnehmen.

Sicherstellung erbrechtlicher Anordnungen

Mit einer Testamentsvollstreckung können Sie sicherstellen, dass Ihre testamentarischen Anordnungen tatsächlich ausgeführt werden. Kraft Gesetzes ist der Testamentsvollstrecker verpflichtet, dass diese Anordnungen durchgeführt werden (§ 2303 BGB).

- Haben Sie ein Vermächtnis oder eine Auflage angeordnet, können Sie dem Testamentsvollstrecker die Ausführung des Vermächtnisses bzw. der Auflage als einzige Aufgabe übertragen.

- Sie können testamentarisch eine Teilungsanordnung verfügen, wenn mehrere Personen Erbe werden. Mit diesem erbrechtlichen Instrument können Sie anordnen, wie ein oder mehrere Nachlassgegenstände bei der Auseinandersetzung unter den Miterben verteilt werden sollen. Allerdings sind die Miterben, wenn sie sich untereinander einig sind, nicht gehindert, eine andere Verteilung vorzunehmen. Mit der Anordnung einer Testamentsvollstreckung können Sie dies verhindern. Näheres dazu unter 3.6.1.

3.8 Familienrechtliche Anordnungen

In Ihrem Testament können Sie neben rein erbrechtlichen Anordnungen auch verschiedene familienrechtliche Verfügungen mit erbrechtlicher Wirkung treffen. Möglich sind insbesondere Anordnungen über die Verwaltung des Kindesvermögens und die Ernennung oder Ausschließung eines Vormunds. Entsprechende testamentarische Anordnungen kommen für Eltern mit minderjährigen Kindern in Betracht.

Checkliste: Familienrechtliche Anordnungen

Beschränkung der elterlichen Vermögenssorge	Sie können in Ihrem Testament das elterliche Vermögensrecht für Vermögensteile ausschließen, die aus Ihrem Nachlass stammen.
Benennung eines Vormunds	Werden durch den Erbfall (z.B. durch einen Verkehrsunfall der Eltern) minderjährige Kinder elternlos, so erhält ein minderjähriges Kind einen Vormund. Die Eltern haben die Möglichkeit, durch ein Testament den Vormund zu benennen. Mit der Benennung eines Vormunds können die Eltern auch Anordnungen verbinden, wie der Vormund das Vermögen des Kindes zu verwalten hat.

3.8.1 Beschränkung der elterlichen Vermögenssorge

Die elterliche Sorge umfasst unter anderem die Vermögenssorge für das Kind. In diesem Rahmen haben die Eltern die Verpflichtung, das Vermögen des Kindes zu verwalten, es zu erhalten und nach Möglichkeit zu vermehren. Wenn Sie einem minderjährigen Kind durch Ihr Testament etwas zuwenden, können Sie für das zugewendete Vermögen die elterliche Sorge des anderen Elternteils beschränken. Beschränkungen sind dahingehend möglich, dass der andere Elternteil von der Verwaltung des dem Kind zugewendeten Vermögens ausgeschlossen wird oder Anordnungen hinsichtlich der Verwaltung des Vermögens getroffen werden.

Entziehung der Vermögenssorge

In Betracht kommt die Entziehung der elterlichen Vermögenssorge durch Testament, insbesondere im Falle einer Scheidung, wenn verhindert werden soll, dass der frühere Ehepartner Zugriff auf das vom gemeinsamen Kind geerbte Vermögen erhalten soll. Schließlich verbleibt es bei der Scheidung bei der gemeinsamen Sorge der Eltern, wenn nicht von einem Ehegatten im Scheidungsverfahren beim Familiengericht beantragt wird, ihm die alleinige elterliche Sorge zu übertragen. Stand die elterliche Sorge den Eltern gemeinsam zu und ist ein Elternteil gestorben, so steht die elterliche Sorge kraft Gesetzes dem überlebenden Elternteil allein zu. Um das zu verhindern, kann dem Ex-Partner die Vermögenssorge für das dem Kind von Todes wegen zugewendete Vermögen durch Testament entzogen werden. Damit erhält dieser keinen Zugriff auf das vom gemeinsamen Kind vom verstorbenen Elternteil geerbte Vermögen.

Achtung: Die Entziehung der Vermögenssorge müssen Sie durch ein Testament erklären. Eine Begründung ist nicht erforderlich.

Wird dem anderen Elternteil für den dem minderjährigen Kind zugewendeten Nachlass die Vermögenssorge entzogen, muss vom Vormundschaftsgericht ein Ergänzungspfleger eingesetzt werden. Die Person des Pflegers können Sie in Ihrem Testament bestimmen.

Formulierungsbeispiel

Entziehung der elterlichen Vermögenssorge

Soweit mein Sohn mich beerbt, soll sein Vater das ererbte Vermögen nicht verwalten. Als Pfleger zur Ausübung des Verwaltungsrechts bestimme ich _____ *[Name und Vorname des vorgeschlagenen Pflegers einsetzen]*, ersatzweise _____ *[Name und Vorname des vorgeschlagenen Ersatzpflegers einsetzen]*. Der Pfleger wird von allen gesetzlich zulässigen Beschränkungen befreit.

Verwaltungsanordnung für das zugewendete Vermögen

Anstelle der Entziehung der Vermögenssorge können Sie auch einschränkende Verwaltungsanordnungen treffen. So können Sie anordnen, wie der andere Elternteil das dem Kind zugewendete Vermögen zu verwalten hat. Ihre testamentarische Anordnung kann sich insbesondere auf eine Erbschaft, ein Vermächtnis, eine Begünstigung durch eine Auflage oder einen Pflichtteilsanspruch des Kindes beziehen.

! Gegenüber der Entziehung der Vermögenssorge ist eine Verwaltungsanordnung das mildere Mittel, um die elterliche Vermögenssorge zu beschränken.

Kraft Gesetzes sind Eltern berechtigt, Einkünfte des Vermögens, die zur ordnungsgemäßen Verwaltung des Vermögens und für den Unterhalt des Kindes nicht benötigt werden, für ihren eigenen Unterhalt und für den Unterhalt der minderjährigen unverheirateten

Geschwister des Kindes zu verwenden. Mit einer Verwaltungsanordnung können Sie diese Verwendungsbefugnis des anderen Elternteils für das vom Kind geerbte Vermögen ausschließen. In der Praxis ist der Ausschluss dieser sogenannten Verwendungsbefugnis der Eltern der häufigste Anwendungsfall einer Verwaltungsanordnung des Erblassers.

» Der Erblasser setzt sein minderjähriges Kind als Erben ein und bestimmt, dass der andere Elternteil das Vermögen nicht für seinen eigenen Unterhalt verwenden darf.

Formulierungsbeispiel

Verwaltungsanordnung

Meiner geschiedenen Frau _____ *[Name und Vorname einsetzen]* entziehe ich das Recht, Zuwendungen an ____ *[Name und Vorname Kindes einsetzen]* aus der von mir angeordneten Erbschaft für ihren eigenen Lebensunterhalt zu verwenden.

3.8.2 Benennung eines Vormunds

Wenn beide Eltern verstorben sind, erhält ein minderjähriges Kind einen Vormund. Durch eine sogenannte Sorgerechtsverfügung kann jeder Elternteil, wenn ihm zur Zeit seines Todes die Sorge für die Person und das Vermögen des Kindes zusteht, für das Kind einen Vormund benennen oder jemanden als Vormund ausschließen.

- In ihrer Sorgerechtsverfügung können Eltern einen Vormund für ihre minderjährigen Kinder benennen, falls sie sterben. Ehepartner können eine gemeinsame Sorgerechtserklärung verfassen.
- Sinnvoll ist es, dass Eltern in ihrer Sorgerechtsverfügung eine Ersatzperson bzw. mehrere Ersatzpersonen für den Fall vorschlagen, dass die von ihnen als Wunschvormund benannte Person als Vormund nicht bestellt werden kann.

- Die sorgeberechtigten Eltern können durch entsprechende Verfügung auch eine Person oder einen Personenkreis von der Vormundschaft ausschließen.

Der Vormund für minderjährige Kinder durch die sorgeberechtigten Eltern wird durch Testament benannt. Die Sorgerechtsverfügung muss also entweder nach den Regeln eines eigenhändigen oder notariellen Testaments verfasst werden. Erfolgt die Sorgerechtsverfügung in Form eines eigenhändigen Testaments, muss der gesamte Text handschriftlich verfasst und eigenhändig mit Vor- und Familiennamen unterschrieben werden. Ort und Datum sollen in der Erklärung angegeben werden. Verheiratete Eltern können die Sorgerechtsverfügung auch durch ein gemeinschaftliches Testament errichten.

Formulierungsbeispiel

Gemeinsame Sorgerechtsverfügung

Für den Fall, dass wir _____ *[Name und Vorname des Elternteils einsetzen]*, und _____ *[Name und Vorname des anderen Elternteils einsetzen]*, für unsere minderjährigen Kinder die elterliche Sorge wegen Todes nicht mehr ausüben können, benennen wir folgenden Vormund: _____ *[Name und Vorname des vorgeschlagenen Vormunds einsetzen]*.

Dem Kindeswohl ist so am besten entsprochen, weil _____.

Wenn die vorstehend genannte Person nicht als Vormund bestellt werden kann, soll ersatzweise die im Folgenden genannte Person zum Vormund bestellt werden: _____ *[Name und Vorname des vorgeschlagenen Ersatzvormunds einsetzen]*.

Die im Folgenden aufgeführte(n) Person(en) soll(en) auf keinen Fall zum Vormund bestellt werden:

_____ *[Name und Vorname des ausgeschlossenen Vormunds einsetzen]*.

_____

---

4 Ihr individuelles Testament

Für die richtige Nachlassplanung gibt es kein Patenzrezept. Jeder Fall liegt anders. Deshalb gibt es auch kein »Testament von der Stange«. Grundlage für die jeweiligen erbrechtlichen Verfügungen sind immer Ihre jeweiligen individuellen Lebensumstände und Ihre persönlichen Wünsche. Gleichwohl sollen im Folgenden für typische Familien- und Vermögensverhältnisse gängige Lösungen aufgezeigt, bewertet und Gestaltungsmodelle vorgestellt werden.

4.1 Ihre persönlichen Lebensumstände

Bevor Sie sich inhaltlich mit Ihrem Testament befassen, sollten Sie sich noch mit den Fragen in der nachfolgenden Checkliste auseinandersetzen.

In welchem Güterstand leben Sie mit Ihrem Ehegatten?	
Ist Ihre Ehe harmonisch, besteht eine Ehekrise oder sogar der Wunsch nach Scheidung?	
Waren Sie bereits verheiratet?	
Sind Ihre Familienangehörigen geschäftsfähig?	
Sind Ihre Familienangehörigen verschuldet?	
Haben Sie (eheliche/nichteheliche) Kinder?	
Haben Sie minderjährige Kinder?	
Mit welchen Familienangehörigen verstehen Sie sich am besten?	
Mit welchen Familienangehörigen haben Sie persönliche Probleme?	
Versteht sich Ihr Ehegatte mit den Kindern?	
Kommen Ihre Kinder miteinander klar oder gibt es Probleme?	
Haben Ihre Kinder Eheprobleme?	
Können Ihre Familienangehörigen verantwortungsbewusst mit Vermögen umgehen?	

Wünschen Sie zusammen mit Ihrem Ehepartner gemeinsame Nachlassreglungen in einem gemeinschaftlichen Testament oder wollen Sie ein Einzeltestament errichten?	
Wen wollen Sie mit Ihrem Testament in erster Linie wirtschaftlich absichern, den längerlebenden Ehegatten oder Ihre Verwandten (insbesondere die Kinder)?	
Wenn Sie ein Berliner Testament errichten wollen: Wollen Sie den längerlebenden Ehegatten an die gemeinsam getroffenen Verfügungen für die Schlusserben rechtlich binden oder wollen Sie ihm Änderungsmöglichkeiten einräumen?	
Wollen Sie in einem Berliner Testament Vorsorge für den Scheidungsfall treffen?	
Wollen Sie in einem Berliner Testament den längerlebenden Ehepartner vor Pflichtteilsansprüchen der Kinder schützen?	
Wollen Sie in einem Berliner Testament Vorsorge für den Fall der Wiederverheiratung des längerlebenden Ehegatten treffen?	

4.2 Erbrechtliche Gestaltungen im Einzeltestament

Zwar ist bei Eheleuten ein gemeinschaftliches Testament die Regel, Sie können aber stattdessen auch erbrechtliche Verfügungen in einem Einzeltestament treffen. Keine Bedeutung hat, ob Ihr Ehepartner ebenfalls ein Einzeltestament errichtet hat. Wegen der Vor- und Nachteile des Einzeltestaments bzw. des gemeinschaftlichen Testaments vgl. 2.4.

4.2.1 Bindung an gemeinschaftliches Testament

Wenn Sie mit Ihrem Ehepartner bereits ein gemeinschaftliches Testament errichtet haben, können Sie nicht ohne Weiteres neue erbrechtliche Verfügungen in einem Einzeltestament treffen. Vielmehr müssen Sie zunächst Ihre im gemeinschaftlichen Testament getroffenen Anordnungen wirksam widerrufen.

- Einseitige Verfügungen im gemeinschaftlichen Testament, also Verfügungen, die nicht in einer gewissen Abhängigkeit zueinander stehen (z.B. die Enterbung gesetzlicher Erben oder Teilungsanordnungen), können Sie jederzeit frei widerrufen. Der Widerruf kann vor oder nach dem Tod des anderen Ehegatten erfolgen.
- Wollen Sie eine wechselbezügliche Verfügung im gemeinschaftlichen Testament (z.B. Erbeinsetzung, Vermächtnis) widerrufen, müssen Sie den Widerruf persönlich gegenüber Ihrem Ehepartner erklären. Die Widerrufserklärung bedarf der notariellen Beurkundung. Der Widerruf wird erst wirksam, wenn er dem anderen Ehegatten zugeht. Nach dem Tod Ihres Ehepartners können Sie wechselbezügliche Verfügungen im gemeinschaftlichen Testament grundsätzlich nicht mehr widerrufen. Sie sind an diese Verfügungen gebunden und dürfen keine Anordnungen treffen, die diese Verfügungen beeinträchtigen (z.B. andere Erben einsetzen oder unter den Miterben andere Teilungsquoten bestimmen). Näheres dazu unter 2.3.2.

4.2.2 Enterbung des getrennt lebenden Ehegatten

Interessenlage

Sie sind kinderlos verheiratet und leben getrennt. Sie wollen Ihren Ehegatten enterben und so verhindern, dass er im Falle Ihres Todes in der Trennungsphase Erbe wird.

Erbrechtliche Situation

Die bloße Trennung führt nicht zum Ausschluss des Erbrechts des Ehegatten. Erst wenn die Ehe rechtskräftig geschieden ist, endet das gesetzliche Erbrecht des Ehegatten. Trotz bestehender Ehe ist der Ehepartner kein gesetzlicher Erbe, wenn zur Zeit des Erbfalls die Voraussetzungen für die Scheidung der Ehe gegeben waren und der Erblasser die Scheidung beantragt oder ihr zugestimmt hatte (Näheres dazu unter 1.5.2).

- Würden Sie kein Testament errichten, in dem Sie Ihren Ehegatten enterben, wäre Ihr Ehepartner kraft Gesetzes Erbe. Er würde drei Viertel des Nachlasses erben, den Rest Ihre Eltern oder Geschwister. Wollen Sie das verhindern, müssen Sie Ihren getrennt lebenden Ehepartner durch ein Testament ausdrücklich enterben und damit von der gesetzlichen Erbfolge ausschließen. Sie können aber auch für den gesamten Nachlass andere Erben (z.B. Ihre Eltern oder Geschwister) einsetzen, sodass der Ehegatte zwangsläufig enterbt ist (vgl. dazu 3.3.1).
- Haben Sie Ihren Ehegatten in einem früheren Testament als Erben eingesetzt, sollten Sie die entsprechende Verfügung ausdrücklich widerrufen. Liegt ein gemeinschaftliches Testament vor, muss der Widerruf in der gesetzlich vorgeschriebenen Form erfolgen (vgl. dazu 4.2.1).
- Zwar können Sie grundsätzlich Ihren getrennt lebenden Ehegatten ohne Weiteres enterben, bis zur Scheidung der Ehe steht ihm jedoch noch der Pflichtteil zu, den sie ihm nur unter engen Voraussetzungen entziehen können (vgl. dazu 1.6.1).

Erbrechtliche Gestaltung

Formulierungsbeispiel

Testament

Ich unterliege keiner Bindung aus einer früheren Verfügung von Todes wegen.

Vorsorglich widerrufe ich alle Verfügungen von Todes wegen, die ich bisher errichtet habe.

Meinen Ehegatten enterbe ich.

[Oder]

Meinen Ehegatten schließe ich von der Erbfolge aus.

____________________, __________

[Ort, Datum]

____

[Unterschrift]

4.2.3 Enterbung eines Kindes durch Einzeltestament eines Ehegatten

Interessenlage

Sie sind verheiratet und haben mit Ihrem Ehepartner zwei Kinder. Sie wollen ein Kind enterben.

Erbrechtliche Situation

Würden Sie kein Testament errichten, in dem Sie Ihr Kind enterben, wäre das Kind kraft Gesetzes Erbe. Es würde ein Viertel des Nachlasses erben, den Rest Ihr Ehepartner (die Hälfte) und Ihr anderes Kind (ein Viertel). Wollen Sie das verhindern, müssen Sie Ihr Kind durch ein Testament ausdrücklich enterben und damit von der gesetzlichen Erbfolge ausschließen. Sie können aber auch für den gesamten Nachlass Ihren Ehepartner und Ihr anderes Kind einsetzen, sodass das Kind zwangsläufig enterbt ist (vgl. dazu 3.3.1).

- Haben Sie Ihr Kind in einem früheren Testament als Erben eingesetzt, sollten Sie die entsprechende Verfügung ausdrücklich widerrufen. Liegt ein gemeinschaftliches Testament vor, muss der Widerruf in der gesetzlich vorgeschriebenen Form erfolgen (vgl. dazu 4.2.1).

- Die Enterbung des Kindes betrifft nur das Kind, nicht dessen Abkömmlinge (z.B. die Enkel des Erblassers). Diese treten vielmehr an die Stelle des enterbten Kindes. Wenn Sie die Enterbung auch auf die Abkömmlinge des enterbten Kindes erstrecken wollen, müssen Sie dies in Ihrer Verfügung ausdrücklich erklären. Näheres dazu unter 3.3.2.
- Im Falle der Enterbung steht Ihrem Kind der Pflichtteil zu, den sie ihm nur unter engen Voraussetzungen entziehen können (vgl. dazu 1.6.1).

Erbrechtliche Gestaltung

Formulierungsbeispiel

Testament

Ich unterliege keiner Bindung aus einer früheren Verfügung von Todes wegen.

Vorsorglich widerrufe ich alle Verfügungen von Todes wegen, die ich bisher errichtet habe.

_____ *[Vor- und Familiennamen des enterbten Kindes einsetzen einsetzen]* schließe ich von der Erbfolge aus.

[Oder]

_____ *[Vor- und Familiennamen des enterbten Kindes einsetzen]* und seine Abkömmlinge schließe ich von der Erbfolge aus.

____________________, __________

[Ort, Datum]

____

[Unterschrift]

4.2.4 Einzeltestament ohne Änderung der gesetzlichen Erbfolge mit Vermächtnissen und Auflagen

Interessenlage

Sie sind verheiratet und haben mit Ihrem Ehepartner zwei gemeinsame Kinder. Sie wollen kein gemeinschaftliches Testament, sondern jeder Ehepartner will allein ein Testament verfassen. Durch Ihr Testament wollen Sie zwar nichts an der gesetzlichen Erbfolge ändern, Ihrem Sohn wollen Sie aber Ihre Briefmarkensammlung vermachen, ohne dass diese Zuwendung auf seinen gesetzlichen Erbteil angerechnet wird. Ferner wollen Sie Ihren Erben aufgeben, an den örtlichen Fußballverein 2.000,– € zu spenden.

Erbrechtliche Situation

Wenn Sie in Ihrem Testament keine Erbeinsetzungen vornehmen, gilt die gesetzliche Erbfolge. Leben Sie mit Ihrem Ehegatten im Güterstand der Zugewinngemeinschaft, so erben Ihr Ehegatte die Hälfte und Ihre beiden Kinder jeweils ein Viertel des Nachlasses. Haben Sie mit Ihrem Ehegatten Gütertrennung vereinbart, so erben Ihr Ehegatte und Ihre beiden Kinder jeweils zu einem Drittel. Zum gesetzlichen Erbrecht vgl. 1.5.3 und 1.5.4.

- Die Briefmarkensammlung können Sie Ihrem Sohn testamentarisch zuwenden, indem Sie zu seinen Gunsten ein Vermächtnis anordnen. Man spricht in diesem Fall von einem Vorausvermächtnis. Dieses erhält Ihr Sohn dann als Miterbe ohne Anrechnung auf seinen Erbteil zusätzlich vorab aus dem Nachlass. Die Erbquoten werden dann nach dem verbleibenden Nachlass ohne den vermachten Gegenstand berechnet. Sie müssen testamentarisch ausdrücklich festgelegen, dass durch die Zuwendung kein wertmäßiger Ausgleich unter den Miterben stattfinden, eine Anrechnung auf die Erbteile der einzelnen Miterben also unterbleiben soll. Näheres dazu unter 3.4.2 und 3.6.1.
- Die Zuwendung an den Fußballverein können Sie testamentarisch als Vermächtnis oder als Auflage verfügen. Im Falle eines

Vermächtnisses erwirbt der Verein einen klagbaren Anspruch auf Erfüllung. Treffen Sie in Ihrem Testament keine abweichende Anordnung, sind Ihre Erben mit dem Vermächtnis beschwert (vgl. dazu 3.4.3). Ordnen Sie testamentarisch die Spende an den Fußballverein als Auflage an, hat der Verein keinen Anspruch gegen die Erben auf Erfüllung. Im Gegensatz zum Vermächtnis setzen Sie damit Ihre Erben nicht dem Druck des mit der Auflage Begünstigten aus. Näheres dazu unter 3.5.2.

Erbrechtliche Gestaltung

Formulierungsbeispiel

Testament

Ich unterliege keiner Bindung aus einer früheren Verfügung von Todes wegen.

Vorsorglich widerrufe ich alle Verfügungen von Todes wegen, die ich bisher errichtet habe.

- Meinem Sohn _____ *[Vor- und Familiennamen des Sohnes einsetzen]* vermache ich meine Briefmarkensammlung. Es soll kein Ausgleich unter den Miterben stattfinden. Die Zuwendung erfolgt also ohne Anrechnung auf den gesetzlichen Erbteil meines Sohnes.

  [Und]

- Dem Fußballverein _____ e.V. vermache ich 2.000,– €.

  [Oder]

  Im Wege einer Auflage verpflichte ich meine Erben, an den Fußballverein _____ e.V. 2.000,– € zu spenden.

_____________________, __________

[Ort, Datum]

____

[Unterschrift]

4.2.5 Erbeinsetzung der gemeinsamen Kinder durch Einzeltestament eines Ehegatten und Wohnungsrechtsvermächtnis zugunsten des Ehepartners

Interessenlage

Sie sind verheiratet und haben mit Ihrem Ehepartner zwei gemeinsame Kinder. Sie wollen mit Ihrem Ehegatten kein gemeinschaftliches Testament errichten, sondern jeder Ehepartner will allein ein Testament verfassen. Sie wollen nur Ihre Kinder zu gleichen Teilen als Erben einsetzen, weil Ihr Ehepartner bereits finanziell versorgt ist. Ihrem Ehegatten wollen Sie an einer Immobilie ein Wohnungsrecht einräumen.

Erbrechtliche Situation

Würden Sie kein Testament errichten, in dem Sie Ihren Ehegatten enterben, wäre Ihr Ehepartner kraft Gesetzes Erbe. Er würde die Hälfte Ihres Nachlasses erben, wenn Sie im Güterstand der Zugewinngemeinschaft leben würden; die andere Hälfte würden Ihre Kinder zu gleichen Teilen erben. Haben Sie mit Ihrem Ehegatten Gütertrennung vereinbart, so würden Ihr Ehegatte und Ihre beiden Kinder jeweils zu einem Drittel erben. Zur gesetzlichen Erbfolge vgl. 1.5.3 und 1.5.4.

- Wollen Sie Ihren Ehegatten von der gesetzlichen Erbfolge ausschließen, so müssen Sie ihn testamentarisch ausdrücklich enterben. Sie können aber auch für den gesamten Nachlass Ihre beiden Kinder als Erben einsetzen, sodass der Ehegatte zwangsläufig enterbt ist (vgl. dazu 3.3.1).
- Im Falle der Enterbung steht Ihrem Ehegatten der Pflichtteil zu (vgl. dazu 1.6.1). Sinnvoll kann es sein, dass Sie mit Ihrem Ehepartner einen Pflichtteilsverzichtsvertrag abschließen. Dieser muss notariell beurkundet werden.

- Haben Sie Ihren Ehegatten in einem früheren Testament als Erben eingesetzt, sollten Sie die entsprechende Verfügung ausdrücklich widerrufen. Liegt ein gemeinschaftliches Testament vor, muss der Widerruf in der gesetzlich vorgeschriebenen Form erfolgen (vgl. dazu 4.2.1).
- Wenn Sie Ihre Kinder testamentarisch als Erben einsetzen, stellt sich die Frage, wer Erbe wird, wenn diese wegfallen, wenn also zum Beispiel ein Kind vor dem ersten Todesfall verstirbt oder nach dem Tod des zuerst versterbenden Ehegatten die Erbschaft ausschlägt oder erbunwürdig ist. Durch die Einsetzung eines Ersatzerben behalten Sie die Kontrolle darüber, wem das Vermögen zufällt. Sie verhindern damit die gesetzliche Erbfolge, die von Ihnen unter Umständen nicht gewollt ist (vgl. dazu 3.1.4).
- Zugunsten Ihres Ehepartners müssen Sie testamentarisch ein Wohnungsrechtsvermächtnis anordnen (vgl. dazu 3.4.2). Als dingliches Recht entsteht das Wohnungsrecht erst mit der Erfüllung, also mit der Einigung und der Eintragung im Grundbuch. Die Eintragung bedarf neben dem Eintragungsantrag der Bewilligung des Eigentümers. Unter Umständen kann es sinnvoll sein, dass Sie Vorkehrungen treffen, dass Ihre Kinder als Erben den Vermächtnisanspruch tatsächlich erfüllen. Eine Möglichkeit ist die, dass Sie Ihren Ehegatten zum Testamentsvollstrecker mit der alleinigen Aufgabe einsetzen, nach dem Erbfall das Vermächtnis gegenüber sich selbst zu erfüllen (vgl. dazu 3.4.4).

Erbrechtliche Gestaltung

Formulierungsbeispiel

Testament

Ich unterliege keiner Bindung aus einer früheren Verfügung von Todes wegen.

Vorsorglich widerrufe ich alle Verfügungen von Todes wegen, die ich bisher errichtet habe.

- Meinen Ehegatten schließe ich als gesetzlichen Erben von der Erbfolge aus.

  [Oder]

  Zu meinen alleinigen und unbeschränkten Erben setze ich meine Kinder _____ und _____ *[Vor- und Familiennamen der Kinder einsetzen]* zu gleichen Teilen ein. Als Ersatzerben bestimme ich deren Abkömmlinge.

  [Und]

- Mein Ehegatte _____ *[Vor- und Familiennamen des Ehegatten einsetzen]* erhält im Wege des Vermächtnisses ein lebenslanges und unentgeltliches dingliches Wohnungsrecht an _____ *[Vermächtnisgegenstand einsetzen, zum Beispiel Dachgeschosswohnung des Zweifamilienhauses in _____, eingetragen im Grundbuch von _____, Band _____, Blatt _____, Flurstücksnummer _____].*

  Die Wohnung darf sowohl vermietet als auch anderen Personen unentgeltlich überlassen werden. Ferner ist der Vermächtnisnehmer berechtigt, die zum gemeinschaftlichen Gebrauch der Hausbewohner bestimmten Anlagen und Einrichtungen, insbesondere den Keller, den Speicher und den Garten, mitzubenutzen.

  Die laufenden Nebenkosten für Beheizung, Strom, Wasser, Kanal, Gas, Müllabfuhr Kaminkehrer sowie die Kosten für die

Schönheitsreparaturen in der Wohnung hat der Vermächtnisnehmer zu tragen. Alle anderen Kosten, insbesondere für die Instandhaltung und Pflege des Gebäudes trägt der Eigentümer.

[Und]

- Ich ordne Testamentsvollstreckung an. Zum Testamentsvollstrecker ernenne ich den vorbezeichneten Vermächtnisnehmer. Der Vermächtnisnehmer hat die Aufgabe, das vorstehend zu seinen Gunsten angeordnete Vermächtnis zu erfüllen.

  Weitere Aufgaben hat der Testamentsvollstrecker nicht.

  Der Testamentsvollstrecker ist von den Beschränkungen des § 181 BGB, soweit erforderlich, befreit.
  Für seine Tätigkeit erhält der Testamentsvollstrecker keine Vergütung. Er erhält auch keinen Ersatz für seine Auslagen.

______________________, __________

[Ort, Datum]

____

[Unterschrift]

4.2.6 Einzeltestament eines Ehegatten ohne Änderung der gesetzlichen Erbfolge mit Teilungsanordnungen für die Erben

Interessenlage

Sie sind verheiratet und haben mit Ihrem Ehepartner zwei gemeinsame Kinder. Sie wollen mit Ihrem Ehegatten kein gemeinschaftliches Testament errichten, sondern jeder Ehepartner will allein ein Testament verfassen. Durch Ihr Testament wollen Sie zwar nichts an der gesetzlichen Erbfolge ändern, jedoch Anordnungen über die Aufteilung des Nachlasses treffen.

Erbrechtliche Situation

Wenn Sie in Ihrem Testament keine Erbeinsetzungen vornehmen, gilt die gesetzliche Erbfolge. Leben Sie mit Ihrem Ehegatten im Güterstand der Zugewinngemeinschaft, so erben Ihr Ehegatte die Hälfte und Ihre beiden Kinder jeweils ein Viertel des Nachlasses. Haben Sie mit Ihrem Ehegatten Gütertrennung vereinbart, so erben Ihr Ehegatte und Ihre beiden Kinder jeweils zu einem Drittel. Zum gesetzlichen Erbrecht vgl. 1.5.3 und 1.5.4.

- Haben Sie bereits ein Testament errichtet, sollten Sie dieses widerrufen. Liegt ein gemeinschaftliches Testament vor, muss der Widerruf in der gesetzlich vorgeschriebenen Form erfolgen (vgl. dazu 4.2.1).
- Wenn mehrere Personen erben, entsteht mit dem Erbfall zwangsläufig eine Erbengemeinschaft. Der Nachlass ist dann gemeinschaftliches Vermögen der Erben. Jedem Miterben steht der im Testament festgelegte Bruchteil des Nachlasses zu. Ein Miterbe allein kann nicht über einzelne Nachlassgegenstände verfügen. Wenn Sie Regelungen treffen wollen, wie Ihre Erben die einzelnen Vermögensgegenstände untereinander aufteilen sollen, müssen Sie eine Teilungsanordnung treffen (vgl. dazu 3.6.1).
- Wichtig ist, dass im Testament zum Ausdruck kommt, dass Sie keine Änderung der Erbteile der Miterben wünschen. Sie können sich im Testament darauf beschränken, den Miterben bestimmte Nachlassgegenstände zuzuweisen. Um jeglichen Zweifel zu vermeiden, ist es jedoch sinnvoll, im Testament ausdrücklich darauf hinzuweisen, dass die Zuteilung von Nachlassgegenständen jeweils unter Anrechnung auf den Erbteil des jeweiligen Miterben erfolgt.
- Mit einer Teilungsanordnung können Sie zwar verfügen, dass der Nachlass entsprechend Ihren Anordnungen unter den Erben aufgeteilt wird, Ihre Anordnungen führen aber nicht von selbst zur Aufteilung. Die Erben sind also, wenn sie sich untereinander einig sind, nicht gehindert, eine andere Verteilung vorzunehmen.

Um sicherzustellen, dass Ihre Teilungsanordnung tatsächlich umgesetzt wird, können Sie Testamentsvollstreckung anordnen und dem Testamentsvollstrecker die Durchführung der Teilungsanordnung übertragen (vgl. dazu 3.6.2).

Erbrechtliche Gestaltung

Formulierungsbeispiel

Testament

Ich unterliege keiner Bindung aus einer früheren Verfügung von Todes wegen.

Vorsorglich widerrufe ich alle Verfügungen von Todes wegen, die ich bisher errichtet habe.

Für die Auseinandersetzung des Nachlasses im Wege der gesetzlichen Erbfolge treffe ich folgende Anordnungen:

- _____ *[Vor- und Familiennamen des Miterben einsetzen]* erhält das Hausgrundstück _____ *[genaue Bezeichnung der Immobilie]*.

  _____ *[Vor- und Familiennamen des Miterben einsetzen]* erhält die Eigentumswohnung _____ *[genaue Bezeichnung der Immobilie]* und mein Guthaben auf dem Sparbuch _____ bei der _____bank *[genaue Bezeichnung des Sparbuchs und der Bank]*.

  _____ *[Vor- und Familiennamen des Miterben einsetzen]* erhält mein Wertpapierdepot _____ bei der _____bank *[genaue Bezeichnung des Depots und der Bank]*.
- Der jeweils anzurechnende Wert für die Immobilien ist auf Kosten des Nachlasses durch ein Verkehrswertgutachten des örtlichen Gutachterausschusses zu ermitteln.
- Ich stelle hiermit ausdrücklich klar, dass es sich um eine reine Teilungsanordnung handelt und der jeweilige Miterbe den Nachlassgegenstand unter Anrechnung auf seinen Erbteil bzw. Ausgleichung aus seinem sonstigen Vermögen erhält.

- Ich ordne Testamentsvollstreckung an. Der Testamentsvollstrecker hat die Aufgabe, den Nachlass entsprechend meinen Anordnungen zu verteilen. Zum Testamentsvollstrecker bestimme ich _____ *[Vor- und Familiennamen des Testamentsvollstreckers einsetzen]*. Weitere Aufgaben hat der Testamentsvollstrecker nicht. Der Testamentsvollstrecker erhält keine Vergütung.

______________________, __________

[Ort, Datum]

____

[Unterschrift]

4.2.7 Einzeltestament eines Ehegatten als Geschiedenentestament mit Erbeinsetzung des Kindes aus erster Ehe

Interessenlage

Sie sind verheiratet. Beide Ehepartner haben jeweils ein minderjähriges Kind aus erster Ehe. Gemeinsame Kinder gibt es nicht. Beide Ehepartner wollen jeweils ein Einzeltestament errichten und ihr Kind als Alleinerben einsetzen. Gleichzeitig soll verhindert werden, dass der geschiedene Partner auf irgendeine Weise am Nachlass partizipiert. Auch soll verhindert werden, dass der geschiedene Elternteil im Rahmen seiner Vermögenssorge für das minderjährige Kind Zugriff auf das dem Kind hinterlassene Vermögen hat.

Erbrechtliche Situation

Mit der Scheidung endet das gesetzliche Erbrecht der Eheleute. Es besteht auch kein Anspruch auf den Pflichtteil. Ein mit dem Ex-Ehegatten errichtetes gemeinschaftliches Testament wird grundsätzlich unwirksam. Ihr jetziger Ehegatte und Ihr Kind sind kraft Gesetzes Erben. Ihr Partner würde die Hälfte Ihres Nachlasses erben, wenn

Sie im Güterstand der Zugewinngemeinschaft leben würden; die andere Hälfte würde Ihr Kind erben. Haben Sie mit Ihrem Ehegatten Gütertrennung vereinbart, so würden Ihr Ehegatte und Ihr Kind ebenfalls jeweils die Hälfte erben. Zur gesetzlichen Erbfolge vgl. 1.5.3 und 1.5.4.

- Haben Sie Ihren jetzigen Ehegatten in einem früheren Testament als Erben eingesetzt, sollten Sie die entsprechende Verfügung ausdrücklich widerrufen. Liegt ein gemeinschaftliches Testament vor, muss der Widerruf in der gesetzlich vorgeschriebenen Form erfolgen (vgl. dazu 4.2.1).
- Wollen Sie Ihren Ehegatten von der gesetzlichen Erbfolge ausschließen, so müssen Sie ihn testamentarisch ausdrücklich enterben. Sie können aber auch für den gesamten Nachlass Ihr Kind als Erben einsetzen, sodass der Ehegatte zwangsläufig enterbt ist (vgl. dazu 3.3.1).
- Im Falle der Enterbung steht Ihrem Ehegatten der Pflichtteil zu (vgl. dazu 1.6.1). Sinnvoll kann es sein, dass Sie mit Ihrem Ehepartner einen Pflichtteilsverzichtsvertrag abschließen. Dieser muss notariell beurkundet werden.
- Sind Sie geschieden, kann Ihr Ex-Ehegatte Ihr Vermögen bzw. Teile davon erwerben, wenn ein gemeinsames Kind stirbt, ohne selbst Abkömmlinge zu hinterlassen, nachdem es Erbe des zuerst versterbenden Elternteils geworden ist. Der längerlebende Elternteil wird dann nicht Erbe, wenn das Kind eine anderweitige Verfügung von Todes wegen trifft. Allerdings wird der längerlebende Elternteil dann über sein Pflichtteilsrecht nach dem Kind am Vermögen des geschiedenen Ehegatten mittelbar beteiligt, wenn das Kind selbst noch keine Abkömmlinge hinterlassen hat.
- Die indirekte Teilhabe Ihres geschiedenen Ehegatten bzw. dessen Verwandten an Ihrem Nachlass können Sie durch die Anordnung der Vor- und Nacherbfolge verhindern. Sie können Ihr Kind aus der geschiedenen Ehe als befreite Vorerben berufen und bestimmen, welche Personen nach dem Vorerben Nacherben werden

sollen. In Betracht kommen in erster Linie die Abkömmlinge des Vorerben, in zweiter Linie die gesetzlichen Erben des Vorerben zum Zeitpunkt des Nacherbfalls mit Ausnahme des geschiedenen Elternteils bzw. dessen Verwandten. Den Zeitpunkt des Nacherbfalls können Sie frei bestimmen. Falls Sie keine Festlegung getroffen haben, tritt der Nacherbfall mit dem Tod des Vorerben ein. Näheres dazu unter 3.2.3.

- Mit der Anordnung der Vor- und Nacherbfolge vermeiden Sie allerdings nicht, dass der Ex-Gatte als Elternteil die Vermögenssorge als Teil des Sorgerechts für das minderjährige Kind innehat. Er würde also das vom Kind geerbte Vermögen verwalten. Wollen Sie das verhindern, können Sie das Vermögensverwaltungsrecht Ihres geschiedenen Ehegatten für das vom Kind geerbte Vermögen ausschließen. Das hat zur Folge, dass dem Kind durch das Familiengericht ein Ergänzungspfleger beiseite gestellt wird. Dabei haben Sie die Möglichkeit, den Pfleger selbst zu bestimmen. An diese Auswahl ist das Familiengericht in der Regel gebunden. Näheres dazu unter 3.8.1.

Erbrechtliche Gestaltung

Formulierungsbeispiel

Testament

Ich unterliege keiner Bindung aus einer früheren Verfügung von Todes wegen.

Vorsorglich widerrufe ich alle Verfügungen von Todes wegen, die ich bisher errichtet habe.

- Ich setze mein Kind _____ *[Vor- und Familiennamen des Kindes einsetzen]* zu meinem alleinigen und unbeschränkten Erben ein. Als Ersatzerben bestimme ich dessen Abkömmlinge. Soweit mein Kind oder dessen Abkömmlinge Erben werden, ist es nur Vorerbe, jedoch von den gesetzlichen Beschränkungen, soweit zulässig, befreit. Nacherben auf seinen Tod sind seine testamentarisch bestimmten Erben, ersatzweise seine gesetzlichen Erben. Als Nacherben ausgenommen sind mein geschiedener Ehegatte, dessen Abkömmlinge aus anderen Verbindungen und seine Verwandten aufsteigender Linie.

Verstirbt mein geschiedener Ehepartner vor Eintritt des Nacherbfalls, ohne dass er Abkömmlinge und Verwandte aufsteigender Linie hinterlässt, entfällt die Nacherbfolge.

- Soweit mein Kind mich beerbt, soll sein Vater das ererbte Vermögen nicht verwalten. Als Pfleger zur Ausübung des Verwaltungsrechts bestimme ich _____ *[Name und Vorname des vorgeschlagenen Pflegers einsetzen]*, ersatzweise _____ *[Name und Vorname des vorgeschlagenen Ersatzpflegers einsetzen]*. Der Pfleger wird von allen gesetzlich zulässigen Beschränkungen befreit.

______________________, ___________

[Ort, Datum]

____

[Unterschrift]

4.3 Erbrechtliche Gestaltungen im gemeinschaftlichen Testament

Eheleute treffen Ihre erbrechtlichen Verfügungen häufig in einem gemeinschaftlichen Testament. Diese Testamentsform entspricht regelmäßig ihren Interessen, weil darin sowohl Verfügungen für den Tod des einen wie für den Tod des anderen Partners getroffen werden können und ein Ehegatte dann einseitig und ohne Kenntnis des anderen seine Verfügung nicht ändern oder aufheben kann. Häufig beschränken sich Eheleute mit Kindern nicht darauf, sich in ihrem gemeinschaftlichen Testament gegenseitig als Erben einzusetzen mit der Folge, dass der überlebende Ehegatte in diesem Fall nach Eintritt des Erbfalls Inhaber des gesamten Ehevermögens wird. Vielmehr regeln sie auch noch, dass dann das gesamte mit dem zweiten Erbfall angefallene Vermögen auf die Kinder übergehen soll (sog. Berliner Testament). Deshalb ist das gemeinschaftliche Testament, insbesondere in der Form des Berliner Testaments, weit verbreitet. Näheres zum gemeinschaftlichen Ehegattentestament unter 2.3.

Wegen der Vor- und Nachteile des Einzeltestaments bzw. des gemeinschaftlichen Testaments vgl. 2.4.

4.3.1 Gemeinschaftliches Testament von Eheleuten ohne Kinder mit gegenseitiger Erbeinsetzung

Interessenlage

Die Eheleute sind kinderlos und wollen in einem gemeinschaftlichen Testament festlegen, dass jeweils der längerlebende Partner Alleinerbe wird. Für den Tod des längerlebenden Ehegatten wollen Sie keine testamentarischen Regelungen treffen.

Erbrechtliche Situation

Die Ehegatten sind kraft Gesetzes Erben. Der längerlebende Partner würde drei Viertel des Nachlasses erben, wenn die Eheleute im Güterstand der Zugewinngemeinschaft gelebt hätten; das andere Viertel würden ihre Eltern bzw. Geschwister des Erblassers erben. Haben die Eheleute Gütertrennung vereinbart, so würde der längerlebende Partner die Hälfte des Nachlasses erben, die andere Hälfte die Eltern bzw. Geschwister des Erblassers. Zum gesetzlichen Erbrecht vgl. 1.5.3 und 1.5.4).

- Soll jeweils der längerlebende Ehepartner Alleinerbe werden, müssen sich die Eheleute im gemeinschaftlichen Testament wechselseitig als Alleinerben einsetzen. Im Testament sollte klargestellt werden, dass es sich dabei um eine wechselbezügliche Verfügung handelt (vgl. dazu 2.3.2). Auf die Bestimmung von Schlusserben nach dem Tod des längerlebenden Ehegatten soll verzichtet werden. Der längerlebende Ehepartner kann mithin testamentarisch frei sowohl über das geerbte als auch über sein eigenes Vermögen verfügen.

- Durch die Einsetzung des längerlebenden Ehegatten als Alleinerben sind die Eltern bzw. die Geschwister des Erblassers als gesetzliche Erben zwangsläufig enterbt. Die Eltern (nicht dagegen die Geschwister) des Erblassers können den Pflichtteil verlangen (vgl. dazu 1.6.1). Sinnvoll kann es sein, dass mit den Eltern ein Pflichtteilsverzichtsvertrag abgeschlossen wird. Dieser muss notariell beurkundet werden.
- Wenn Sie und Ihr Ehegatte sich testamentarisch wechselseitig als Alleinerben einsetzen, stellt sich die Frage, wer Erbe wird, wenn der als Erbe eingesetzte längerlebende Ehegatte wegfällt, wenn er also zum Beispiel vor dem ersten Todesfall verstirbt oder nach dem Tod des zuerst versterbenden Ehegatten die Erbschaft ausschlägt oder erbunwürdig ist. Durch die Einsetzung eines Ersatzerben behalten die Eheleute die Kontrolle darüber, wem das Vermögen zufällt. Sie verhindern damit die gesetzliche Erbfolge, die von ihnen unter Umständen nicht gewollt ist (vgl. dazu 3.1.4).
- Sterben die Eheleute gleichzeitig, ist die im gemeinschaftlichen Testament getroffene gegenseitige Erbeinsetzung gegenstandslos. Den Fall des gleichzeitigen Versterbens können die Eheleute im gemeinschaftlichen Testament durch eine sogenannte Katastrophenklausel regeln. Dabei geht es im Wesentlichen darum, zu bestimmen, wer Erbe nach dem gleichzeitigen Tod beider Ehegatten werden soll.
- Im Testament sollte klargestellt werden, dass es sich bei den erbrechtlichen Anordnungen um wechselbezügliche Verfügungen handelt (vgl. dazu 2.3.2).

Erbrechtliche Gestaltung

Formulierungsbeispiel

Testament

Wir unterliegen keiner Bindung aus einer früheren Verfügung von Todes wegen.

Vorsorglich widerrufen wir alle Verfügungen von Todes wegen, die wir bisher errichtet haben.

- Wir, _____ *[Vor- und Familiennamen des Ehegatten einsetzen]*, und _____ *[Vor- und Familiennamen des anderen Ehegatten einsetzen]*, setzen uns gegenseitig, also der Erstversterbende den Längerlebenden zu alleinigen und unbeschränkten Alleinerben ein.
- Als Ersatzerben bestimmen wir _____ *[Vor- und Familiennamen des Ersatzerben einsetzen]*.
- Für den Fall, dass wir beide gleichzeitig versterben, setzen wir _________ *[Vor- und Familiennamen des Erben einsetzen]* als Erben ein.
- Diese Verfügungen sind, soweit gesetzlich zulässig, wechselbezüglich.

________________, _______ ________________, _______

[Ort, Datum] *[Ort, Datum]*

________________________ ________________________

[Unterschrift des Ehegatten] *[Unterschrift des Ehegatten]*

4.3.2 Gemeinschaftliches Testament der Eheleute mit Erbeinsetzung der Kinder und Nießbrauchsvermächtnis an der Familienwohnung zugunsten des längerlebenden Ehegatten

Interessenlage

Die Eheleute sind verheiratet. Sie wollen in einem gemeinschaftlichen Testament ihre beiden Kinder zu gleichen Teilen als Erben einsetzen. Dem längerlebenden Ehepartner soll an einer Immobilie ein Wohnungsrecht eingeräumt werden.

Erbrechtliche Situation

Die Eheleute und die Kinder sind kraft Gesetzes Erben. Beim Tod des Partners würde der längerlebende Ehegatte die Hälfte des Nachlasses erben, wenn die Eheleute im Güterstand der Zugewinngemeinschaft leben würden; die andere Hälfte würden die Kinder zu gleichen Teilen erben. Haben die Ehegatten Gütertrennung vereinbart, so würde der längerlebende Ehegatte und die beiden Kinder jeweils zu einem Drittel erben. Zur gesetzlichen Erbfolge vgl. 1.5.3 und 1.5.4.

- Soll im gemeinschaftlichen Testament der längerlebende Ehegatte von der gesetzlichen Erbfolge ausgeschlossen werden, so muss dieser testamentarisch ausdrücklich enterbt werden. Es können aber auch für den gesamten Nachlass die beiden Kinder als Erben eingesetzt werden, sodass der längerlebende Ehegatte zwangsläufig enterbt ist (vgl. dazu 3.3.1).
- Im Falle der Enterbung steht dem längerlebenden Ehegatten der Pflichtteil zu (vgl. dazu 1.6.1). Sinnvoll kann es sein, dass die Ehepartner einen Pflichtteilsverzichtsvertrag abschließen. Dieser muss notariell beurkundet werden.
- Wenn die Kinder testamentarisch als Erben eingesetzt werden, stellt sich die Frage, wer Erbe wird, wenn diese wegfallen, wenn

also zum Beispiel ein Kind vor dem ersten Todesfall verstirbt oder nach dem Tod des zuerst versterbenden Ehegatten die Erbschaft ausschlägt oder erbunwürdig ist. Durch die Einsetzung eines Ersatzerben behalten die Eheleute die Kontrolle darüber, wem das Vermögen zufällt. Sie verhindern damit die gesetzliche Erbfolge, die von ihnen unter Umständen nicht gewollt ist (vgl. dazu 3.1.4).

- Zugunsten des längerlebenden Ehepartners muss testamentarisch ein Nießbrauchsvermächtnis angeordnet werden (vgl. dazu 3.4.2). Als dingliches Recht entsteht der Nießbrauch erst mit der Erfüllung, also mit der Einigung und der Eintragung im Grundbuch. Die Eintragung bedarf neben dem Eintragungsantrag der Bewilligung des Eigentümers. Unter Umständen kann es sinnvoll sein, dass im Testament Vorkehrungen getroffen werden, dass die Kinder als Erben den Vermächtnisanspruch tatsächlich erfüllen. Eine Möglichkeit ist die, dass der längerlebende Ehegatte zum Testamentsvollstrecker mit der alleinigen Aufgabe eingesetzt wird, nach dem Erbfall das Vermächtnis gegenüber sich selbst zu erfüllen (vgl. dazu 3.4.4).
- Im Testament sollte klargestellt werden, dass es sich bei den erbrechtlichen Anordnungen um wechselbezügliche Verfügungen handelt. Testamentsvollstreckung kann allerdings nicht wechselbezüglich angeordnet werden (vgl. dazu 2.3.2).

Erbrechtliche Gestaltung

Formulierungsbeispiel

Testament

Wir unterliegen keiner Bindung aus einer früheren Verfügung von Todes wegen.

Vorsorglich widerrufen wir alle Verfügungen von Todes wegen, die wir bisher errichtet haben.

- Jeder von uns beruft zu seinem alleinigen und unbeschränkten Erben zu gleichen Teilen unsere gemeinsamen Kinder _____ *[Vor- und Familiennamen des Kindes einsetzen]* und _____ *[Vor- und Familiennamen des anderen Kindes einsetzen].*
- Zu Ersatzerben bestimmen wir die Abkömmlinge unserer Kinder entsprechend den Regeln über die gesetzliche Erbfolge. Sind keine Abkömmlinge vorhanden, so soll der Erbteil des Weggefallenen dem anderen Miterben anwachsen.

  Im Wege eines Vermächtnisses vermacht der Erstversterbende dem Längstlebenden den lebenslangen unentgeltlichen Nießbrauch an dem Hausgrundstück an dem Hausgrundstück Nr. _____ in _____, _____straße, eingetragen im Grundbuch von _____, Band _____, Blatt Nr. _____, Flurstücksnummer _____.

  Die Ausübung des Nießbrauchs ist nicht übertragbar und vererbbar und kann anderen nicht überlassen werden.

  Der Nießbraucher ist berechtigt, sämtliche Nutzungen aus dem Grundstück zu ziehen. Er hat alle mit dem Nießbrauchsgegenstand verbundenen privaten und öffentlichen Aufwendungen und Lasten, auch die außerordentlichen Lasten zu tragen, soweit dies gesetzlich zulässig ist.

  Ebenso hat er die außergewöhnlichen und zur Substanzerhaltung erforderlichen Ausbesserungen und Erneuerungen zu tragen wie diese der Eigentümer kraft Gesetzes zu tragen hätte.

- Im Übrigen gelten die gesetzlichen Bestimmungen zum Nießbrauch.
- Um sicherzustellen, dass das testamentarisch angeordnete Vermächtnis erfüllt wird, ordnen wir Testamentsvollstreckung an. Testamentsvollstrecker ist der Längstlebende von uns. Der Testamentsvollstrecker hat den Nachlass bis zu seinem Tod zu verwalten. Er ist in der Eingehung von Verbindlichkeiten für den Nachlass nicht beschränkt. Er ist von allen Verpflichtungen befreit, soweit dies gesetzlich zulässig ist.

  Für seine Tätigkeit erhält der Testamentsvollstrecker keine Vergütung. Er erhält auch keinen Ersatz für seine Auslagen.
- Diese Verfügungen sind, soweit gesetzlich zulässig, wechselbezüglich.

____________________, __________	____________________, __________
[Ort, Datum]	*[Ort, Datum]*
______________________________	______________________________
[Unterschrift des Ehegatten]	*[Unterschrift des Ehegatten]*

4.3.3 Gemeinschaftliches Testament der Eheleute in Patchworkfamilie

Interessenlage

Sie sind verheiratet und haben aus erster Ehe zwei Kinder. Ihr Ehegatte hat ein Kind aus der geschiedenen ersten Ehe. Gemeinsame Kinder sind nicht vorhanden. Sie möchten mit Ihrem Ehepartner ein gemeinschaftliches Testament errichten und festlegen, dass Sie sich beim Tod des Erstversterbenden zwar gegenseitig finanziell versorgen, gleichzeitig aber sicherstellen, dass der Nachlass dann nach dem Tod des Längstlebenden an die leiblichen Kinder jeweils aus der ersten Ehe fällt. Insbesondere soll verhindert werden, dass ein Stiefkind erbrechtliche Ansprüche auf den Nachlass eines Stiefelternteils geltend machen kann.

Erbrechtliche Situation:

Mit der Scheidung endet das gesetzliche Erbrecht geschiedenen Ehegatten. Es besteht auch kein Anspruch auf den Pflichtteil. Ein mit dem Ex-Ehegatten errichtetes gemeinschaftliches Testament wird grundsätzlich unwirksam.

Nach der gesetzlichen Erbfolge verteilt sich das Vermögen der Eheleute in einer Patchwork-Familie je nachdem, welcher Partner zuerst verstirbt. Beim Tod eines Partners erben dessen leibliche Kinder. Daneben erbt der Ehepartner die Hälfte des Nachlasses, wenn die Partner im gesetzlichen Güterstand der Zugewinngemeinschaft gelebt haben. Haben die Ehepartner einer Patchwork-Familie kein Testament errichtet, so hängt die Höhe des Erbes der nicht gemeinsamen Kinder davon ab, welcher Partner zuerst stirbt. Das nachfolgende Beispiel soll dies verdeutlichen:

» Die Ehegatten leben im Güterstand der Zugewinngemeinschaft. Jeder Ehegatte hat ein Vermögen von 60.000,– €. Die Eheleute haben zwei gemeinsame Söhne und jeweils eine Tochter aus einer früheren Beziehung.

Der Ehemann stirbt zuerst:
Wenn der Ehemann zuerst stirbt, erbt die Frau die Hälfte des Vermögens, also 30.000,– €, die Söhne und die Tochter des Ehemanns erhalten jeweils ein Drittel, also 10.000,– €. Einige Jahre später stirbt die Ehefrau. Ihre Kinder erhalten 60.000,– € ihres Vermögens plus die 30.000,– € aus der Erbschaft des verstorbenen Ehemanns. Die drei Kinder der Ehefrau erhalten also je 30.000,– €.

Die Ehefrau stirbt zuerst:
Stirbt die Ehefrau zuerst, erbt der Ehemann ebenfalls die Hälfte des Vermögens, also 30.000,– €. Jeweils 10.000,– € fallen an die gemeinsamen Söhne und die Tochter der Ehefrau. Ein paar Jahre später stirbt der Ehegatte. Seine Kinder erben zusammen die Summe des eigenen Vermögens und des nach der vorverstorbenen Ehefrau geerbten Vermögens, zusammen also 90.000,– €, wovon jedes Kind 30.000,– € erhält.

Das Beispiel zeigt, dass die Höhe des geerbten Vermögens für die Kinder vom Zufall abhängig ist, je nachdem, wer zuerst verstirbt – der leibliche Elternteil des einseitigen Kindes oder der Stiefelternteil. Die Kinder des Längerlebenden werden nach der gesetzlichen Erbfolge bevorzugt. Zudem geht so ein Teil des Vermögens des zuerst versterbenden Ehegatten an die einseitigen Kinder des überlebenden Ehegatten. Wenn Sie diese gesetzliche Erbfolge nicht akzeptieren wollen, müssen Sie ein Testament errichten.

Häufig wünschen die Ehepartner, dass zunächst der längerlebende Partner finanziell abgesichert werden soll. Danach soll das Vermögen an die leiblichen Kinder übergehen. In diesem Fall können der längerlebende Ehegatte als Vorerbe und die eigenen Kinder des verstorbenen Ehepartners als Nacherben eingesetzt werden. Näheres zur Vor- und Nacherbfolge unter 3.2.

- Sie müssen Ihren Ehepartner zum Vorerben bestimmen. Er ist Erbe bis zum Eintritt des Nacherbfalls.
- Sie müssen festlegen, wer nach dem Vorerben die Erbschaft erhalten soll. Sie dürfen es nicht dem Vorerben überlassen, den Nacherben zu bestimmen. Ihre leiblichen Kinder als Nacherben werden mit dem Eintritt des Nacherbfalls endgültige Erben des Nachlasses. Sie können frei über den Nachlass verfügen.
- Sie müssen bestimmen, wann der Nacherbfall eintreten soll, also den Fall, wann die Erbschaft an den Nacherben übergeht. Treffen Sie keine Anordnung über den Nacherbfall, so tritt dieser mit dem Tod des Vorerben ein.
- Ein von Ihnen eingesetzter Vorerbe kann zwar als Eigentümer aller Nachlassgegenstände und Gläubiger aller Forderungen über den Nachlass verfügen, damit aber den Nacherben der Wert und die Substanz des Nachlasses erhalten bleiben, ist der Vorerbe in seiner Verfügungsmacht beschränkt. Das bedeutet konkret, dass er keine Schenkungen aus dem Nachlass vornehmen und Immobilien im Nachlass nicht verkaufen darf. Er muss auf Verlangen des Nacherben bestimmte Wertpapiere hinterlegen. Geld muss der Vorerbe mündelsicher anlegen.

- Sie können den Vorerben von allen gesetzlich zulässigen Beschränkungen und Verfügungen befreien. In diesem Fall ist der Vorerbe insbesondere von der Verfügungsbeschränkung über Grundstücke, der Hinterlegung von Wertpapieren und der mündelsicheren Anlage von Geld befreit. Nicht befreit ist der Vorerbe dagegen vom gesetzlichen Verbot, Schenkungen aus dem Nachlass vorzunehmen.
- Im Testament sollte klargestellt werden, dass es sich bei den erbrechtlichen Anordnungen um wechselbezügliche Verfügungen handelt (vgl. dazu 2.3.2).

Erbrechtliche Gestaltung

Formulierungsbeispiel

Testament

Wir unterliegen keiner Bindung aus einer früheren Verfügung von Todes wegen.

Vorsorglich widerrufen wir alle etwaigen früheren Verfügungen von Todes wegen, die wir gemeinsam oder einzeln errichtet haben.

- Erbeinsetzung durch den Ehemann

  Ich _____ *[Vor- und Familiennamen des Erblassers einsetzen]*, setze hiermit meine Ehefrau _____ *[Vor- und Familiennamen der Ehefrau einsetzen]* zur alleinigen Erbin ein. Meine Ehefrau ist jedoch nur Vorerbin. Sie ist von den gesetzlichen Beschränkungen, soweit zulässig, befreit.

  Die Nacherbfolge tritt mit dem Tod des Vorerben ein.

  Nacherben sind meine beiden Kinder _____ und _____ *[Vor- und Familiennamen Kinder einsetzen]* zu gleichen Teilen. Ersatznacherben sind die jeweiligen im Zeitpunkt des Nacherbfalls vorhandenen Abkömmlinge, mehrere zu gleichen Teilen nach Stämmen und nach den Regeln der gesetzlichen Erbfolge.

- Erbeinsetzung durch die Ehefrau

  Ich _____ *[Vor- und Familiennamen des Erblassers einsetzen]*, setze hiermit meinen Ehemann _____ *[Vor- und Familiennamen des Ehemanns einsetzen]* zum alleinigen Erben ein. Mein Ehemann ist jedoch nur Vorerbe. Er ist von den gesetzlichen Beschränkungen, soweit zulässig, befreit.

  Die Nacherbfolge tritt mit dem Tod des Vorerben ein.

  Nacherbe ist mein Sohn _____ *[Vor- und Familiennamen des Kindes einsetzen]*. Ersatznacherben sind die jeweiligen im Zeitpunkt des Nacherbfalls vorhandenen Abkömmlinge, mehrere zu gleichen Teilen nach Stämmen und nach den Regeln der gesetzlichen Erbfolge.

- Diese Verfügungen sind, soweit gesetzlich zulässig, wechselbezüglich.

_________________, _______ _________________, _______

[Ort, Datum] *[Ort, Datum]*

_________________________ _________________________

[Unterschrift des Ehegatten] *[Unterschrift des Ehegatten]*

4.3.4 Gemeinschaftliches Testament der Eheleute mit Einsetzung eines behinderten Kindes als Vorerbe und Anordnung der Testamentsvollstreckung

Interessenlage

Sie sind verheiratet und haben mit ihrem Ehegatten zwei gemeinsame Kinder, Nicole und Dirk. Dirk ist behindert und pflegebedürftig. Er lebt in einem Heim und bezieht Sozialhilfe. In einem gemeinschaftlichen Testament mit Ihrem Ehepartner wollen Sie zwar das behinderte Kind als Miterben einsetzen, gleichzeitig aber dessen Erbteil vor dem Zugriff des Sozialamts schützen. In jedem Fall aber soll sichergestellt werden, dass das behinderte Kind über den Grundbedarf, der vom Sozialamt übernommen wird, hinaus finanzielle Annehmlichkeiten erhält.

Erbrechtliche Situation

Lebt ein behindertes Kind im Heim oder bedarf es besonderer Pflege, sind die Kosten in aller Regel so hoch, dass Sozialleistungen in Anspruch genommen werden müssen. Hat das Kind eigenes Vermögen, so muss dieses – bis auf einen geringen Freibetrag – für die entstehenden Kosten eingesetzt werden. Folglich fließt das von den Eltern geerbte Vermögen in der Regel dem Sozialhilfeträger zu, ohne dass das behinderte Kind davon einen echten Vorteil hat.

Mit der bloßen Enterbung des Kindes kann dieses Problem nicht gelöst werden. Wird die pflegebedürftige Person enterbt, entsteht ein Pflichtteilsanspruch, den der Sozialhilfeträger auf sich überleiten und anschließend gegen den Erben geltend machen kann. Durch ein sogenanntes Behindertentestament kann sichergestellt werden, dass das Vermögen der Familie erhalten bleibt und ein Zugriff des Sozialhilfeträgers auf dieses Vermögen ausgeschlossen ist. Gleichzeitig kann durch entsprechende testamentarische Anordnungen gewährleistet werden, dass die pflegebedürftige Person Zuwendungen erhält, die ihr vom Sozialhilfeträger nicht weggenommen werden dürfen (vgl. dazu auch 3.2.3).

- Die pflegebedürftige Person wird in Höhe ihres Erbteils, der zumindest geringfügig über dem gesetzlichen Pflichtteil liegen muss, zum nicht befreiten Vorerben eingesetzt. Damit ist gewährleistet, dass der behinderten oder pflegebedürftigen Person kein endgültiges Vermögen zufließt. Die Anordnung der Vor- und Nacherbfolge bezieht sich sowohl auf den Tod des erstversterbenden Ehegatten als auch auf den des Längstlebenden. Dem Vorerben stehen die Nutzungen des Vermögens zu. Die Erträge des Nachlasses (z.B. Zinserträge) müssen eingesetzt werden, bevor Sozialhilfe verlangt werden kann. Als Nacherbe können zum

Beispiel der längerlebende Ehegatte oder die Geschwister der pflegebedürftigen Person eingesetzt werden. Der Nacherbfall tritt mit dem Tod des Vorerben ein.

- Die Vor- und Nacherbfolge wird ergänzt durch Anordnung einer Testamentsvollstreckung. Damit werden die Nutzungen aus dem Erbteil vor Zugriffen von Gläubigern des Erben geschützt. Der eingesetzte Testamentsvollstrecker hat die Aufgabe, der behinderten Person besondere Annehmlichkeiten zu sichern, die kein Grundbedarf sind, den der Sozialhilfeträger zu gewährleisten hat (z.B. Zuwendung geringerer Geldbeträge, Urlaubs- und Ferienaufenthalte).

Erbrechtliche Gestaltung

Formulierungsbeispiel

Testament

Wir unterliegen keiner Bindung aus einer früheren Verfügung von Todes wegen.

Vorsorglich widerrufen wir alle etwaigen früheren Verfügungen von Todes wegen, die wir gemeinsam oder einzeln errichtet haben.

- Erbfolge nach dem Erstversterbenden

  Der Erstversterbende von uns beiden setzt

  a) den Überlebenden als Miterben zu vier Sechstel,

  b) unsere Tochter Nicole als Miterbin zu einem Sechstel und

  c) unseren behinderten Sohn Dirk als Miterben zu einem Sechstel ein.

  Sollte ein Kind vor oder nach dem Eintritt des Erbfalls wegfallen, so wächst dessen Erbteil dem Überlebenden von uns beiden zu.

  Unser Sohn wird mit seinem Erbteil nur von den gesetzlichen Beschränkungen der § 2113 ff. BGB nicht befreiter Vorerbe.

Nacherbin auf seinen Tod ist der Überlebende von uns beiden, ersatzweise unsere Tochter Nicole. Der Nacherbfall tritt mit dem Tod des Vorerben ein.

- Erbfolge nach dem Längstlebenden

  Der Längstlebende von uns beruft zu seinen Erben unsere Tochter Nicole und unseren Sohn Dirk.

  Die Erbquote unseres behinderten Sohnes beträgt _____ Hundertstel mehr als die Hälfte seines gesetzlichen Erbteils. Im Übrigen, also mit dem restlichen Erbteil, bestimmen wir unsere Tochter als Erbin.

  Unser Sohn wird allerdings auch hinsichtlich der Erbfolge nach dem Längstlebenden mit seinem Erbteil nur von den gesetzlichen Beschränkungen der § 2113 ff. BGB nicht befreiter Vorerbe. Nacherbin auf seinen Tod wird unsere Tochter Nicole, ersatzweise deren Abkömmlinge nach den Regeln der gesetzlichen Erbfolge. Der Nacherbfall tritt mit dem Tod des Vorerben ein.

- Testamentsvollstreckung

  Weil unser Sohn wegen seiner Pflegebedürftigkeit nicht imstande ist, seine Angelegenheiten selbst zu besorgen, insbesondere die ihm zufallenden Vermögenswerte selbst zu verwalten, ordnen wir sowohl für den Erbfall nach dem Erstversterbenden als auch für den Erbfall nach dem Längstlebenden Dauertestamentsvollstreckung an. Zum Testamentsvollstrecker benennen wir _____ *[Vor- und Familiennamen des Testamentsvollstreckers einsetzen]*, ersatzweise für den Fall, dass der Testamentsvollstrecker vor oder nach dem Amtsantritt wegfällt _____ *[Vor- und Familiennamen des Ersatztestamentsvollstreckers einsetzen]*. Der Testamentsvollstrecker ist von allen gesetzlichen Beschränkungen, soweit zulässig, befreit. Für die Übernahme des Amts erhält der Testamentsvollstrecker eine angemessene Vergütung. Die Testamentsvollstreckung endet mit dem Eintritt des Nacherbfalls.

Der Testamentsvollstrecker hat den Nachlass zu verwalten. Er hat aus den Erträgen des der Nacherbschaftsanordnung unterliegenden Erbteils meinem Sohn diejenigen Zuwendungen zu leisten, die zur Verbesserung der Lebensqualität beitragen, aber nach dem Sozialhilferecht nicht dem Zugriff des Sozialhilfeträgers unterliegen. Er erhält folgende verbindliche Verwaltungsanordnungen nach § 2216 Abs. 2 BGB:

- Überlassung von Geldbeträgen in Höhe des jeweiligen Rahmens, der nach den jeweiligen einschlägigen Gesetzen einem Behinderten maximal zur freien Verfügung stehen kann,
- Zuschüsse zur Finanzierung und Gestaltung eines Urlaubs,
- Zuwendungen von Geschenken zu Weihnachten und zum Geburtstag,
- Zuwendungen zur Befriedigung geistiger und künstlerischer Bedürfnisse sowie zur Befriedigung der individuellen Bedürfnisse in Bezug auf Freizeitgestaltung und Hobbys,
- ____

____________, ______	____________, ______
[Ort, Datum]	*[Ort, Datum]*
____________________	____________________
[Unterschrift des Ehegatten]	*[Unterschrift des Ehegatten]*

4.3.5 Gemeinschaftliches Testament der Eheleute mit Erbeinsetzung eines verschuldeten Kindes

Interessenlage

Sie sind verheiratet und haben zwei Kinder. Ihr Ehegatte und Sie wollen in einem gemeinschaftlichen Testament festlegen, dass der längerlebende Partner und die beiden Kinder jeweils zu gleichen Teilen erben. Ein Kind ist hoch verschuldet. Sie wollen testamentarisch Vorsorge treffen, dass die Gläubiger dieses Kindes nach dem Tod des Erstversterbenden nicht auf den Erbteil des Kindes zugreifen können.

Erbrechtliche Situation

Probleme kann es geben, wenn ein Kind zur Verschwendung neigt oder verschuldet ist. Dann besteht die Gefahr, dass das Familienvermögen für die Nachkommen gefährdet ist, weil der Nachlass sofort mit dem Erwerb wegen der Verschwendungssucht oder der Überschuldung des Erwerbers dem Zugriff von dessen Gläubigern ausgesetzt ist. Zwar kann das verschwendungssüchtige oder überschuldete Kind enterbt werden, es steht diesem aber zumindest der Pflichtteilsanspruch in Höhe der Hälfte seines gesetzlichen Erbteils zu. Dieser Pflichtteil kann dem Kind nur bei schweren Verfehlungen durch Testament entzogen werden.

Durch eine sogenannte Pflichtteilsbeschränkung in guter Absicht kann nicht nur das pflichtteilsberechtigte Kind geschützt, sondern mittelbar auch das Familienvermögen für künftige Generationen gesichert werden. Den optimalen Schutz des Familienvermögens erreicht der Erblasser, wenn er eine Vor- und Nacherbschaft anordnet und diese mit einer Testamentsvollstreckung kombiniert. Näheres dazu unter 3.2.3.

- Der Grund für die Pflichtteilsbeschränkung muss im Testament angegeben werden.
- Das verschwenderische oder überschuldete Kind wird als Vorerbe und dessen gesetzliche Erben als Nacherben eingesetzt. Dem pflichtteilsberechtigten Kind bleiben dann die Einkünfte aus dem hinterlassenen Vermögen. Es darf aber keine Vermögenswerte verschenken oder Immobilien aus dem Nachlass verkaufen oder mit Grundpfandrechten (z.B. Grundschulden) belasten. Die Gläubiger des Vorerben können nicht in das Vermögen vollstrecken.
- Ergänzend kann für die Lebenszeit des Kindes Testamentsvollstreckung angeordnet und dem Kind auch die Verwaltung des hinterlassenen Vermögens entzogen werden. Dem Testamentsvollstrecker obliegt dann die Aufgabe, dem überschuldeten oder verschwenderischen Kind die Einkünfte, die aus dem Nachlass erzielt werden, als laufende Unterhaltszahlung zu überlassen.

Erbrechtliche Gestaltung

Formulierungsbeispiel

Testament

Wir unterliegen keiner Bindung aus einer früheren Verfügung von Todes wegen.

Vorsorglich widerrufen wir alle Verfügungen von Todes wegen, die wir bisher errichtet haben.

- Jeder von uns beruft zu seinen Erben jeweils zu gleichen Teilen den längerlebenden Ehegatten und unsere gemeinsamen Kinder _____ *[Vor- und Familiennamen des Kindes einsetzen]* und _____ *[Vor- und Familiennamen des anderen Kindes einsetzen]*.
- _____ *[Vor- und Familiennamen des verschuldeten Kindes einsetzen]* ist hoch verschuldet. Ein Antrag auf Eröffnung des Insolvenzverfahrens über sein Vermögen wurde mangels Masse abgelehnt. Durch die Überschuldung ist ein späterer Erwerb erheblich gefährdet. Wir setzen deshalb gemäß § 2338 BGB das Kind bezüglich seines Erbteils nur zum Vorerben ein. Nacherbe sind seine gesetzlichen Erben. Der Nacherbfall tritt mit dem Tod des Vorerben ein.

  Sollte das verschuldete Kind den Erbteil ausschlagen und den Pflichtteil verlangen, gelten für den Pflichtteil die gleichen Beschränkungen, wie wir sie vorstehend für den Erbteil angeordnet haben.
- Für die Zeit der Vorerbschaft ordnen wir Testamentsvollstreckung an. Der Testamentsvollstrecker hat die Aufgabe, den Erbteil zu verwalten und den jährlichen Reinertrag des Erbteils an _____ *[Vor- und Familiennamen des verschuldeten Kindes einsetzen]* auszuzahlen. Zum Testamentsvollstrecker bestimmen wir_____ *[Vor- und Familiennamen des Testamentsvollstreckers einsetzen]*, ersatzweise für den Fall, dass der Testamentsvollstrecker vor oder nach dem Amtsantritt wegfällt,

_____ *[Vor- und Familiennamen des Ersatztestamentsvollstreckers einsetzen].* Für die Übernahme des Amts erhält der Testamentsvollstrecker eine einmalige Vergütung in Höhe von _____ Euro. Die Testamentsvollstreckung endet mit dem Eintritt des Nacherbfalls.

- Diese Verfügungen sind, soweit gesetzlich zulässig, wechselbezüglich.

_______________, _______	_______________, _______
[Ort, Datum]	*[Ort, Datum]*
_______________________	_______________________
[Unterschrift des Ehegatten]	*[Unterschrift des Ehegatten]*

4.3.6 Berliner Testament der Eheleute mit Einsetzung der Kinder als Schlusserben

Interessenlage

Sie sind verheiratet und haben zwei Kinder. Ihr Ehegatte und Sie wollen in einem gemeinschaftlichen Testament festlegen, dass der längerlebende Partner Alleinerbe des Erstverstorbenen wird. Erben des längerlebenden Elternteils sollen dann die gemeinsamen Kinder zu gleichen Teilen sein. Darüber hinaus wollen Sie keine erbrechtlichen Verfügungen treffen.

Erbrechtliche Situation

Die Eheleute und die Kinder sind kraft Gesetzes Erben. Beim Tod des Partners würde der längerlebende Ehegatte die Hälfte des Nachlasses erben, wenn die Eheleute im Güterstand der Zugewinngemeinschaft leben würden; die andere Hälfte würden die Kinder zu gleichen Teilen erben. Haben die Ehegatten Gütertrennung vereinbart, so würden der längerlebende Ehegatte und die zwei Kinder jeweils zu einem Drittel erben. Zur gesetzlichen Erbfolge vgl. 1.5.3 und 1.5.4.

Sie können ein sogenanntes Berliner Testament errichten, in dem sich die Eheleute gegenseitig als Erben einsetzen und das vom längerlebenden Ehegatten nicht verbrauchte Vermögen erst nach dessen Tod an die Kinder übergeht. Der längerlebende Ehegatte kann also zu Lebzeiten frei über das Vermögen verfügen.

- Beim Berliner Testament beschränken sich die Ehegatten nicht nur darauf, sich gegenseitig als Alleinerben einzusetzen, sie bestimmen darüber hinaus bereits einen Erben für den Längstlebenden. Somit wird nicht nur die Erbfolge unter den Eheleuten geregelt, sondern auch ein zweiter Erbgang, nämlich die Erbfolge des überlebenden Ehegatten. Nach dem Tod des erstverstorbenen Ehegatten wird der Längerlebende Erbe. Der Nachlass wird mit dem Vermögen des Längerlebenden verschmolzen. Der längerlebende Ehegatte kann zu Lebzeiten frei über das Vermögen verfügen.
- Wenn der längerlebende Ehegatte nach dem ersten Erbfall alleiniger Erbe ist, bedeutet das zwangsläufig, dass die Kinder von der gesetzlichen Erbfolge ausgeschlossen werden und Pflichtteilsansprüche gegen den überlebenden Elternteil geltend machen können. Dieser Gefahr kann einmal damit begegnet werden, dass mit den Kindern bereits zu Lebzeiten ein Pflichtteilsverzicht vereinbart wird, der der notariellen Beurkundung bedarf. Kommt ein solcher nicht zustande, können in das Testament Verwirkungs- und Strafklauseln aufgenommen werden, die die Kinder veranlassen sollen, von der Geltendmachung des Pflichtteils abzusehen (vgl. dazu 4.3.11).
- Sinnvoll ist es, Ersatzerben für den Fall zu bestimmen, wenn ein Miterbe vor oder nach dem Erbfall wegfällt (vgl. dazu 3.1.4), ferner sollte eine Regelung den Fall des gleichzeitigen Versterbens der Eheleute getroffen werden.
- Im Testament sollte klargestellt werden, dass es sich bei den erbrechtlichen Anordnungen um wechselbezügliche Verfügungen handelt (vgl. dazu 2.3.2).

Erbrechtliche Gestaltung

Formulierungsbeispiel

Testament

Wir unterliegen keiner Bindung aus einer früheren Verfügung von Todes wegen.

Vorsorglich widerrufen wir alle etwaigen früheren Verfügungen von Todes wegen, die wir gemeinsam oder einzeln errichtet haben.

- Wir, _____ *[Vor- und Familiennamen des Ehegatten einsetzen]* und _____ *[Vor- und Familiennamen des anderen Ehegatten einsetzen]* setzen uns gegenseitig zu alleinigen und unbeschränkten Erben ein. Erben des Längstlebenden sind unsere gemeinsamen Kinder _____ und _____ *[Vor- und Familiennamen der Kinder einsetzen]* zu gleichen Teilen.
- Zu Ersatzerben bestimmen wir die Abkömmlinge unserer Kinder entsprechend den Regeln über die gesetzliche Erbfolge. Sind keine Abkömmlinge vorhanden, so soll der Erbteil des Weggefallenen den anderen Miterben im Verhältnis ihrer Erbteile anwachsen.
- Für den Fall, dass wir beide gleichzeitig versterben, wird jeder von uns entsprechend der Schlusserbeneinsetzung für den zweiten Todesfall beerbt.
- Diese Verfügungen sind, soweit gesetzlich zulässig, wechselbezüglich.

____________________, ________	____________________, ________
[Ort, Datum]	*[Ort, Datum]*
____________________________	____________________________
[Unterschrift des Ehegatten]	*[Unterschrift des Ehegatten]*

4.3.7 Berliner Testament der Eheleute mit Einsetzung der Kinder als Schlusserben und Teilungsanordnung

Interessenlage

Sie sind verheiratet und haben zwei Kinder. Ihr Ehegatte und Sie wollen in einem Berliner Testament bestimmen, dass der längerlebende Partner Alleinerbe des Erstverstorbenen wird. Erben des längerlebenden Elternteils sollen dann die gemeinsamen Kinder zu gleichen Teilen sein. Ferner wollen Sie testamentarisch festlegen, wie nach dem Tod des Längerlebenden die Nachlassgegenstände unter den Kindern aufzuteilen sind. Sofern es durch die Verteilung des Nachlasses Wertverschiebungen gegenüber den Kindern zustehenden Erbteilen kommt, sollen diese ausgeglichen werden.

Erbrechtliche Situation

Die Ausführungen des ersten Berliner Mustertestaments hierzu unter 4.3.6 gelten in diesem Fall entsprechend. Zusätzlich muss in das Berliner Testament eine sogenannte Teilungsanordnung aufgenommen werden.

- Wenn mehrere Personen erben, entsteht mit dem Erbfall zwangsläufig eine Erbengemeinschaft. Der Nachlass ist dann gemeinschaftliches Vermögen der Erben. Jedem Miterben steht der im Testament festgelegte Bruchteil des Nachlasses zu. Ein Miterbe allein kann nicht über einzelne Nachlassgegenstände verfügen. Wenn Sie Regelungen treffen wollen, wie Ihre Erben die einzelnen Vermögensgegenstände untereinander aufteilen sollen, müssen Sie eine Teilungsanordnung treffen (vgl. dazu 3.6.1).
- Wichtig ist, dass im Testament zum Ausdruck kommt, dass Sie keine Änderung der Erbteile der Miterben wünschen. Sie können sich im Testament darauf beschränken, den Miterben bestimmte Nachlassgegenstände zuzuweisen. Um jeglichen Zweifel zu

vermeiden, ist es jedoch sinnvoll, ausdrücklich darauf hinzuweisen, dass die Zuteilung von Nachlassgegenständen jeweils unter Anrechnung auf den Erbteil des jeweiligen Miterben erfolgt.

- Mit einer Teilungsanordnung können Sie zwar verfügen, dass der Nachlass entsprechend Ihren Anordnungen unter den Erben aufgeteilt wird, Ihre Anordnungen führen aber nicht von selbst zur Aufteilung. Die Erben sind also, wenn sie sich untereinander einig sind, nicht gehindert, eine andere Verteilung vorzunehmen. Um sicherzustellen, dass Ihre Teilungsanordnung tatsächlich umgesetzt wird, können Sie Testamentsvollstreckung anordnen und dem Testamentsvollstrecker die Durchführung der Teilungsanordnung übertragen.
- Zwar kann die gegenseitige Erbeinsetzung der Eheleute wechselbezüglich festgelegt werden, nicht aber die Teilungsanordnung. Der längerlebende Ehegatte kann also die Anordnung widerrufen oder andere Anordnungen über die Aufteilung des Nachlasses treffen (vgl. dazu 2.3.2).

Erbrechtliche Gestaltung

Formulierungsbeispiel

Testament

Wir unterliegen keiner Bindung aus einer früheren Verfügung von Todes wegen.

Vorsorglich widerrufen wir alle etwaigen früheren Verfügungen von Todes wegen, die wir gemeinsam oder einzeln errichtet haben.

- Wir, _____ *[Vor- und Familiennamen des Ehegatten einsetzen]* und _____ *[Vor- und Familiennamen des anderen Ehegatten einsetzen]* setzen uns gegenseitig zu alleinigen und unbeschränkten Erben ein. Erben des Längstlebenden sind unsere gemeinsamen Kinder _____ und _____ *[Vor- und Familiennamen der Kinder einsetzen]* zu gleichen Teilen.

- Zu Ersatzerben bestimmen wir die Abkömmlinge unserer Kinder entsprechend den Regeln über die gesetzliche Erbfolge. Sind keine Abkömmlinge vorhanden, so soll der Erbteil des Weggefallenen den anderen Miterben im Verhältnis ihrer Erbteile anwachsen.
- Für den Fall, dass wir beide gleichzeitig versterben, wird jeder von uns entsprechend der Schlusserbeneinsetzung für den zweiten Todesfall mit den festgelegten Teilungsanordnungen beerbt.
- Für die Auseinandersetzung des Nachlasses treffen wir folgende Anordnungen:

  _____ *[Vor- und Familiennamen des Miterben einsetzen]* erhält das Hausgrundstück _____ *[genaue Bezeichnung der Immobilie].*

  _____ *[Vor- und Familiennamen des Miterben einsetzen]* erhält die Eigentumswohnung _____ *[genaue Bezeichnung der Immobilie]* und mein Guthaben auf dem Sparbuch _____ bei der _____bank *[genaue Bezeichnung des Sparbuchs und der Bank].*

  _____ *[Vor- und Familiennamen des Miterben einsetzen]* erhält das Wertpapierdepot _____ bei der _____bank *[genaue Bezeichnung des Depots und der Bank].*

  Der jeweils anzurechnende Wert für die Immobilien ist auf Kosten des Nachlasses durch ein Verkehrswertgutachten des örtlichen Gutachterausschusses zu ermitteln.

  Wir stellen hiermit ausdrücklich klar, dass es sich um eine reine Teilungsanordnung handelt und der jeweilige Miterbe den Nachlassgegenstand unter Anrechnung auf seinen Erbteil bzw. Ausgleichung aus seinem sonstigen Vermögen erhält.
- Nach dem Tod des Längerlebenden ordnen wir Testamentsvollstreckung an. Der Testamentsvollstrecker hat die Aufgabe, den Nachlass entsprechend unseren Anordnungen zu verteilen.

Zum Testamentsvollstrecker bestimmen wir _____ *[Vor- und Familiennamen des Testamentsvollstreckers einsetzen]*. Der Testamentsvollstrecker erhält keine Vergütung.

- Diese Verfügungen sind, soweit gesetzlich zulässig, wechselbezüglich.

________________, ______	________________, ______
[Ort, Datum]	*[Ort, Datum]*
________________________	________________________
[Unterschrift des Ehegatten]	*[Unterschrift des Ehegatten]*

4.3.8 Berliner Testament der Eheleute mit Einsetzung der Kinder als Schlusserben und Vorausvermächtnissen für die Kinder

Interessenlage

Sie sind verheiratet und haben zwei Kinder. Ihr Ehegatte und Sie wollen in einem Berliner Testament bestimmen, dass der längerlebende Partner Alleinerbe des Erstverstorbenen wird. Erben des längerlebenden Elternteils sollen dann die gemeinsamen Kinder zu gleichen Teilen sein. Ein Kind soll zusätzlich zu seinem Erbteil die Briefmarkensammlung und das andere Kind den Familienschmuck erhalten, ohne dass diese Zuwendungen gegenüber dem jeweiligen anderen Miterben wertmäßig ausgeglichen werden müssen. Die Vermächtnisse sollen nach dem Tod des Längerlebenden fällig werden.

Erbrechtliche Situation

Die Ausführungen des ersten Berliner Mustertestaments hierzu unter 4.3.6 gelten in diesem Fall entsprechend. Zusätzlich müssen in das Berliner Testament sogenannte Vorausvermächtnisse aufgenommen werden, die beim Tod des längerlebenden Ehegatten fällig werden.

- Weil mit dem Tod des längerlebenden Elternteils die beiden Kinder jeweils zur Hälfte erben, entsteht eine Erbengemeinschaft. Der Nachlass ist dann gemeinschaftliches Vermögen der Kinder. Jedem Miterben steht der im Testament festgelegte Bruchteil des Nachlasses zu. Ein Miterbe allein kann nicht über einzelne Nachlassgegenstände verfügen. Mit einem sogenannten Vorausvermächtnis können Sie einem Miterben einen bestimmten Nachlassgegenstand zuwenden, ohne dass der Wert dieses Gegenstands auf seinen Erbteil angerechnet wird (vgl. dazu 3.4.2 und 3.6.1).
- Durch die Formulierung »ohne Anrechnung auf den Erbteil« müssen Sie klarstellen, dass ein Vorausvermächtnis und nicht eine Teilungsanordnung gewollt sind.
- Sinnvoll ist es, einen Ersatzvermächtnisnehmer für den Fall zu bestimmen, dass der im Testament Bedachte wegfällt.
- Die testamentarischen Verfügungen können wechselbezüglich angeordnet werden (vgl. 2.3.2).

Erbrechtliche Gestaltung

Formulierungsbeispiel

Testament

Wir unterliegen keiner Bindung aus einer früheren Verfügung von Todes wegen.

Vorsorglich widerrufen wir alle etwaigen früheren Verfügungen von Todes wegen, die wir gemeinsam oder einzeln errichtet haben.

- Wir, _____ *[Vor- und Familiennamen des Ehegatten einsetzen]* und _____ *[Vor- und Familiennamen des anderen Ehegatten einsetzen]* setzen uns gegenseitig zu alleinigen und unbeschränkten Erben ein. Erben des Längstlebenden sind unsere gemeinsamen Kinder _____ und _____ *[Vor- und Familiennamen der Kinder einsetzen]* zu gleichen Teilen sein.

- Zu Ersatzerben bestimmen wir die Abkömmlinge unserer Kinder entsprechend den Regeln über die gesetzliche Erbfolge. Sind keine Abkömmlinge vorhanden, so soll der Erbteil des Weggefallenen den anderen Miterben im Verhältnis ihrer Erbteile anwachsen.
- Für den Fall, dass wir beide gleichzeitig versterben, wird jeder von uns entsprechend der Schlusserbeneinsetzung für den zweiten Todesfall mit den angeordneten Vermächtnissen beerbt.

  _____ *[Vor- und Familiennamen des Miterben einsetzen]* erhält als Vorausvermächtnis, also ohne Anrechnung auf den Erbteil, _____ *[Bezeichnung des Vermächtnisgegenstands, z.B. den Familienschmuck]*.

  _____ *[Vor- und Familiennamen des Miterben einsetzen]* erhält als Vorausvermächtnis, also ohne Anrechnung auf den Erbteil, _____ *[Bezeichnung des Vermächtnisgegenstands, z.B. das Wertpapierdepot]*.

  Ersatzvermächtnisnehmer des jeweiligen Bedachten sind seine Abkömmlinge, mehrere zu gleichen Teilen.

  Die Vermächtnisse sind sofort nach dem Tod des Längstlebenden zu erfüllen.
- Diese Verfügungen sind, soweit gesetzlich zulässig, wechselbezüglich.

________________, _______	________________, _______
[Ort, Datum]	*[Ort, Datum]*
________________________	________________________
[Unterschrift des Ehegatten]	*[Unterschrift des Ehegatten]*

4.3.9 Berliner Testament der Eheleute mit Einsetzung der Kinder als Schlusserben und Enterbung eines Kindes

Interessenlage

Sie sind verheiratet und haben drei Kinder. Ihr Ehegatte und Sie wollen in einem Berliner Testament bestimmen, dass der längerlebende Partner Alleinerbe des Erstverstorbenen wird. Erben des längerlebenden Elternteils sollen zwei Kinder zu gleichen Teilen sein. Ein weiteres Kind soll enterbt werden.

Erbrechtliche Situation

Die Ausführungen des ersten Berliner Mustertestaments hierzu unter 4.3.6 gelten in diesem Fall entsprechend. Zusätzlich muss im Berliner Testament die Enterbung des Kindes beim Tod des längerlebenden Ehegatten geregelt werden.

- Soll das Kind von der gesetzlichen Erbfolge ausgeschlossen werden, so muss es testamentarisch ausdrücklich enterbt werden. Es können aber auch für den gesamten Nachlass die beiden anderen Kinder als Erben eingesetzt werden, sodass das nicht als Erbe bezeichnete Kind zwangsläufig enterbt ist (vgl. dazu 3.3.1).
- Wird das Kind auch beim Tod des längerlebenden Ehepartners enterbt, steht ihm (wie beim Tod des erstversterbenden Ehepartners) der gesetzliche Pflichtteil zu. Erfolgt die Enterbung allerdings deshalb, weil das Kind bereits zu Lebzeiten eine Zuwendung erhalten hat, die auf den Pflichtteil anzurechnen ist, sollte dies im Testament ausdrücklich erwähnt werden. Ein entsprechender Hinweis ist insbesondere für die als Schlusserben eingesetzten Kinder von Bedeutung, weil sie dann nach dem Tod des zuletzt versterbenden Elternteils Pflichtteilsansprüche des enterbten Kindes ganz oder teilweise abwehren können.

- Die Enterbung des Kindes betrifft grundsätzlich nur das Kind, nicht dessen Abkömmlinge (z.B. die Enkel des Erblassers). Diese treten vielmehr an die Stelle der enterbten Person. Wenn sich die Enterbung auch auf die Abkömmlinge des enterbten Kindes erstrecken soll, muss dies testamentarisch ausdrücklich erklärt werden (vgl. dazu 3.3.2).
- Die Enterbung des Kindes nach dem Tod des Längstlebenden kann nicht wechselbezüglich angeordnet werden (vgl. dazu 2.3.2). Der längerlebende Ehegatte kann also das im gemeinschaftlichen Testament enterbte Kind nach wie vor als Erben einsetzen oder ihm ein Vermächtnis zuwenden.

Erbrechtliche Gestaltung

Formulierungsbeispiel

Testament

Wir unterliegen keiner Bindung aus einer früheren Verfügung von Todes wegen.

Vorsorglich widerrufen wir alle etwaigen früheren Verfügungen von Todes wegen, die wir gemeinsam oder einzeln errichtet haben.

- Wir, _____ *[Vor- und Familiennamen des Ehegatten einsetzen]* und _____ *[Vor- und Familiennamen des anderen Ehegatten einsetzen]* setzen uns gegenseitig zu alleinigen und unbeschränkten Erben ein. Erben des Längstlebenden sind unsere gemeinsamen Kinder _____ und _____ *[Vor- und Familiennamen der Kinder einsetzen]* zu gleichen Teilen.
- Zu Ersatzerben bestimmen wir die Abkömmlinge unserer Kinder entsprechend den Regeln über die gesetzliche Erbfolge. Sind keine Abkömmlinge vorhanden, so soll der Erbteil des Weggefallenen den anderen Miterben im Verhältnis ihrer Erbteile anwachsen.

- Für den Fall, dass wir beide gleichzeitig versterben, wird jeder von uns entsprechend der Schlusserbeneinsetzung für den zweiten Todesfall beerbt.
- Unser Kind _____ *[Vor- und Familiennamen des Kindes, das enterbt werden soll, einsetzen]* enterben wir.

  [Oder]

  Unser Kind _____ *[Vor- und Familiennamen des Kindes, das enterbt werden soll, einsetzen]* und seine Abkömmlinge enterben wir.

  [Und]
- Diese Verfügungen sind, soweit gesetzlich zulässig, wechselbezüglich.

____________, ______	____________, ______
[Ort, Datum]	*[Ort, Datum]*
____________________	____________________
[Unterschrift des Ehegatten]	*[Unterschrift des Ehegatten]*

4.3.10 Berliner Testament der Eheleute mit Einsetzung der Kinder als Schlusserben und Abänderungsvorbehalt

Interessenlage

Sie sind verheiratet und haben zwei Kinder. Ihr Ehegatte und Sie wollen in einem Berliner Testament bestimmen, dass der längerlebende Partner Alleinerbe des Erstverstorbenen wird. Erben des längerlebenden Elternteils sollen die zwei Kinder zu gleichen Teilen sein. Dem längerlebenden Ehegatten soll die Möglichkeit eingeräumt werden, auf neue Lebensumstände nach dem Tod des erstversterbenden Partners zu reagieren und gegebenenfalls die Einsetzung der Kinder als Schlusserben zu ändern.

Erbrechtliche Situation

Die Ausführungen des ersten Berliner Mustertestaments hierzu unter 4.3.6 gelten in diesem Fall entsprechend.

Ein Problem des Berliner Testaments ist, dass der Ehegatte nach dem Tod des anderen Ehepartners an die wechselbezügliche Erbeinsetzung der Schlusserben (in der Regel der Kinder) gebunden ist. Diese einmal getroffene gemeinsame Verfügung ist für ihn verbindlich. So ist es ihm beispielsweise nicht möglich, von der wechselbezüglichen Einsetzung eines Kindes abzuweichen, wenn er sich mit dem Kind überworfen hat oder ein Kind überschuldet ist. Es gibt aber verschiedene Möglichkeiten zu regeln, dass und in welchem Umfang sich der längerlebende Ehegatte von der Bindung hinsichtlich der Schlusserbeneinsetzung des Kindes befreien kann. Näheres dazu unter 3.1.5.

- Dem überlebenden Ehegatten kann testamentarisch die Möglichkeit eingeräumt werden, die im Testament festgelegte Einsetzung von Schlusserben zu ändern bzw. zu widerrufen. Die Änderungsmöglichkeiten werden nicht beschränkt. Änderungen stehen im Belieben des längerlebenden Ehegatten.
- Der längerlebende Ehepartner kann testamentarisch ermächtigt werden, von der gemeinsam festgelegten Einsetzung der Schlusserben abzuweichen, gleichzeitig kann er aber dahingehend beschränkt werden, dass er als Schlusserben nur gemeinsame Abkömmlinge einsetzen darf (Kinder, Enkel, Urenkel usw.), nicht dagegen andere Personen.
- Eine andere Möglichkeit ist die, den längerlebende Ehepartner testamentarisch zu ermächtigen, von der gemeinsam festgelegten Einsetzung der Schlusserben abzuweichen, ihn aber gleichzeitig darauf zu beschränken, dass er als Schlusserben nur Verwandte einsetzen darf. In Betracht kommen Verwandte in gerader Linie (z.B. Kinder, Enkel, Urenkel, Eltern, Großeltern) oder in der Seitenlinie (z.B. Geschwister, Tanten, Onkel, Nichten, Neffen).

- Schließlich kann der längerlebende Ehepartner testamentarisch ermächtigt werden, von der gemeinsam festgelegten Einsetzung der Schlusserben abzuweichen, allerdings ist er bei abweichenden Verfügungen auf sein eigenes Vermögen beschränkt. In diesem Fall kann der längerlebende Ehegatte testamentarisch nicht über das gesamte Vermögen verfügen. Dieses Gesamtvermögen setzt sich zusammen aus dem Vermögen des erst verstorbenen Ehegatten und dem eigenen Vermögen des längerlebenden Ehegatten. Nur über sein eigenes Vermögen kann der längerlebende Ehegatte verfügen. Die Einsetzung des Schlusserben im gemeinschaftlichen Testament hinsichtlich des Vermögens des verstorbenen Ehegatten kann der Längerlebende nicht mehr ändern. Der Personenkreis, aus dem der längerlebende Ehegatte den oder die Erben auswählt, ist nicht eingeschränkt. Er kann auch andere Personen (Abkömmlinge, Verwandte als Erben oder dritte Personen) als Erben einsetzen.

Erbrechtliche Gestaltung

Formulierungsbeispiel

Testament

Wir unterliegen keiner Bindung aus einer früheren Verfügung von Todes wegen.

Vorsorglich widerrufen wir alle etwaigen früheren Verfügungen von Todes wegen, die wir gemeinsam oder einzeln errichtet haben.

- Wir, _____ *[Vor- und Familiennamen des Ehegatten einsetzen]* und _____ *[Vor- und Familiennamen des anderen Ehegatten einsetzen]* setzen uns gegenseitig zu alleinigen und unbeschränkten Erben ein. Erben des Längstlebenden sind unsere gemeinsamen Kinder _____ und _____ *[Vor- und Familiennamen der Kinder einsetzen]* zu gleichen Teilen.

- Zu Ersatzerben bestimmen wir die Abkömmlinge unserer Kinder entsprechend den Regeln über die gesetzliche Erbfolge. Sind keine Abkömmlinge vorhanden, so soll der Erbteil des Weggefallenen den anderen Miterben im Verhältnis ihrer Erbteile anwachsen.
- Für den Fall, dass wir beide gleichzeitig versterben, wird jeder von uns entsprechend der Schlusserbeneinsetzung für den zweiten Todesfall beerbt.

  Der Längerlebende von uns ist ausdrücklich berechtigt, die für den zweiten Todesfall bestimmte Einsetzung unseres Kindes als Schlusserbe durch Verfügungen von Todes wegen nach seinem freien Ermessen ganz oder teilweise zu ändern.

  [Oder]
- Der Längerlebende von uns ist ausdrücklich berechtigt, die für den zweiten Todesfall bestimmte Einsetzung unseres Kindes als Schlusserbe durch Verfügungen von Todes wegen nach seinem freien Ermessen zu ganz oder teilweise ändern, jedoch nur innerhalb des Kreises unserer Abkömmlinge.

  [Oder]

  Der Längerlebende von uns ist ausdrücklich berechtigt, die für den zweiten Todesfall bestimmte Einsetzung unseres Kindes als Schlusserbe durch Verfügungen von Todes wegen nach seinem freien Ermessen ganz oder teilweise zu ändern, jedoch nur innerhalb des Kreises unserer Verwandten.

  [Oder]

  Der Längerlebende von uns ist ausdrücklich berechtigt, die für den zweiten Todesfall bestimmte Einsetzung unseres Kindes als Schlusserbe durch Verfügungen von Todes wegen nach seinem freien Ermessen ganz oder teilweise zu ändern, jedoch nur hinsichtlich seines eigenen Vermögens.

  [Und]

- Diese Verfügungen sind, soweit gesetzlich zulässig, wechselbezüglich.

____________, ______	____________, ______
[Ort, Datum]	*[Ort, Datum]*
____________________	____________________
[Unterschrift des Ehegatten]	*[Unterschrift des Ehegatten]*

4.3.11 Berliner Testament der Eheleute mit Einsetzung der Kinder als Schlusserben und Pflichtteilsstrafklausel

Interessenlage

Sie sind verheiratet und haben zwei Kinder. Ihr Ehegatte und Sie wollen in einem Berliner Testament bestimmen, dass der längerlebende Partner Alleinerbe des Erstverstorbenen wird. Erben des längerlebenden Elternteils sollen die zwei Kinder zu gleichen Teilen sein. Durch eine entsprechende testamentarische Verfügung sollen die beim ersten Erbfall enterbten Kinder davon abgehalten werden, ihren Pflichtteil zu verlangen.

Erbrechtliche Situation

Wenn der längerlebende Ehegatte nach dem ersten Erbfall alleiniger Erbe ist, bedeutet das zwangsläufig, dass die Kinder von der gesetzlichen Erbfolge ausgeschlossen werden und Pflichtteilsansprüche gegen den überlebenden Elternteil geltend machen können (vgl. dazu 1.6.1). Dieser Gefahr kann einmal damit begegnet werden, dass mit den Kindern bereits zu Lebzeiten ein Pflichtteilsverzicht vereinbart wird. Kommt ein solcher nicht zustande, kann in das Testament eine Verwirkungs- und Strafklausel aufgenommen werden, die die Kinder veranlassen soll, von der Geltendmachung des Pflichtteils abzusehen.

Die Ausführungen des ersten Berliner Mustertestaments hierzu unter 4.3.6 gelten in diesem Fall entsprechend. Zusätzlich wird in das Berliner Testament eine sogenannte Pflichtteilsstrafklausel aufgenommen, die letztlich darauf abzielt, für die Kinder die Geltendmachung ihres Pflichtteils beim ersten Erbfall wirtschaftlich weniger interessant zu machen. Pflichtteilsstrafklauseln sind in verschiedenen Varianten möglich. Näheres dazu unter 3.1.5.

- Durch entsprechende testamentarische Verfügung kann dem längerlebenden Ehegatten das Recht eingeräumt werden, von der Schlusserbeneinsetzung im gemeinschaftlichen Testament abzuweichen und das als Schusserbe eingesetzte Kind zu enterben, wenn dieses seinen Pflichtteil gegenüber dem längerlebenden Elternteil verlangt. In diesem Fall steht dem enterbten Kind auch beim Tod des längerlebenden Ehegatten nur der Pflichtteil zu.
- Eine Pflichtteilsstrafklausel im Berliner Testament kann inhaltlich auch so gestaltet werden, dass das als Schlusserbe eingesetzte Kind automatisch enterbt sein soll, wenn es beim Tod des Erstversterbenden gegen den Willen des Längerlebenden den Pflichtteil verlangt. Auch in diesem Fall kann das Kind beim Tod des Längerlebenden nur den Pflichtteil verlangen. Im Gegensatz zum Änderungsvorbehalt, bei dem die Enterbung des als Schlusserben eingesetzten Kindes im Ermessen des zuletzt versterbenden Elternteils steht, erfolgt in diesem Fall die Enterbung automatisch, wenn das Kind beim Tod des erstversterbenden Elternteils den Pflichtteil verlangt.
- Ehepaare mit mehreren Kindern haben die Möglichkeit, ein Kind doppelt zu »bestrafen«, wenn es beim Tod der Erstversterbenden seinen Pflichtteil verlangt, und das Kind zu »belohnen«, das beim ersten Erbfall seinen Pflichtteil nicht geltend macht.

Erbrechtliche Gestaltung

Formulierungsbeispiel

Testament

Wir unterliegen keiner Bindung aus einer früheren Verfügung von Todes wegen.

Vorsorglich widerrufen wir alle etwaigen früheren Verfügungen von Todes wegen, die wir gemeinsam oder einzeln errichtet haben.

- Wir, _____ *[Vor- und Familiennamen des Ehegatten einsetzen]* und _____ *[Vor- und Familiennamen des anderen Ehegatten einsetzen]* setzen uns gegenseitig zu alleinigen und unbeschränkten Erben ein. Erben des Längstlebenden sind unsere gemeinsamen Kinder _____ und _____ *[Vor- und Familiennamen der Kinder einsetzen]* zu gleichen Teilen.
- Zu Ersatzerben bestimmen wir die Abkömmlinge unserer Kinder entsprechend den Regeln über die gesetzliche Erbfolge. Sind keine Abkömmlinge vorhanden, so soll der Erbteil des Weggefallenen den anderen Miterben im Verhältnis ihrer Erbteile anwachsen.
- Für den Fall, dass wir beide gleichzeitig versterben, wird jeder von uns entsprechend der Schlusserbeneinsetzung für den zweiten Todesfall beerbt.
- Falls eines unserer Kinder nach dem Tod des Erstversterbenden gegen den Willen des Längerlebenden den Pflichtteil verlangt, ist der Längerlebende berechtigt, das Kind und seine Abkömmlinge durch Testament von der Erbfolge auszuschließen.

  [Oder]

  Falls eines unserer Kinder nach dem Tod des Erstversterbenden gegen den Willen des Längerlebenden den Pflichtteil verlangt, soll es auch nach dem Längerlebenden von uns enterbt sein und nur seinen Pflichtteil erhalten. Der Längerlebende von uns ist berechtigt, die Enterbung wieder rückgängig zu machen, indem er den enterbten Schlusserben durch eine Verfügung von Todes wegen wieder als Miterben einsetzt.

[Oder]

Falls eines unserer Kinder nach dem Tod des Erstversterbenden gegen den Willen des Längerlebenden den Pflichtteil verlangt, soll es auch nach dem Längerlebenden von uns enterbt sein und nur seinen Pflichtteil erhalten. Kinder, die den Pflichtteil nicht verlangt haben, erhalten aus dem Nachlass des erstversterbenden Elternteils Geldvermächtnisse im Wert ihres gesetzlichen Erbteils. Diese werden nach dem Tod des Längerlebenden fällig.

[Und]

- Diese Verfügungen sind, soweit gesetzlich zulässig, wechselbezüglich.

________________, ________ ________________, ________

[Ort, Datum] *[Ort, Datum]*

________________________ ________________________

[Unterschrift des Ehegatten] *[Unterschrift des Ehegatten]*

4.3.12 Berliner Testament der Eheleute mit Einsetzung der Kinder als Schlusserben, Wiederverheiratungsklausel und Anfechtungsverzicht

Interessenlage

Sie sind verheiratet und haben zwei Kinder. Ihr Ehegatte und Sie wollen in einem Berliner Testament bestimmen, dass der längerlebende Partner Alleinerbe des Erstverstorbenen wird. Erben des längerlebenden Elternteils sollen die zwei Kinder zu gleichen Teilen sein. Gleichzeitig wollen Sie verhindern, dass nach dem Tod des erst versterbenden Ehegatten der Nachlass für die Kinder als Schusserben geschmälert werden kann.

Erbrechtliche Situation

Heiratet der im gemeinschaftlichen Testament eingesetzte Ehepartner nach dem Tod des Erstversterbenden erneut und verstirbt er vor seinem zweiten Ehegatten, so geht das an ihn aus dem ersten Erbfall vererbte Vermögen ganz oder teilweise in eine fremde Familie, weil dem zweiten Ehegatten gesetzliche Erb- und Pflichtteilsrechte eingeräumt sind. Das gilt insbesondere auch, wenn aus der zweiten Ehe Kinder hervorgehen. Insgesamt müssen die Kinder aus der ersten Ehe bei der Wiederverheiratung des längerlebenden Ehepartners nach dem ersten Erbfall mit finanziellen Einbußen rechnen.

Die Ausführungen des ersten Berliner Mustertestaments hierzu unter 4.3.6 gelten in diesem Fall entsprechend. Zusätzlich muss in das Berliner Testament noch eine sogenannte Wiederverheiratungsklausel aufgenommen werden. Deren Ziel ist es, den beim ersten Erbfall enterbten Kindern auf den Zeitpunkt der Wiederverheiratung des längerlebenden Ehegatten eine angemessene Beteiligung am Nachlass zu sichern. Das, was die Ehegatten den als Schlusserben eingesetzten Kindern zugedacht haben, soll diesen auch letztlich zukommen. Näheres dazu unter 3.1.5.

- Eine Möglichkeit, die wirtschaftlichen Interessen der Kinder zu wahren, ist die, den längerlebenden Ehegatten im Berliner Testament für den Fall, dass er wieder heiratet, mit einem Vermächtnis zugunsten der beim ersten Erbteil enterbten Kinder zu beschweren. Damit erlangen die Kinder im Falle der Wiederverheiratung des überlebenden Elternteils einen Anspruch auf einen Teil des Nachlasses. Die Zuwendung kann aus einer bestimmten Quote des Nachlasses des erst verstorbenen Elternteils bestehen oder es kann dem beim ersten Erbfall übergangenen Kind ein Vermächtnis in Höhe eines im Testament festgelegten Geldbetrags zugewendet werden.

- Der überlebende Ehegatte kann die Einsetzung der Kinder als Schlusserben wegen Übergehung eines Pflichtteilsberechtigten anfechten. Die gesetzlichen Voraussetzungen kann er selbst herbeiführen, indem er wieder heiratet oder ein Kind erhält. In diesen Fällen steht dem neuen Ehegatten bzw. den Kindern gegenüber dem längerlebenden Ehegatten der Pflichtteil zu. Weil diese Pflichtteilsberechtigten durch die Schlusserbeneinsetzung im gemeinschaftlichen Testament übergangen werden, kann der längerlebende Ehegatte das gemeinschaftliche Testament anfechten. Deshalb sollte durch eine entsprechende testamentarische Regelung die Selbstanfechtung der Ehegatten ausdrücklich ausgeschlossen werden. Selbst wenn der längerlebende Ehegatte nach dem Tod des Erstverstorbenen erneut heiratet, kann er das Testament nicht mehr anfechten und bleibt an die gemeinschaftlich getroffenen testamentarischen Verfügungen gebunden. Näheres dazu unter 3.1.5.

Erbrechtliche Gestaltung

Formulierungsbeispiel

Testament

Wir unterliegen keiner Bindung aus einer früheren Verfügung von Todes wegen.

Vorsorglich widerrufen wir alle etwaigen früheren Verfügungen von Todes wegen, die wir gemeinsam oder einzeln errichtet haben.

- Wir, _____ *[Vor- und Familiennamen des Ehegatten einsetzen]* und _____ *[Vor- und Familiennamen des anderen Ehegatten einsetzen]* setzen uns gegenseitig zu alleinigen und unbeschränkten Erben ein. Erben des Längstlebenden sind unsere gemeinsamen Kinder _____ und _____ *[Vor- und Familiennamen der Kinder einsetzen]* zu gleichen Teilen.

- Zu Ersatzerben bestimmen wir die Abkömmlinge unserer Kinder entsprechend den Regeln über die gesetzliche Erbfolge. Sind keine Abkömmlinge vorhanden, so soll der Erbteil des Weggefallenen den anderen Miterben im Verhältnis ihrer Erbteile anwachsen.
- Für den Fall, dass wir beide gleichzeitig versterben, wird jeder von uns entsprechend der Schlusserbeneinsetzung für den zweiten Todesfall beerbt.
- Für den Fall, dass der längerlebende Ehegatte wieder heiratet, hat dieser den als Schlusserben eingesetzten Kindern einen Geldbetrag in Höhe ihres gesetzlichen Erbteils zu zahlen. Maßgebend für die Berechnung ist der Wert des reinen Nachlasses des Erstversterbenden zum Zeitpunkt des Erbfalls. Das Vermächtnis ist innerhalb von drei Monaten nach der Wiederverheiratung fällig.

  [Oder]

  Für den Fall, dass der längerlebende Ehegatte wieder heiratet, hat dieser den eingesetzten Schlusserben ein Geldvermächtnis in Höhe von _____ Euro zuzuwenden. Das Vermächtnis ist innerhalb von drei Monaten nach der Wiederverheiratung fällig.

  [Und]

  Der Anspruch entsteht nicht, wenn das betreffende Kind nach dem Tod des erstversterbenden Elternteils den Pflichtteil verlangt und erhalten hat.
- Diese Verfügungen sind, soweit gesetzlich zulässig, wechselbezüglich.

____________________, ________	____________________, ________
[Ort, Datum]	*[Ort, Datum]*
______________________________	______________________________
[Unterschrift des Ehegatten]	*[Unterschrift des Ehegatten]*

4.3.13 Berliner Testament jüngerer Eheleute mit Einsetzung der minderjährigen Kinder als Schlusserben und familienrechtlichen Anordnungen

Interessenlage

Sie sind verheiratet und haben zwei minderjährige Kinder. Ihr Ehegatte und Sie wollen in einem Berliner Testament bestimmen, dass der längerlebende Partner Alleinerbe des Erstverstorbenen wird. Erben des längerlebenden Elternteils sollen die zwei Kinder zu gleichen Teilen sein. Für den Fall, dass beim Tod des Längerlebenden ein Kind noch minderjährig ist, wollen Sie einen Vormund benennen.

Erbrechtliche Situation

Die Ausführungen des ersten Berliner Mustertestaments hierzu unter 4.3.6 gelten in diesem Fall entsprechend. Zusätzlich muss in das Berliner Testament noch eine sogenannte Sorgerechtsverfügung aufgenommen werden. Darin können die Eltern für ein minderjähriges Kind einen Vormund benennen oder jemanden als Vormund ausschließen. Näheres zur Sorgerechtsverfügung unter 3.8.2.

- In der Sorgerechtsverfügung können Eltern einen Vormund für ihre minderjährigen Kinder benennen, falls sie sterben. Sind die Eltern verheiratet, können die Ehepartner eine gemeinsame Sorgerechtserklärung verfassen.
- Sinnvoll ist es, dass Eltern in ihrer Sorgerechtsverfügung eine Ersatzperson bzw. mehrere Ersatzpersonen für den Fall vorschlagen, dass die von ihnen als Wunschvormund benannte Person als Vormund nicht bestellt werden kann.
- Die sorgeberechtigten Eltern können durch entsprechende Verfügung auch eine Person oder einen Personenkreis von der Vormundschaft ausschließen.
- Die Sorgerechtsverfügung kann im Rahmen eines gemeinschaftlichen Testaments getroffen werden, allerdings nicht wechselbezüglich (vgl. dazu 2.3.2).

Erbrechtliche Gestaltung

Formulierungsbeispiel

Testament

Wir unterliegen keiner Bindung aus einer früheren Verfügung von Todes wegen.

Vorsorglich widerrufen wir alle etwaigen früheren Verfügungen von Todes wegen, die wir gemeinsam oder einzeln errichtet haben.

- Wir, _____ *[Vor- und Familiennamen des Ehegatten einsetzen]* und _____ *[Vor- und Familiennamen des anderen Ehegatten einsetzen]* setzen uns gegenseitig zu alleinigen und unbeschränkten Erben ein. Erben des Längstlebenden sind unsere gemeinsamen Kinder _____ und _____ *[Vor- und Familiennamen der Kinder einsetzen]* zu gleichen Teilen.
- Zu Ersatzerben bestimmen wir die Abkömmlinge unserer Kinder entsprechend den Regeln über die gesetzliche Erbfolge. Sind keine Abkömmlinge vorhanden, so soll der Erbteil des Weggefallenen den anderen Miterben im Verhältnis ihrer Erbteile anwachsen.
- Für den Fall, dass wir beide gleichzeitig versterben, wird jeder von uns entsprechend der Schlusserbeneinsetzung für den zweiten Todesfall beerbt.
- Für den Fall, dass wir _____ *[Name und Vorname des Elternteils einsetzen]*, und _____ *[Name und Vorname des anderen Elternteils einsetzen]*, für unsere minderjährigen Kinder die elterliche Sorge wegen Todes nicht mehr ausüben können, benennen wir folgenden Vormund: _____ *[Name und Vorname des vorgeschlagenen Vormunds einsetzen]*.

  Dem Kindeswohl ist so am besten entsprochen, weil _____.

Wenn die vorstehend genannte Person nicht als Vormund bestellt werden kann, soll ersatzweise die im Folgenden genannte Person zum Vormund bestellt werden: _____ *[Name und Vorname des vorgeschlagenen Ersatzvormunds einsetzen].*

Dem Kindeswohl ist so am besten entsprochen, weil _____.

Die im Folgenden aufgeführte(n) Person(en) soll(en) auf keinen Fall zum Vormund bestellt werden:

_____ *[Name und Vorname des ausgeschlossenen Vormunds einsetzen].*

_____ *[Name und Vorname des ausgeschlossenen Vormunds einsetzen].*

- Diese Verfügungen sind, soweit gesetzlich zulässig, wechselbezüglich.

________________, _______	________________, _______
[Ort, Datum]	*[Ort, Datum]*
________________________	________________________
[Unterschrift des Ehegatten]	*[Unterschrift des Ehegatten]*

! Alle Mustertestamente in diesem Kapitel können Sie auch unter www.steuertipps.de/testamente-ehepaare herunterladen.

Index